Christine von Brühl

Schwäne in
Weiß und Gold

Christine von Brühl

Schwäne in Weiß und Gold

Geschichte
einer
Familie

*Mit 16 farbigen
und 15 mitlaufenden Abbildungen*

ISBN 978-3-351-03781-9

Aufbau ist eine Marke der
Aufbau Verlag GmbH & Co. KG

1. Auflage 2021
© Aufbau Verlag GmbH & Co. KG, Berlin 2021
Einbandgestaltung Anzinger und Rasp, München
Gesetzt aus der Bembo Pro durch Greiner & Reichel, Köln
Druck und Binden CPI books GmbH, Leck, Germany
Printed in Germany

www.aufbau-verlag.de

*Für meinen Neffen Nikolaus,
der im frühjugendlichen Alter neben mir im Auto saß
und — obwohl weit nach der Wende geboren
und in Bayern aufgewachsen — das Radio
spontan lauter drehte, als plötzlich von Dresden
die Rede war. Er wusste, dass sein Vorfahre
väterlicherseits dort die Brühlsche Terrasse hatte errichten lassen
und sein Großvater mütterlicherseits beim Bombenangriff
auf diese Stadt 1945 einen Teil seiner Familie verlor.
Er fühlte sich angesprochen.*

Inhalt

Vorwort
Zerbrechlich wie Porzellan 11

Brühls an sächsischen Höfen
Meissen findet die Rezeptur des Weißen Goldes
1344–1733

*Brühl polarisiert 17   Gangloffsömmern 25   Weißenfels 27
Leipzig 32   Dresden 35   Leidenschaft für Porzellan 37
Allianz mit Preußen 46   Das Zeithainer Lustlager 53
Geheimrat Augusts II. 59*

Ein Service für den Premier
Heinrich wird Herr über die Porzellanmanufaktur
1733–1763

*Des Königs Schnitzel 65   Premierminister Augusts III. 69
Hochzeit mit Marianne Kolowrat-Krakowsky 71   Heinrich
und Mariannes Kinder 76   Porzellanmanufaktur
Meissen 78   Das Brühlsche Schwanenservice 82
Majoratsherr von Pförten 95   Krieg mit Preußen 103*

Brühls an preußischen Höfen
Prozess und Abschied von Sachsen
1763–1791

Ende des augusteischen Zeitalters 115   *Heinrichs Tochter Maria Amalie* 121   *Heinrichs Ältester Alois Friedrich* 123   *Heinrichs Zweitgeborener Charles Adolph* 131   *Heinrichs Enkelin Marie von Clausewitz* 139   *Heinrichs Drittgeborener Albert Christian Heinrich* 144   *Heinrichs Jüngster Hans Moritz* 146   *Das Seifersdorfer Tal* 150   *Heinrichs Enkel Karl* 159

Familienleben in Pförten
Diesen Schatz gilt es wohl zu verwahren
1791–1882

Rückzug in die Niederlausitz 171   *Heinrichs Enkel Friedrich August Adalbert* 174   *Heinrichs Urenkel Friedrich-Stephan* 176   *Urgroßvater Friedrich-Franz* 176   *Schloss und Park Pförten* 179   *Großvater Georg* 181   *Das Schwanenservice kommt ins Museum* 192

Industrialisierung und Kaiserzeit
Brühls in Ostpreußen, Bayern
und Baden-Württemberg
1882–1939

Glück in der Ferne 201   *Urgroßonkel Franz und Alfred* 203   *Großonkel Vincenz* 205   *Allenstein* 207   *Gut Bansen* 214   *Schneidemühl* 220

Krieg und Flucht
Das Porzellan, zerstreut in alle Winde
1939–1950

*Zurück nach Gangloffsömmern 229   Flucht nach
Westfalen 235   Die Seifersdorfer Brühls 242
Verlust und Zerstörung 248*

Resilienz
Kalter Krieg und Suche
nach dem Familienporzellan
1950–1972

*Ostpreußisches Landesmuseum Lüneburg 257
Diplomat der Bundesrepublik 263   Suche nach dem
Schwanenservice 264   Großvaters Tod 275   Gesandter
in Warschau 277   Botschafter in Wien 283*

Spurensuche und Identitätsfindung
Bürgerschaftliches Engagement in Seifersdorf,
Nischwitz, Forst und Brody
1972–1998

*Die Dresdner Porzellansammlung 293
Die Thal-Freunde 297   Schloss Nischwitz 299
Forst 300   Brody (Pförten) 304*

Schwanenservice 2000
Ohne Wiedervereinigung ein Ding der Unmöglichkeit
1998 bis heute

Porzellan-Stiftung Meissen 311   Der Tafelaufsatz 318
Das Schwanenservice wird ausgestellt 321

Nachwort

Chronik einer Familie 331

Anmerkungen *337*

Bibliographie *343*

Bildnachweis *347*

Dank *349*

Vorwort

Zerbrechlich wie Porzellan

Wenn bei uns zu Hause, als ich noch ein Kind war, meine Geschwister und ich um den Mittagstisch saßen, verständigten sich meine Eltern oft auf Französisch. Sie wollten, dass wir nicht verstehen, worüber sie sich unterhielten. Meist waren es wohl organisatorische Fragen, die sie zu besprechen hatten. Vielleicht ging es auch um Geschenke, die sie uns zu Weihnachten oder zum Geburtstag besorgen wollten. Oder sie sprachen über Menschen, die wir gut kannten, von denen wir aber manches nicht erfahren sollten.

Französisch war die Sprache der Erwachsenen, der Menschen, die klüger waren als wir Kinder. Wir wuchsen damit auf und zweifelten nicht an der Notwendigkeit dieser Geheimsprache. Als wir älter geworden waren, versuchten wir selbst, sie zu erwerben.

Wenn mein Vater einen Wutanfall hatte, war das ähnlich. Ich verstand dann auch kein Wort von dem, was er sagte. Er schrie und tobte, sein Gesicht wurde puterrot, der Mund ging schnell auf und zu. Mit der flachen Hand schlug er auf den Tisch, so hart, dass die Tassen und Teller klirrten, aber ich bekam Angst. Am liebsten hätte ich mich in ein Mauseloch verkrochen.

Voller Sorge schaute ich dann zu dem Glasschrank mit den kostbaren Porzellanskulpturen meiner Mutter. Ich fürchtete, sie könnten bei dem Lärm in tausend Stücke zerspringen. Fein bemalte Vögel befanden sich in dem

Vorwort

Schrank, zarte Figurinen, farbige Messerbänkchen und Zierschalen. Meine Eltern hatten sie zur Hochzeit geschenkt bekommen. Was fehlte, waren Schalen oder Teller vom »Service aux cygnes«, dem berühmten Brühlschen Schwanenservice. Mein Vater war geflohen. Seine Familie hatte alles verloren.

»Immer macht ihr alles kaputt«, schrie mein Vater, wenn der Staubsauger nicht funktionierte, »Was für eine Schlamperei«, wenn Unordnung entstanden war. »Bringt mir keinen Peppelkram«, brüllte er, wenn wir vor der Abreise in die Sommerferien noch eine Plastiktüte mit Schuhen im Kofferraum des Autos verstauen wollten. Besonders wütend wurde er, wenn meine Mutter keine Antwort gab. Lauthals schrie er ihren Namen durch das ganze Haus. Sie rannte durch die vielen Zimmer und suchte die letzten Siebensachen vor der Abreise zusammen.

Wenn mein Vater wütend war, konnte er brüllen wie ein Stier, so laut, dass alle Nachbarn ihn hörten. Selbst Arbeitskollegen kannten seine cholerischen Anfälle. Sie witzelten darüber und bezogen sie auf seinen Nachnamen.

Für uns Kinder war das weniger komisch. Wir verfielen in eine Art Schockstarre und hofften, dass der Sturm bald vorübergehe. Ein weiser Freund, den ich um Rat fragte, selbst ein Mensch, dessen Familie im Zweiten Weltkrieg hatte fliehen müssen, erklärte mir: Wenn ein Mann, der einen Familienbesitz mit Wald und Feld und Landwirtschaft zu übernehmen hatte, erwachsen geworden war, musste er laut und vernehmlich sprechen können, so laut, dass seine Stimme über den ganzen Hof schallte, wenn sich seine Mitarbeiter dort morgens versammelt hatten, um seine Anweisungen entgegenzunehmen. Wem die Stimme zu solch einem Auftritt fehle, wer Angst habe oder als Heranwachsender nachdrücklich verunsichert worden sei, fange aus Verzweiflung an zu brüllen, sagte mein alter Freund mit einem leisen Lächeln. In der Tat war mein Vater der Älteste in seiner Herkunftsfamilie.

Reisen, Aufbrüche, Umzüge machten ihn besonders nervös. Sortieren, ordnen, packen waren ihm Tortur, den Kofferraum sinnreich befüllen und um Himmels willen nichts zurücklassen – all dies muss ihm Todesangst bereitet haben. Er empfand Kontrollverlust und reagierte mit Panik. Seine Wut war Ausdruck von Hilflosigkeit. Wenn er zu allem Überfluss mit der eigenen Familie verreiste, seiner unübersehbar großen Kinderschar, regte er sich besonders auf. Dann wurde die Abreise zu einer echten Herausforderung. Er schien solche Fahrten zu hassen. Am liebsten wäre er zu Hause geblieben, doch zu allem Überfluss war er Diplomat geworden. Sein ganzes Leben bestand aus Umzügen.

Viele Jahre später, er war alt geworden, rief er mich eines Tages aufgebracht zu seinem Auto. Erneut stand eine Abreise bevor, und wieder einmal galt es, Koffer, Taschen, Schachteln, Hüte im Kofferraum zu verstauen. Verzweifelt stand er, gestützt auf seinen braunen Gehstock, hinter dem Wagen und wies auf das Chaos, das sich darin befand. »Kannst du mir bitte helfen?«, fragte er mit leiser Stimme.

Brühls an sächsischen Höfen

Meissen findet die Rezeptur
des Weißen Goldes

1344—1733

Brühls an sächsischen Höfen

Heinrich Graf von Brühl (1700–1763),
gemalt um 1730 von Louis de Silvestre

Brühl polarisiert

Die Geschichte meiner Familie geht zurück auf Heinrich Graf von Brühl (1700–1763), erst Page und später Minister am Hof des sächsischen Kurfürsten August II. (1670–1733), genannt »der Starke«, und seines Sohnes Friedrich August II. (1696–1763), bezeichnet als August III., beide während ihrer Regierungszeit gleichzeitig Könige in Polen. Hoch geschätzter Diplomat und Staatenlenker einerseits, verhasst und verleumdet wegen seiner dauerhaften Nähe zur Macht andererseits, polarisierte Brühl jahrhundertelang die Ansichten. Priesen die einen seine klugen Strategien im Dienst Sachsens, neideten die anderen ihm seine Karriere und bezeichneten ihn als intrigant und unaufrichtig. Lobte man auf der einen Seite sein Repräsentationsvermögen und seine kostbaren Kunstsammlungen, mokierte man sich auf der anderen über seine Verschwendungssucht und gab ihm die Schuld an der finanziellen Misere des Landes. In Vergessenheit geriet er nicht: Die nach ihm benannte Brühlsche Terrasse, Reminiszenz seines Anwesens in unmittelbarer Nähe der kurfürstlich-königlichen Residenz, dominiert bis heute die Stadtkulisse von Dresden.

Insbesondere der Unwille Friedrichs II. von Preußen (1712–1786) gegen Brühl bestimmte das Bild, das sich Historiker wie Kulturwissenschaftler später machten. Ausgerechnet auf die von ihm geprägte preußische Geschichtsschreibung berief sich die Mehrzahl der Beobachter jener Epoche und erklärte den Minister zu einer unliebsamen Figur. So stellte der ungarische Historiker Aladár von Boroviczény 1930 in seiner Biographie erstaunt fest: »Bei der Durchsicht der sehr umfangreichen Literatur über den Grafen Brühl begegnete ich zu meiner Überraschung bloß abfälligen Urteilen über den Mann, der soviel für sein Vaterland geleistet hatte, wie kaum je ein Mensch vor ihm. Und als ich an die unmittelbaren Quellen kam, fand ich nicht eine einzige historisch begründete Tatsache, welche das landläufig ungünstige Urteil über den sächsischen Premierminister rechtfertigte.«[1]

Nicht nur die Geschichtsschreibung folgte der preußischen Sicht auf das augusteische Zeitalter, auch der polnische Autor Ignacy Kraszewski (1812–1887) beschrieb den sächsischen Hof in seiner Sachsentrilogie *Gräfin Cosel* (1873), *Brühl* (1874) und *Aus dem Siebenjährigen Krieg* (1875) als Hort der Intrige und des Verrats. Die beiden Kurfürsten und Könige hätten Sachsen und damit auch Polen durch Unachtsamkeit und Misswirtschaft dauerhaft in den Ruin getrieben. Brühl sei ihnen dabei ein williger Helfer gewesen. Dank geschickter Ränkespiele und Betrügereien habe er sich das Amt des ersten Ministers erschlichen. Konkurrenten wie Minister Alexander Józef Sułkowski (1695–1762) oder den Hofbeamten Christian Heinrich von Watzdorf (1698–1747) habe er kurzerhand verbannen oder umbringen lassen.

Dabei war es wohl kaum Kraszewskis Absicht, Friedrich II. auf ein Podest zu heben, ausgerechnet den Mann, der mitverantwortlich für die Teilung Polens war. Der Romancier beschrieb diese Zeit vielmehr aus der Haltung eines Patrioten, der die Herrschaft der sächsischen Kurfürsten in seinem Land im Rückblick – seine Werke erschienen fast hundert Jahre später – kritisch sah. Naturgemäß hielt er sich dabei nicht fortlaufend an historische Fakten, vieles in seinen drei Büchern ist frei erfunden, aber sie lesen sich leicht und fanden rasch Verbreitung. Damit erreichte die einseitige Sichtweise ein breites Publikum und verankerte sich nachdrücklich in der allgemeinen Wahrnehmung.

Als ein Jahrhundert später DDR-Granden das Thema aufgriffen und eine sechsteilige Fernsehserie auf der Basis der Romane Kraszewskis produzierten, fühlte sich die Mehrheit in ihrer Ansicht bestätigt. Dabei war auch diesem Regime keinesfalls daran gelegen, die Privatkampagne Friedrichs II. gegen einen einzelnen sächsischen Höfling fortzusetzen. Genauso wenig hatten sie die Absicht, Polen gegenüber Sachsen oder gar der DDR aufzuwerten. Diesmal galt es, die Zeiten absolutistischer Prachtentfaltung zu verurteilen und die Vorzüge des Arbeiter-und-Bauern-Staats zu propagieren. Auch dazu eignete sich Brühl ausgezeichnet. Dargestellt als intriganter und aalglatter Vertreter seines Standes, der sich seine Stellung bei Hofe zunutze macht, um die Staatskasse an sich zu reißen und sich persönlich zu bereichern, spielte er eine eindrucksvolle Rolle in dem sechsteiligen Film *Sachsens Glanz und Preußens Gloria*. Die sorgenvolle Frage des Kurfürsten an seinen Untergebenen: »Brühl, habe ich noch Geld?«, die in dem Film mehrfach wiederholt wird, dazu die herausragende Figur des Schauspielers Rolf Hoppe, der den sächsischen Herrscher als nachgiebigen, sentimentalen König mimte, prägte sich den Zuschauern unauslöschlich ein.

1983/84 mit landesweit bekannten Darstellern in prächtigen Kostümen gedreht, mit Pferden, Kutschen und Reitern, an unterschiedlichsten Schauplätzen, auch außerhalb der DDR, wurde der Mehrteiler 1985 und 1987 erstmals ausgestrahlt und dann unzählige Male wiederholt. Auch an finanziellen Ausgaben wurde nicht gespart: Die Serie kostete laut der Sendung *Umschau* im Mitteldeutschen Rundfunk 21 Millionen DDR-Mark. Kaum ein Bewohner Sachsens oder Liebhaber der sächsischen Geschichte, der den Streifen nicht gesehen hätte.

Erst im 21. Jahrhundert wendete sich das Blatt allmählich. Unter dem Motto »Was vom Glanze übrig blieb« begab sich der Journalist Jens Jungmann nach der politischen Wende in Europa auf Spurensuche und brachte viele bislang unbekannte Details über den Film ans Licht. Direktoren und Experten der Museen der Staatlichen Kunstsammlungen zu Dresden, des Sächsischen Hauptstaatsarchivs, der Schlösser und Gärten Sachsens, des Königlichen Schlosses in Warschau und des Wawel in Krakau standen ihm dabei hilfreich zur Seite. So gelang es ihm, an unzähligen Beispielen herauszuarbeiten, wie fehlerhaft die Darstellung der sächsischen Geschichte in der Filmserie war. Seine Recherchen fanden Eingang in zwei mehrteilige Artikelserien in der Chemnitzer Morgenpost und der Dresdner Morgenpost, die sich Einzelheiten und Hintergründen der Verfilmung widmeten. Wieder war das Interesse immens: Die Serien brachten den Zeitungen ein Auflagenplus von 25 Prozent.

Auch in der Wissenschaft war man seit der Wendejahre bemüht, ein differenzierteres Bild von Brühl und dem augusteischen Zeitalter zu zeichnen. Der Leipziger Historiker Walter Fellmann veröffentlichte 1989 eine Biographie über den Minister, die ihn als loyalen Untergebenen seiner Kurfürsten und als begabten Politiker seiner Zeit darstellte. Im Vorwort zur vierten Auflage schreibt er: »Einige Leser haben in meinen Aufzeichnungen das Stichwort ›Brühlsches System‹ vermißt, inzwischen als eine Art geflügeltes Wort verwendet. Ein

›Brühlsches System‹ im eigentlichen Sinne des Wortes hat es jedoch nie gegeben. Im spätabsolutistischen Sachsen sah sich der Herrscher als vom Gottesgnadentum beseelt: er war das Land, sein Wille Gesetz. Zur Schaffung eines ›Systems‹ war selbst der einflußreichste Minister außerstande. Zum ›Systemgründer‹ avancierte Brühl durch Zuschreibung von Macht, die er nie besaß. Daß noch heute die Auffassung vertreten wird, er sei seit dem Sturz Sułkowskis 1738 ›für ein Vierteljahrhundert der unumschränkte Herrscher in Kursachsen‹ gewesen […], verwundert schon. Der Kurfürst in seiner Gruft kann darob keinen Widerspruch einlegen. Seit Ausbruch des Siebenjährigen Krieges 1756 herrschte in Sachsen meist der Preußenkönig Friedrich II., jedenfalls nicht der nach Polen vertriebene und 1763 erst zurückgekehrte Brühl, aber auch in dem auf 18 Jahre zu reduzierenden ›Vierteljahrhundert‹ war er nicht der ›unumschränkte Herrscher‹.«[2]

Etwa zur selben Zeit nahm sich die Vogtländer Historikerin Dagmar Vogel der Sache Brühl an und durchforstete mit unendlichem Fleiß über Jahre die Archive. Der erste Band ihrer Biographie – erschienen im Jahr 2003 – umfasst beinahe siebenhundert Seiten und beschreibt doch nur wenig mehr als die erste Hälfte von Brühls Leben. Schier unendlich ist die Zahl der Details, die sie gesammelt hat. Eindrücklich widerlegte sie diverse Informationen, die offenbar nie genau überprüft worden waren, so den Ort seiner Geburt – er kam nicht in Gangloffsömmern, sondern in Weißenfels zur Welt – oder die Behauptung, er habe allein durch die Organisation der Heeresschau und der Festlichkeiten rund um das Zeithainer Lustlager (1730) die allumfassende Aufmerksamkeit des Königs auf sich gelenkt: »Die Akten liefern kaum Anhaltspunkte für eine Mitwirkung Brühls an der

Ausrichtung des Zeithainer Lagers. Am 14. Januar 1730 übermittelte er dem Kammer-Kollegium einen Befehl Augusts II., der das benötigte Holz für die Zeithainer Bauten sowie Fourage für die Pferde betraf.«[3] Nach Vogels Erkenntnissen muss man sich ernsthaft fragen, wie steil Heinrichs Karriere wirklich gewesen ist. Auch Fellmanns Untersuchungen zeigen, wie lang Brühls berufliche Entwicklung gedauert hat.

Bahnbrechend schließlich war eine internationale Tagung zu dem Thema, die dank eines relativ unspektakulären Aufrufs im Internet, eines informellen »call for papers«, im März 2014 in Dresden zustande kam. Eingeladen hatten die Wissenschaftlerinnen Ute Koch von den Staatlichen Kunstsammlungen Dresden und Cristina Ruggero von der Bibliotheca Hertziana in Rom. Zwei Tage lang diskutierten Forscher aus den Niederlanden, Polen, Deutschland und Italien intensiv über die Ereignisse im augusteischen Zeitalter. In einem umfangreichen Band publizierten die beiden Frauen später sämtliche Beiträge und Erkenntnisse dieser Tagung. Das Ergebnis war beeindruckend. Die Vorträge hoben samt und sonders die kulturelle und politische Bedeutung Sachsens im 18. Jahrhundert hervor und beschrieben Brühl als Mäzen seines Landes und Förderer seiner Vorgesetzten inmitten eines penibel entwickelten Netzwerkes von Kunstkennern und -händlern, das sich über ganz Europa erstreckte.

In seiner Publikation *Architektur und Kunst in der Ära des sächsischen Ministers Heinrich Graf von Brühl (1738–1763)*, erschienen 2014 im Jan Thorbecke Verlag Ostfildern, konnte der Danziger Kunsthistoriker Tomasz Torbus die neuen Erkenntnisse bekräftigen. Gemeinsam mit Markus Hörsch und weiteren Experten dokumentierte er anhand von zahlreichen hervorragend reproduzierten Abbildungen, historischen Stadtplänen und Architekturskizzen vorurteilsfrei das kulturelle Engagement Heinrichs und verwies auf unmittelbare Parallelen zwischen der polnischen und sächsischen Geschichte, die sich aus der Zeit seines Wirkens ergaben.

Einen ähnlichen Ansatz verfolgte das sächsische Landesamt für Denkmalkunde in seiner im April 2020 veröffentlichten Publikation *Heinrich Graf von Brühl (1700–1763). Bauherr und Mäzen*. Im Vorwort schreibt Landeskonservator Alf Furkert, Brühl habe sich »während der sächsisch-polnischen Personalunion eine herausragende Stellung in der höfischen Hierarchie erarbeitet«. Allein die Wahl des Verbes zeigt, dass hier eine Neubewertung vorgenommen wurde. Sachsen (und Polen), möchte man meinen, hatte(n) sich nach all den Jahren endlich zur Wehr gesetzt. Durch eine Veränderung der Perspektive von Krieg auf Frieden, von Machtentfaltung auf Kulturförderung, von Systemkritik auf vorurteilslose Betrachtung der handelnden Personen hatte sich alles verändert. In seinem Tagungsbeitrag *Wie die Schrift Friedrich den Großen zu einem Gewinner und Heinrich von Brühl zu einem Verlierer der Geschichte machte*[4] dokumentierte der Historiker Jürgen Luh anschaulich, dass der Preußenkönig eine regelrechte publizistische Kampagne gegen Brühl führte. »Über Heinrich von Brühl wollte Friedrich – um seine eigenen Wort zu zitieren – ›Gift ausschütten‹.«[5] Und Historiker Frank Metasch entkräftete in seinem Vortrag die Behauptung, Heinrich habe Sachsen in den Ruin gestürzt: »Der sächsische Premierminister hat im Bereich der Finanzen und Schulden keinesfalls die allgemeine Entwicklung verschlafen. Wie insbesondere die kontroversen Diskussionen auf dem

Landtag von 1749 zeigen, wurden ernsthafte Auswege aus der finanziellen Misere gesucht.«[6] Sachsen habe ferner, so Metasch, mit seiner Entwicklung zum Absolutismus im 18. Jahrhundert keineswegs allein dagestanden: »Hervorzuheben sind insbesondere der Hof und das Militär, der innere Ausbau des Staates und der Verwaltung sowie die gestiegenen außenpolitischen und repräsentativen Anforderungen im Zuge des dynastischen Aufstiegs der Wettiner zu polnischen Königen. All dies führte zu einer kontinuierlichen Steigerung der Ausgaben, ohne dass die Einnahmen des Staates im gleichen Maße mithielten. Eine solche Entwicklung bildete jedoch kein sächsisches Alleinstellungsmerkmal.«[7]

Damit war der Weg frei für breiter angelegte Forschungen. Insbesondere die Entwicklung von Sachsens Kultur und Kunstfertigkeit im europäischen Rahmen hatten die beiden Wissenschaftlerinnen in ihren Fokus genommen, denn die Leidenschaft für Kunst, die Entscheidung, die persönliche Macht des jeweiligen Herrschers in künstlerischer Prachtentfaltung zu manifestieren, die seit dem 16. Jahrhundert über Jahrzehnte am sächsischen Hof dominierte, zog eine konsequente Förderung von Künstlern und ihren individuellen Fertigkeiten nach sich. Ob Maler, Zeichner oder Bildhauer, Porzelliner oder Goldschmiede, Holzschnitzer oder Tischler, Vergolder, Diamantenschleifer oder Kupferstecher, nicht zu vergessen Komponisten, Schauspieler und Musikinterpreten – sie alle fanden hier Liebhaber und Abnehmer ihrer Werke, konnten sich entfalten und sukzessive weiterentwickeln. Der Hof und sein gesamtes Umfeld unterstützten sie darin.

Das alles zu finanzieren kostete seinen Preis, aber es maß diesen Fertigkeiten spezifische Bedeutung und

Wertschätzung bei. Dadurch entstand Raum zu kreativer Gestaltung, der in der Folge seine ganz eigene Dynamik entwickelte. Die Künstler inspirierten sich gegenseitig und suchten nach immer neuen Techniken und Materialien, um ihre Ideen und Visionen zu verwirklichen. In der vollendeten Herstellung ihrer Werke und im Zusammenspiel unterschiedlicher Fähigkeiten entstanden innovative Gesamtkunstwerke von weitreichender Wirkung. Sie standen für das Kurfürstentum als Ganzes, strahlten über die Grenzen Sachsens hinaus und verliehen ihm Ansehen und Bedeutung.

Dank Heinrichs Persönlichkeit und Stellung waren er und seine Familie – seine Brüder, Kinder und Nachfahren – zwangsläufig an dieser Entwicklung in Sachsen beteiligt. Sie unterstützten sie aus vollem Herzen, einerseits aus Loyalität und Diensteifer, andererseits aus innerer Überzeugung. Ihre Ergebnisse, seien es einzelne Kunstwerke oder Anwesen oder auch die Kultur des Umgangs, Bildung und Erziehung, wurden gepflegt und respektiert, die Verantwortung dafür Teil der eigenen Geschichte, die das Handeln einzelner Familienmitglieder bis in die Neuzeit prägte.

Gangloffsömmern

Die Ursprünge der Grafen von Brühl weisen zurück bis ins 14. Jahrhundert. Wie viele Familien, die in die Geschichte Sachsens eingegangen sind, stammten sie aus einer der benachbarten Regionen. 1344 erstmals urkundlich erwähnt, zählten sie zu den Uradelsgeschlechtern Thüringens. Ihre Wirkungsstätte hatte sich auf Gangloffsömmern konzentriert, heute in Mitteldeutschland gelegen, also in einer Gegend, die sich sowohl durch die Nähe zum südlichen Harz und der Goldenen Aue mit ihren fruchtbaren Obstwiesen als auch zu Eisenach und Erfurt mit ihren Kultur- und Handelszentren auszeichnet, dem sogenannten Thüringer Becken. Dagmar Vogel beschreibt die Entwicklung der Familie als unauffällig, traditionsgemäß, dabei nicht glücklos. »Aus dem Hof- bzw. Verwaltungsdienst der Landgrafen von Thüringen und Markgrafen von Meißen hervorgegangen, erscheinen ihre Vertreter ein Jahrhundert später als begüterte Grundherren auf Wenigentennstedt, einem Ort nahe Gangloffsömmern, der im Dreißigjährigen Krieg zerstört, danach nicht wieder aufgebaut wurde. 1474 erfolgte die erstmalige Belehnung der Brüder Heinrich, Friederich und Hans von Brü(h)l mit Besitz in Gangloffsömmern, Schönstedt und Schwerstedt durch Herzog Wilhelm zu Sachsen.«[8]

Demnach seien Brühls 1500 erstmals in direkte Verbindung zu den albertinischen Herzögen von Wettin in Dresden getreten. In diesem Jahr habe Georg der Bärtige (1471–1539), Herzog von Sachsen, ein Gut an Elisabeth Brühl zum Preis von tausend Gulden verkauft. Sie und ihr Sohn gaben im Folgejahr gegen zweihundert Gulden Land und Höfe an Erfurter Bürger weiter und bauten ihr Einflussgebiet systematisch aus. Bis ins 17. Jahrhundert erwarben sie Güter unter anderem in Grüningen, Ober- und Niedertopfstedt, Großballhausen, Lutzensömmern, Gebesee, Baumersroda. Mit diesem Grundbesitz in einem Radius von zwanzig Kilometern um Gangloffsömmern dürften sie zu den bedeutendsten Grundherren der Gegend gezählt haben.

Mit dem Umfang ihres Anwesens wuchsen auch die Verantwortlichkeiten der Familie. Seit 1663 übte sie das

Kirchenpatronat aus. 1677 wurde ihr die Kanzleischriftsässigkeit über Gangloffsömmern sowie Ober- und Niedertopfstedt verliehen. Seit 1687 besaß sie in Niedertopfstedt ein Freigut. Der Erwerb der Schriftsässigkeit ermöglichte ihr die Selbstverwaltung der zu ihrem Besitz gehörenden Orte. Sie war allein dem Landesherrn zur Rechenschaft verpflichtet.

Anfang des 17. Jahrhunderts verfügte Kurfürst Johann Georg I. von Sachsen (1585–1656) in seinem Testament, dass zuzüglich Kursachsens mit seiner Residenzstadt Dresden, das traditionell der jeweils Älteste in der Familie erbte, drei herzogliche Sekundogenituren für die nachgeborenen Söhne gegründet würden: Weißenfels, Zeitz und Merseburg, alles Orte, die sich weit westlich oder nordwestlich Dresdens befanden. Damit rückte der sächsische Hof unwillkürlich näher an das Brühlsche Anwesen, denn Weißenfels befindet sich nur hundert Kilometer östlich von Gangloffsömmern. Zwar musste in der hübschen Saalestadt erst ein neues Schloss errichtet werden, Neu-Augustusburg, denn die Schweden hatten die alte Burganlage im Dreißigjährigen Krieg verwüstet, doch 1680 konnte Johann Adolf von Sachsen-Weißenfels (1649–1697) seine neue Residenz in aller Form und Herrschaftlichkeit beziehen.

Weißenfels

Der Vater Heinrichs, Hans Moritz von Brühl (1665 bis 1727), war Nachgeborener in seiner Familie und sah seine Bestimmung in der Erfüllung höfischer Ämter. Er sprach in Weißenfels vor, fand beim Herzog Anstellung, wurde 1690 zum Kammerjunker bestallt und erhielt die

Aufgabe, den Hof bei Jagden sowie auf Reisen zu begleiten. Dafür erhielt er Kostgeld und eine zusätzliche Bezahlung von zweihundert Talern für Kleidung, Besoldung und Hufbeschlag.

Gesichert durch dieses Hofamt, sah er sich kurze Zeit später in der Lage, eine Familie zu gründen. Am 11. September 1692 heiratetet Hans Moritz feierlich auf Schloss Freyburg an der Unstrut Erdmuthe Sophie von der Heydte (1669–1702). Der Kupferstich in der Leipziger Universitätsbibliothek, der von ihr überliefert ist, zeigt eine schmale Frau mit hoch aufgekämmten Locken und einem entschlossenen Kinn. Sie stammte ähnlich wie er aus einer unauffälligen adligen Familie aus der Gegend um Chemnitz. Ihr Vater war Georg Peter von der Heydte (1628–1672), ein kursächsischer wie schwedischer Oberst sowie brandenburgisch-kulmbacher Hofmarschall, ihre Mutter Johanna Magdalena von Reibold (*1643).

Innerhalb weniger Jahre gebar Erdmuthe fünf Kinder, eine Tochter, Johanne Eleonore (1697–1739), und drei Söhne: Hans Moritz (1693–1755), Johann Adolph (1695–1742) und Friedrich Wilhelm (1699–1760). Ähnlich wie ihr Vater erlangten sie später alle respektable Hofämter, zwei von ihnen dauerhaft am Dresdner Hof. Am 13. August 1700 schließlich kam Heinrich zur Welt, der Jüngste, und wurde zwei Tage später, laut Vogel ebenfalls in Weißenfels, vom protestantischen Oberhofprediger Johann August Olearius (1644–1711) getauft.

1694 starb Hans Moritz' Vater, und da sein ältester Bruder seit der Schlacht von Fleury (1680) als vermisst galt, musste er zusätzlich die Verantwortung für den elterlichen Besitz übernehmen. Dennoch blieb er dem Weißenfelser Hof verpflichtet und bezog ein Haus in der Schützenstraße 2, am Fuß des Schlosses. Dort war auf Wunsch des Herzogs ein neuer Stadtteil für die Hofbediensteten entstanden, die »Zeitzer Vorstadt«. Die Häuser entsprachen den neuesten Bauanforderungen und waren durch keinerlei Hypotheken belastet. Als besonders angenehm sollen die Bewohner die gepflasterte Straße empfunden haben, die das Schloss mit der Vorstadt verband.[9]

In diesem Haus in der Weißenfelser Schützenstraße wuchs Heinrich mit seinen Geschwistern auf, als Sohn eines gewöhnlichen Hofbeamten, der über die Jahre allmählich Karriere machte. Am 4. September 1696 wurde Hans Moritz zum Hof- und Justizrat ernannt, 1705 zum Hofmarschall, schließlich zum Geheimen Rat, 1719 zum Wirklichen Hof- und Justizrat und 1720 zum Oberhofmarschall. Als das Haus zu klein geworden war, zog die Familie in ein dreigeschossiges Domizil in der Nikolaistraße.

1702 starb plötzlich Erdmuthe, Hans Moritz' geliebte Ehefrau, und die herzogliche Familie nahm nachdrücklich Anteil am Schicksal ihres treuen Hofmarschalls. Erdmuthe war nur 32 Jahre alt geworden, lediglich zehn Jahre waren die beiden verheiratet gewesen, und Hans Moritz musste nun sehen, wer sich um seine minderjährigen Kinder kümmern könnte. Die Älteste war beim Tod der Mutter gerade einmal fünf, Heinrich keine zwei Jahre alt.

Zunächst sprang Schwiegermutter Heydte ein, und erst nach acht Jahren, am 14. Dezember 1710, heiratete Brühl ein zweites Mal. In Sophie Hippolyta von Rahna (gest. 1731) fanden die Kinder eine liebenswürdige Ersatzmutter. Gleichzeitig nahm sich der Hof der fünf Halbwaisen an. 1664 hatte der Herzog in Weißenfels das »Gymnasium illustre Augusteum« gegründet, das sich mit so bedeutenden Lehrern wie Christian Weise (1642–1708) und Johannes Riemer (1648–1714) bald zu einer namhaften Bildungsanstalt im deutschsprachigen protestantischen Raum entwickelte. Als die Jungen das achte Lebensjahr erreicht hatten, bereitete sie der herzogliche Pagenmeister auf den Besuch dieses Gymnasiums vor. Der Tag begann ab dann auch für Heinrich in aller Herrgottsfrühe. Auf eine Andacht um fünf Uhr folgte Unterricht in den Fächern Religion, Mathematik, Heraldik (Wappenkunde), Geographie und Geschichte. Nachmittags war Zeit für sportliche Übungen wie Fechten, Ballspiel oder Tanz. Ab 16 Uhr erhielten die jungen Pagen Sprachunterricht und lernten Französisch, Italienisch und Latein. Wer sich durch gute Leistungen auszeichnete, wurde zum Examen zugelassen und nach dessen erfolgreichem Abschluss in den Kreis der Kammer- oder Silberpagen aufgenommen, die beim Herzog, seiner Frau oder anderen höhergestellten Mitgliedern der herzoglichen Familie ihren Dienst taten. Während die Kammerdiener für das privat-persönliche Umfeld ihrer Vorgesetzten zuständig waren, kamen die Silberpagen bei Tisch zum Einsatz.

1697 starb Herzog Johann Adolf, und die Sekundogenitur ging an seinen Sohn Johann Georg (1677–1712) über, verheiratet mit Friederike Elisabeth von Sachsen-Eisenach (1669–1730). Da es an männlichen Nachkommen mangelte, erbten sie danach seine Brüder, erst Christian (1682–1736) und dann Johann Adolf II. (1685 bis 1746). Hans Moritz wurde von dem Erben jeweils in seinen Ämtern bestätigt und verblieb am Weißenfelser Hof.

Die Herzöge bewiesen als engagierte Mitglieder der »Fruchtbringenden Gesellschaft« ihre Vorliebe für Literatur. Der Ausbau des Schlosses zu einer herrschaftlichen Residenz mit Komödiensaal und Theater, Kavaliershäusern und barockem Lustgarten, nicht zuletzt die höfischen Jagdgesellschaften, die dort regelmäßig stattfanden, zeigten ferner ihr Streben nach Kunst- und Prachtentfaltung im Sinne absolutistischer Selbstdarstellung. Sie suchten darin Dresden und vergleichbaren Höfen ihrer Zeit nachzueifern. Allein wirtschaftlich waren sie nicht sonderlich erfolgreich. Sie häuften Schulden an, durch die ihre Angestellten erheblich in Mitleidenschaft gezogen wurden. Wiederholt konnte der Herzog Hans Moritz sein Gehalt nicht auszahlen.

Im September 1706 rückten infolge des Nordischen Krieges die Schweden in Sachsen ein. Noch saßen den Landesbewohnern die Schrecken des Dreißigjährigen Krieges im Nacken, und fluchtartig verließ der Hof Weißenfels Richtung Bad Ems. Zwar gelang es schon wenige Wochen später, mit Karl XII. in Altranstädt Frieden zu schließen, doch im Gegenzug fouragierten die Besatzungssoldaten rücksichtslos. Die Weißenfelser Bürger mussten Fleisch, Brot, Speck und Bier in umfangreichem Maß liefern sowie Futter für die Pferde. Eine Missernte verschlimmerte die Versorgungslage 1707 noch weiter, und die Landesbewohner nahmen Kredite auf, um den Forderungen der Schweden Folge leisten zu können. Erst Ende August zogen die Feinde endlich ab, der Hof kehrte nach Weißenfels zurück und versuchte wieder, landesherrliche Pracht zu verbreiten, doch der Herzog war nicht imstande, seine Ansprüche auf die finanziell schwierige Situation der Sekundogenitur abzustimmen. Als das Land nach seinem Tod 1746 an den Kurfürsten zurückfiel, war es tief verschuldet.

Die Nähe zur Hochkultur, die prächtige Schloss- und Parkanlage und die eleganten Bürgerhäuser prägen die

Stadt bis heute. Hier lebten der Komponist und Musiker Heinrich Schütz (1585–1672), der Schriftsteller Novalis (1772–1801) und, nicht zu vergessen, die Erzählerin Louise von François (1817–1893). Johann Sebastian Bach (1685–1750) komponierte für Herzog Christian die Jagd- und die Schäferkantate und erlangte dadurch 1729 den Titel »Fürstlich sächsisch-weißenfelsischer Hofkapellmeister von Haus aus«. Weißenfels widmete den Künstlern Gedenkstätten und trug damit der Bedeutung ihrer Werke Rechnung. Mit dem Wiener Kongress fiel die Region 1815 an Preußen, aber das hielt ihre Weiterentwicklung keineswegs auf. Ab 1764 hatte man begonnen, hier Kohle zu fördern. Im 19. Jahrhundert hielt im Zuge der Industrialisierung insbesondere das Schuhhandwerk Einzug. Heute noch zeugt das Schuhmuseum in Schloss Weißenfels von dieser Zeit.

Leipzig

Ähnlich wie sein Vater und seine Brüder fiel Heinrich der herzoglichen Familie durch Hilfsbereitschaft und Zuverlässigkeit auf. Friederike Elisabeth, Herzogin an der Seite Johann Georgs, nahm sich seiner besonders an. Nach dem Tod ihres Mannes ließ sie sich eine neue Residenz in Langensalza bauen und zog bis zur Fertigstellung mit ihrem Hofstaat im Mai 1714 für vier Jahre nach Leipzig. Dorthin durfte sie der inzwischen 14-Jährige als ihr Page begleiten – eine große Veränderung für den Jungen. Zum ersten Mal verließ er sein Elternhaus und zog überdies in eine respektable Metropole. Leipzig zählte damals 21 000 Einwohner und war Sachsens größte Stadt.

Höhepunkte des Jahres waren die Messen, zu denen Neujahr, Ostern und Michaelis Händler und Kaufleute aus Ost und West, Nord und Süd zusammenkamen. Die Leipziger wussten um ihre Bedeutung und nutzten die Möglichkeiten, die ihnen daraus erwuchsen. Die Bürgerschaft war selbstbewusst und weltoffen, widmete sich Bildung, Kunst und Wissenschaft und pflegte ein gesellschaftliches Miteinander auf höchstem Niveau. Nicht nur Kaufleute zog es in die Stadt, sondern auch Landesfürsten und ihre Höflinge. Nirgendwo ließ sich leichter antichambrieren als während der Leipziger Messen, um die eigenen Interessen zu befördern und die seiner Geschäftspartner oder politischen Gegenspieler frühzeitig herausfinden. Insbesondere August II., seit 1694 Kurfürst von Sachsen, machte sich das zunutze und reiste samt seiner Entourage zu Messezeiten regelmäßig an. Die Stadt wusste darauf zu reagieren und bereitete ihm regelmäßig ein hochherrschaftliches Entrée. Die Herzoginwitwe von Weißenfels war bei solchen Gelegenheiten zugegen, hielt in Leipzig standesgemäß Hof, nahm an gesellschaftlichen Verpflichtungen teil, und so lernte Heinrich, dass es unter derlei Bedingungen zu seinen Pflichten gehörte, sich mehrfach am Tag umzukleiden und dauerhaft präsent zu sein. Sorgfältig gepudert und frisiert, stand er der Herzogin zur Seite, wenn sie seiner Anwesenheit bedurfte. Schlank und hoch gewachsen, wie er als junger Mann war, machte er dabei eine ausgezeichnete Figur: »An ihm war alles graziös liebenswürdig, leicht – mit einem Wort vollkommene Harmonie. Die mächtige Allongeperücke wich der Perücke ›à la regence‹. Die Kleidung änderte ihre Form. Die Rockschöße flatterten auseinander, ließen eng anliegende seidene Kniehosen und die Weste sichtbar werden. Und sie, auf die man fortan bei der Toilette allergrößte Sorgfalt verwendete, geriet zu einem Wunderwerk der Schneiderkunst. [...] Der ›galant homme‹ war ein Gesellschaftsmensch – und Leipzig mit seinen Salons die hohe Schule des Weltbürgers. Dem jungen Brühl war dieses neue Ideal auf den Leib geschrieben!«[10]

Nach dem Umzug nach Langensalza kehrte Heinrich im November 1718 nach Weißenfels zurück und hätte, erfahren und gut ausgebildet, wie er jetzt war, seine Tätigkeit als Page dort mühelos fortsetzen können, doch die wirtschaftliche Lage war zu unsicher. Nicht nur dem Vater, auch seinen Brüdern war der Herzog inzwischen Gehälter schuldig geblieben, und sie mussten versuchen, an anderen Höfen unterzukommen.

Im Gefolge seines Landesherrn verkehrte Hans Moritz wiederholt in Dresden. August II. war der zuverlässige Oberhofmarschall aus Weißenfels längst aufgefallen, so dass es diesem nicht schwerfiel, seine Söhne am Dresdner Hof unterzubringen. Heinrichs ältester Bruder Hans Moritz diente eine Zeitlang in Kursachsen[11] und stieg zum General der Kavallerie auf, wurde dann aber Statthalter der Deutschordensballei Thüringen. Johann Adolph, der Zweitälteste in der Familie, avancierte mit den Jahren zum Stallmeister und Reisemarschall am Dresdner Hof, und Friedrich Wilhelm wurde später Steuereinnehmer des Landes.

Auch Heinrichs Schwester Johanne Eleonore begleitete ihren Vater bisweilen auf seinen Fahrten nach Dresden, insbesondere zu größeren Festlichkeiten. Ähnlich wie ihre Brüder war sie in Weißenfels in das höfische Reglement eingeführt worden, nahm regelmäßig an Schlittenfahrten und Damen-Ringrennen teil und kannte sich mit den entsprechenden Gepflogenheiten aus.

Dresden

Am 16. April 1719 schließlich trat Heinrich seine Anstellung in Dresden an. Gemeinsam mit 15 weiteren Silberpagen übernahm er die Verantwortung für die kurfürstliche Tafel, sein Jahreseinkommen betrug 250 Taler.

Der Führungsstil Augusts II., seine Macht- und Prachtentfaltung übertraf alles, was Heinrich bislang erlebt hatte. Zu allem Überfluss geriet er mitten in die Vorbereitungen zur Hochzeit des kurfürstlichen Thronfolgers. August II. hatte beschlossen, ihn mit Maria Josepha von Österreich (1699–1757) zu verheiraten, ihr Vater, der Kaiser, hatte eingewilligt, und der sächsische Hof plante Festlichkeiten, die sowohl die anderen Kurfürsten als auch europäische Königreiche wie Russland oder Frankreich davon überzeugen sollten, dass sein Haus Wettin durchaus in der Lage war, selbst einen Kaiser zu stellen.

Mehr oder minder zufällig an die Macht gekommen, weil sein älterer Bruder an den Pocken gestorben war – einer Krankheit, die August II. selbst überstanden hatte –, war es dem ehrgeizigen Herrscher in der ersten Hälfte seiner Regierungszeit gelungen, die Folgen des Dreißigjährigen Krieges zu überwinden und Sachsen wieder zu einer wirtschaftlich und kulturell hoch entwickelten Region zu machen. Mit umfassenden Kunstsammlungen, reger Bautätigkeit und Musikförderung sowie prunkvollen Festlichkeiten und Jagden machte er weithin von sich reden. Dazu verhalfen ihm die Erträge aus Landwirtschaft und Bergbau, unter anderem Silber, sowie die große Dichte an Städten und Handelsmetropolen. Nach dem Ende des augusteischen Zeitalters war Sachsen zum viertgrößten Territorialstaat im Heiligen

Römischen Reich angewachsen. Ausdruck seiner Bedeutung war ferner die Tatsache, dass es August II. gelungen war, 1697 die Krone Polen-Litauens zu erlangen.

Gleichzeitig hatte dieser Führungsstil seinen Preis, und so herrschte zwischen dem König und den Stände- und Städtevertretern seines Landes ein immerwährender Unfrieden. Er buhlte nicht nur mit anderen Kurfürsten um die kaiserliche Thronfolge, sondern sah sich auch an seinem eigenen Hof mit den Vertretern einzelner Machtpositionen des Landes konfrontiert. Darüber hinaus galt es, die Geschicke Polens im Auge zu behalten und auch dort die Interessen seiner Magnaten zu berücksichtigen. Ob sich der Hof in Dresden oder Warschau aufhielt, August II. war umgeben von Menschen, die um seine Nähe wetteiferten und versuchten, ihren Einfluss im Sinne des eigenen persönlichen, häufig rein wirtschaftlichen Nutzens geltend zu machen.

Hinzu kam die Mätressenwirtschaft Augusts II., die anhaltendes Intrigenspiel und Konkurrenzkämpfe zur Folge hatte, von der er jedoch kraft seines Selbstverständnisses als absolutistischer Herrscher keinesfalls lassen wollte: Das Verhältnis zu einer Frau, für die der Herrscher wirtschaftlich keine Verantwortung und deren Söhne keinerlei Anwartschaft auf die Thronfolge hatten, galt als Gipfel des Luxus und war Ausdruck von uneingeschränkter Macht.

Christiane Eberhardine Brandenburg-Bayreuth (1671–1727), die rechtmäßige Gattin des Kurfürsten, hatte sich schon wenige Jahre nach der Heirat vom Dresdner Hof zurückgezogen. Nach der Geburt des Thronfolgers lebte sie auf Schloss Pretsch an der Elbe, einige Tagesreisen von der Residenzstadt entfernt, was August II. mit Fassung trug. Allein die Erziehung Friedrich Augusts sorgte für Konflikte, denn Christiane hatte ihn zu einem Protestanten erzogen, während ihr Gatte für eine Konvertierung zum katholischen Glauben plädierte, um ihm und damit Sachsen den polnischen Königsthron zu erhalten. Nachdem der Kurprinz erwachsen geworden war, entzog ihn der Vater seiner Mutter und schickte ihn, ausgestattet mit entsprechend instruierten Erziehern, auf Kavalierstour nach Italien, Paris und Wien.

Leidenschaft für Porzellan

Gerne stellte sich August II. als Mann dar, der physisch über überdurchschnittliche Kraft verfügte. Als Beweis dafür galt ein Hufeisen, das er mit eigenen Händen zerbrochen haben soll. Andererseits war er Diabetiker und körperlich dadurch stark beeinträchtigt. Das üppige Speisen, für das er bekannt war, und die ausufernden Zechgelage müssen seiner Gesundheit immensen Schaden zugefügt haben. Er war alles, nur kein vernünftiger Charakter, zeichnete sich durch Selbstherrlichkeit und Ungeduld wie Feier- und Sinnesfreude aus, ja genau genommen durch eine haltlose Lebensgier.

Das zeigte sich geradezu bildhaft an seiner besonderen Vorliebe für Porzellan. Als er den sächsischen Thron bestieg, befanden sich nur wenige Einzelstücke aus dem kostbaren Material in den kurfürstlichen Sammlungen. 1590 hatte Ferdinand de Medici (1549–1609) Christian I. von Sachsen (1560–1591), dem Vater des eingangs erwähnten Johann Georg I., sechzehn Stücke aus der Ming-Dynastie geschenkt. Als August starb, war diese Sammlung auf 35 798 Objekte angewachsen. Unzählige

Werke erwarb er aus den Händen spezialisierter Händler auf der Leipziger Messe oder kaufte Privatsammlungen in ihrer Gesamtheit auf und ließ sie sich nach Dresden liefern. Ein ganzes Schloss, direkt an der Elbe und gleich gegenüber seiner königlichen Residenz, das sogenannte »Japanische Palais«, wollte er damit bestücken, Schauräume, ausgestattet mit verspiegelten Wänden, Lackpaneelen und kostbaren Stoffen, mit Konsolen und Sockeln für die Schätze und bis unter das Dach gefüllt mit Porzellan.

Besonders exquisit war die Sammlung an knie- und schulterhohen Tierfiguren, die eigens für dieses Anwesen in Auftrag gegeben wurden: Truthähne und Nashörner, Elefanten und Bären, Affen, Gemsen und ein Pfau mit prächtig gespreiztem Rad. Der Porzellankenner Edmund de Waal schreibt: »Er leidet, gesteht er in einem Brief, unter der *maladie de porcelaine*, der Porzellankrankheit. ›Wissen Sie denn nicht‹, meint er, ›dass es sich mit den Orangen wie mit dem Porzellan verhält, wen einmal diese Leidenschaft gepackt hat, der kann von beidem niemals mehr genug bekommen.‹ Bei seinem Tod besitzt er die größte Porzellansammlung der westlichen Welt. [...] Er ist der Kaiser des Weiß.«[12]

Doch damit nicht genug: August II. wollte das kostbare Material selbst herstellen lassen, er wollte herausfinden, wie der außergewöhnliche Werkstoff gewonnen und was alles daraus entstehen könnte. Zu diesem Zweck versammelte er Spezialisten aus allen Regionen, Männer wie den Apotheker und Alchemisten Johann Friedrich Böttger (1682–1719) oder den Naturforscher Ehrenfried Walther von Tschirnhaus (1651–1708), die ihm das Arkanum ergründen sollten, die Kunst der Porzellanherstellung. »Es ist ein Geheimnis. Fünfhundert Jahre lang wusste im Westen niemand, wie Porzellan gemacht wird. Das Wort Arkanum, ein Mischmasch aus griechischen Konsonanten, ist dem Wort Arkadien angenehm nahe. Es muss, das fühle ich, irgendeine Verwandtschaft geben zwischen dem Urgeheimnis des weißen Porzellans und dem Versprechen in Erfüllung gegangener Sehnsucht, einer Art Arkadien.«[13]

Das Geheimnis zu ergründen war alles, nur nicht einfach. Das lag nicht zuletzt an Böttgers Charakter. Zuerst hatte der Apothekersohn versprochen, Gold herstellen zu können, ein Schwindel, wie sich bald herausstellte. Der König ließ ihm in Dresden ein kleines Laboratorium einrichten mit allem, was ein Alchemist benötigte, aber Böttger war damit nicht zufrieden. Er verlangte mehr: Materialien, Werkzeuge, Brennstoffe. Flehentlich habe er den König in seinen Briefen um Aufschub gebeten, heißt es, um mehr Freiheit, um Bücher und Zeitungen. Auch Freiberger Bier soll auf seiner Liste gestanden haben.[14] Eine Goldformel fand er indessen nicht.

Böttger versuchte seinem Auftraggeber zu entkommen, entwich über die Landesgrenze, wurde festgenommen. Unter strengster Bewachung brachte man ihn mit seinem Labor 1705 in die Albrechtsburg nach Meißen, etwa 25 Kilometer die Elbe hinab. Noch heute stellt sie mit ihren Zinnen und Türmen den höchsten Punkt der Stadt dar, ragt majestätisch aus der Vielzahl an Häusern und Dächern, Gassen, Straßen und Mauern hervor. Gleichzeitig entsprach sie einer mittelalterlichen Befestigungsanlage. Keiner kam hier unbemerkt hinein oder heraus. Eindrücklich beschreibt de Waal die Strapazen, unter denen Tschirnhaus und Böttger dort arbeiten mussten: »Meißen ist die Hölle. Hölle bedeutet natürlich

Feuer, und das heißt, dass die Hitze Übelkeit bereitet, einem von hinten in die Kniekehlen tritt, einen mitten im Satz fällt. Aber es sind die Dämpfe, welche die wahre Hölle ausmachen. Bevor man das Fauchen der Brennöfen, die Gerüche, Licht und Dunkel wahrnimmt, erwischen einen die Dämpfe.«[15] Hinzu kamen der Kohlestaub, die Fülle an Menschen, die sich gleichzeitig in den Räumlichkeiten aufhielten, die Enge. »Es sind zu viele Männer für diese Räume. Fünf ›Berg- und Hüttenleute‹ aus Freiberg, die Böttger bei der schweren Arbeit des Mischens und Mahlens von Materialien und beim Befeuern der Brennöfen behilflich sind, ein Spezialist für deren Bau und Reparatur und jemand, der die Aufzeichnungen führt.«[16] Trotz der extremen Bedingungen gelang es, einen Teil des Rätsels zu lösen. Die Gefäße, die August II. 1706 erstmals in Händen hielt, entsprachen dem chinesischen Vorbild und waren so hart, dass man sie polieren konnte. Böttger taufte sie Jaspisporzellan. Sie waren allerdings rot und ähnelten Steingut oder Tongefäßen, weshalb sie unter dem Begriff Böttgersteinzeug bekannt sind.

Der Apothekersohn hatte indes genug von der Goldsuche, schmiedete neue Fluchtpläne und wurde 1707 schließlich in ein umzäuntes Haus auf der Dresdner Jungfernbastei gesperrt, von dem eine Treppe direkt in die darunterliegende Befestigungsanlage führte. An dem geheimen Ort hatte sich Tschirnhaus inzwischen mit weiteren Gelehrten ein Universallaboratorium eingerichtet und seine Experimente kontinuierlich fortgesetzt.

In dieser Konstellation führte das jahrelange Streben nun endlich zum Erfolg. Wie einem Ofenprotokoll vom 15. Januar 1708 zu entnehmen, stieß die Forschergruppe hier nach dem Brand auf einen weißen, transluziden

»Scherben« – das war die Geburtsstunde des europäischen Porzellans. Im Unterschied zu seinem chinesischen Vorbild bedarf es einer spezifischen Mischung an Erden und muss mehrfach gebrannt werden. Es wird daher als Hartporzellan bezeichnet.

Bis heute ist Sachsen berühmt dafür, dass hier das Arkanum gefunden wurde. Per Dekret und Siegel verordnete der König am 24. April 1708 die Einrichtung einer Porzellanmanufaktur in Meißen. 1710 gab er die Gründung offiziell bekannt und präsentierte 1713 stolz ihre ersten Ergebnisse auf der Leipziger Messe. Er war damit der erste europäische Herrscher, in dessen Land professionell und in Serie Porzellan hergestellt wurde. Der lebenshungrige König hatte eine neue Spezialität entwickelt, eine Technologie und Industrie, die ihn vor allen anderen auszeichneten.

Viele Höhepunkte dieser Art schmückten die Regentschaft Augusts II. Ein weiterer war die Hochzeit seines Sohns. Vier Wochen lang wurde gefeiert, 28 Tage mit Aufmärschen, Paraden, Theater- und Opernaufführungen gefüllt, mit Feuerwerk, Jagden und Bällen, gar nicht zu reden von den zahlreichen Konzerten und Banketten, die die Festlichkeiten begleiteten. Vier Millionen Taler ließ sich der Kurfürst das Spektakel kosten.

Schon die Anreise der Prinzessin am 2. September 1719 wurde prunkvoll inszeniert. Maria Josepha bestieg, von Wien kommend, in Pirna einen Bucintoro, Replik der reich vergoldeten venezianischen Staatsgaleere, und glitt in Begleitung von etwa hundert Gondeln elbabwärts Richtung Dresden. Kurz vor ihrem Ziel hatte August II. am Ufer feierlich Aufstellung genommen und erwartete, umgeben von polnischen Magnaten und Kavalieren, in einem Zelt aus gelbem Samt und Silbergalonen die Schwiegertochter. Er trug ein carmoisinrotes Samtgewand und eine Rautengarnitur, die sein Hofjuwelier Johann Melchior Dinglinger (1664–1731) eigens zu diesem Anlass gefertigt hatte. An den folgenden Tagen erschien er jeden Morgen in einer neuen Aufmachung mit jeweils dazu passendem Schmuck. Einmal präsentierte er sich im moosgrünen Samtkleid mit einer Garnitur aus Rubinen, anderntags in Weiß, geschmückt mit Smaragden. Beim »Türkischen Festin« trug er Diamanten zum ponceaufarbenen Gewand, beim »Berghäuer-Fest« schließlich krönten Achatsteine aus sächsischen Fundorten seine Erscheinung.

Nach dem feierlichen Empfang auf der Vogelwiese formierte sich ein Festzug Richtung Residenzschloss, an seiner Spitze der Generalpostmeister mit 36 paarweise reitenden Postmeistern. Auch die Pagen waren im Einsatz, 24 an der Zahl. Wahrscheinlich befand sich Heinrich unter ihnen. Sie waren samt und sonders in Blau und Silber gekleidet. Darüber trugen sie lange Mäntel aus gelbem Samt und auf den Köpfen lange spanische Perücken. Der Pagenmeister war mit einem spanischen Gewand aus schwarzem Taft angetan. Er ritt seinen Eleven voraus mit Hut und wehendem weißem Federbusch. Auch später beim Galadiner verrichteten die Silberpagen ihren Dienst im spanischen Habit.

Es folgten die Planetenfeierlichkeiten, ein Zyklus, der sich über mehrere Tage erstreckte und der Huldigung von sieben Planeten gewidmet war. Götter wie Mars, Merkur, Erde oder Venus standen jeweils einen Tag lang im Mittelpunkt der Aufmerksamkeit. Weiter ging es mit der »Wirtschaft der Nationen«, einem Jahrmarkt in der prächtigen Garten- und Lustschlossanlage Zwinger, bei der als Kaufleute verkleidete Statisten ihre Waren feilboten. Dazwischen schritt die Hofgesellschaft in exotischen Kostümen einher, eine Gruppe stellte Chinesen dar, andere Afrikaner, und betrachtete das dargebotene Schauspiel. Als die Nacht hereinbrach, wurden 50 000 Kerzen aufgesteckt, die den gesamten Zwinger illuminierten.

Vor allem Personage war bei derlei Festlichkeiten vonnöten, zahlreiche Menschen, die dem Kurfürsten und seiner Entourage zu Diensten standen. Auch Angestellte anderer sächsischer Höfe waren aufgefordert, sich zu beteiligen, entsprechende Gewänder zu tragen und die Rollen auszufüllen, die ihnen zugedacht waren. 94 Musiker spielten den Gästen beim Tanzabend am 4. September im Riesensaal des Residenzschlosses auf, dreihundert Janitscharen erschienen am 17. September beim Fest zu Ehren der Erdgöttin Erda, viertausend Besucher wurden auf den Bänken des hölzernen Amphitheaters gezählt, in dem das Kampf- und Schaujagen mit Löwen, Bären, Wildschweinen und Auerochsen stattfand.

Auch Heinrichs Familie war in diesen Festtagen am Dresdner Hof im Einsatz. Sein Vater trat bei der »Wirtschaft der Nationen« als Afrikaner auf, Heinrichs Schwester als Chinesin. Sie trug bei dem Fest einen Preis davon, einen grün und silbern geflochtenen Beutel aus grüner Seide. Ebenso waren Vater und Tochter beim Venusfest engagiert, dem eindeutig prächtigsten Ereignis der Galareihe, einem Damen-Ringstechen, das fast schon am letzten Tag, am 23. September, im Barockpark Großer Garten ausgetragen wurde. Jede Quadrille trat in eigener Farbe auf, die sich in den Kleidern der Damen und Kavaliere, der Läufer und Lanzenträger, Pferde und Equipen wiederholte. Hans Moritz fungierte als Kavalier der Gräfin Vitzthum, Ehefrau eines engen Jugendfreundes des Kurfürsten, und kutschierte den zweispännigen Inventionswagen in Blau und Gold. Johanne Eleonore war als rosa Nymphe verkleidet und begleitete die Kaisertochter persönlich.

Nach Abschluss der Feierlichkeiten zog sich August II. mit seinem Hof nach Moritzburg zurück. Hier in seinem barocken Jagdschloss, elegant gelegen inmitten einer unberührten Wald- und Seenlandschaft, suchte er Erholung. Heinrich begleitete ihn mit den anderen Silberpagen dorthin. Am 15. November 1719 ging es für ihn weiter nach Polen. Ein ganzes Jahr verbrachte er mit sieben weiteren Silberpagen am königlichen Hof in Warschau. Seine Aufenthalte an der Weichsel nutzte er, um die Landessprache zu lernen, und war mit den dortigen Gepflogenheiten bald ähnlich gut vertraut wie in Sachsen. 1720, so ist den Rechnungsbüchern des sächsischen Hofes zu entnehmen, erhielt er wie die anderen eine Gehaltszulage von vier Talern und vier Groschen.

1725 rückte Heinrich in die Riege des ältesten Silberpagen auf. An Rang und Lohn hatte sich immer noch nichts verändert. Zwei weitere Jahre musste er seinen Dienst verrichten, bis er 1727 zum Leibpagen des Königs avancierte, einer Stellung, die er sich mit einem anderen Höfling, Carl Adolf von Carlowitz, teilte. Die Beförderung der beiden jungen Männer zu Kammerjunkern fand am 19. Mai 1727 in Leipzig statt, und ihre jährliche Besoldung stieg auf fünfhundert Taler. An ihrem Tagesablauf änderte das kaum etwas. Schon nach wenigen Wochen findet man sie wieder im Einsatz bei zwei Galadiners im Holländischen Palais. Am 26. Juli 1727 bedienten sie den Kurfürsten und seine Gäste.

Keine stringente Strategie ist hinter Heinrichs Verhalten zu entdecken, kein kontinuierliches Machtstreben, eher die Begabung, über einen langen Zeitraum hinweg keine Fehler zu machen. Er nutzte seine Nähe zum König allerdings, um hin und wieder die Gehälter zur Sprache zu bringen, die der Herzog von Weißenfels seinem Vater schuldig geblieben war. Über 10 000 Taler betrugen die Außenstände der Familie. Nach Hans Moritz' Tod am 24. September 1727 bemühten sich die Brüder, die Belege über die ausstehenden Besoldungen zusammenzutragen und am Weißenfelser Hof vorzulegen. August II. setzte sich persönlich für die Familie ein und wies die herzogliche Rentkammer an, die offenen Beträge zu begleichen, doch Weißenfels weigerte sich, die Forderungen anzuerkennen. Erst viele Jahre später, 1736, als August II. längst gestorben war, gelang es den Brüdern, einen Ausgleich zu erzielen, wenn auch nicht in voller Höhe. Sie erhielten 7742 Taler, einen Groschen und neun Pfennige für den Vater sowie 119 Taler, einen Groschen und drei Pfennige für die Dienste von Johann Adolph, Heinrichs zweitältestem Bruder.

Möglicherweise spielte der finanzielle Dissens zwischen Weißenfels und einer Familie, von deren Zuverlässigkeit der König überzeugt war, eine Rolle in seiner Haltung gegenüber ihren Nachkommen. Zumindest sorgte er dafür, dass er sie nicht aus dem Gedächtnis verlor.

Beobachten lässt sich in dem Zusammenhang, dass über all die Jahre, in denen Heinrich und seine Brüder an unterschiedlichen Höfen in und um Sachsen tätig waren, keinerlei Streitigkeiten zwischen ihnen herrschten, weder Missgunst noch Neid. Eher halfen sie sich gegenseitig und sorgten füreinander, hatten sie schließlich frühzeitig erfahren müssen, dass es nicht leicht war, eine Stellung mit regelmäßigen Bezügen zu erlangen.

Johanne Eleonore, die einzige Schwester Heinrichs, hatte sich ein Jahr vor dem Tod ihres Vaters zur Eheschließung mit einem wesentlich jüngeren Mann entschlossen, Erich Volkmar von Berlepsch (1707–1749), und war mit ihm in das thüringische Urleben gezogen, wo seine Familie Erb-, Lehn- und Gerichtsherr war. Damit kehrte sie, rein geographisch gesehen, zurück zu den eigentlichen Ursprüngen der Familie. Berlepschs Wirkungsstätte liegt nur wenige Kilometer westlich von Gangloffsömmern.

Allianz mit Preußen

Ende 1727 schloss August II. einen Handelsvertrag mit Friedrich Wilhelm I. (1688–1740) von Preußen, der in eine Defensivallianz, ein Verteidigungsbündnis, mit dem Nachbarland mündete. Beim Karneval mit seinen traditionellen Maskenbällen sollte die Einigung gefeiert werden. Anfang 1728 reiste der Soldatenkönig mit Thronfolger Friedrich in Dresden an, und August II. wartete ihnen mit feierlichen Diners, Kostümfesten, Theateraufführungen und Jagden auf. Keine Gelegenheit ließ er aus, den preußischen Nachbarn seine kostbaren Kunstsammlungen sowie seine Residenzen nebst barocken Park- und Schlossanlagen zu präsentieren. Tag und Nacht war sein Personal im Einsatz, sorgte für den reibungslosen Ablauf, heizte die Zimmer, hielt Kleider, Kostüme und Perücken parat, trug Speisen und Getränke auf, stellte Kutschen und Pferde bereit. Schon wenige Tage nach seiner Ankunft an der Elbe schrieb Friedrich Wilhelm I. zufrieden nach Berlin: »Ich bin hier in Dres[d]en und finde, daß der König sehr alt geworden, ich hoffe aber, daß Gott ihn zum Besten von Europa und Sachsen noch erhalten werde [...]. Was den Churprinzen anlangt, finde Ich, daß es ein schöner, artiger, obliganter und verständiger junger Herr ist [...]. Sonst ist die hiesige Magnificenz so groß, daß ich glaube, sie habe bei Louis XIV. ohnmöglich größer sein können und was das liederliche Leben angeht, so bin ich zwar nur zwei Tage hier, aber ich kann in Wahrheit sagen, daß dergleichen noch nicht gesehen ... daher ich alle Ursach habe hier recht vergnügt zu seyn.«[17]

Wenn sich der Großteil des Hofes zurückgezogen hatte, trafen sich die beiden Herrscher abends unweit vom Residenzschloss im Keller des Wackerbarthschen Palais und gaben sich ausufernden Trinkgelagen hin. Bei diesen Gelegenheiten gründeten sie einvernehmlich die »Société des antisobres« (Gesellschaft der Nüchternheitsgegner), die bald zu einem geheimen Bund für gesonderte Absprachen und Vereinbarungen wurde.

Am Rande dieses Staatsbesuches konnte sich Heinrich erneut ein Bild von augusteischer Macht- und Prachtentfaltung machen. Er beobachtete, wie sich der König verhielt, was ihm gefiel und wie er seinen Einfluss ausübte, konnte in aller Ruhe den Stil studieren, mit dem sich dieser Hof präsentierte. Sämtliche Vorlieben und Gepflogenheiten seines Herrschers gingen ihm nach und nach in Fleisch und Blut über, unzählige Male würde er sie zu dessen Wohl repetieren und reproduzieren, kraft dieser Erfahrungen später eigene Entscheidungen fällen und dabei immer des Zuspruchs seines Dienstherrn sicher sein.

Wie muss er sich dabei gefühlt haben? Vogel stellte in ihrer Biographie fest, er sei ein Mann gewesen, der weder auf die Jagd ging noch gerne ausritt oder eine Waffe benutzte. Er rauchte nicht, vertrug nicht sonderlich viel Alkohol und war auch kein Freund des Militärs. Was ihn auszeichnete, war eine rasche Auffassungsgabe und ein gutes Gedächtnis, er war diszipliniert und sprachbegabt und liebte das Schöne und die Kunst. Wie seine Ehe und seine Beziehung zu den Kindern zeigen würden, interessierte er sich weder für Zweitfrauen noch Geliebte. Er legte Wert auf ein geordnetes Leben und familiären Zusammenhalt, war ein gefühlvoller Mann, dessen Handeln bestimmt war vom Streben nach Treue und Zuverlässigkeit.

Nicht zuletzt musste er auf seine Gesundheit achten, denn zeitlebens litt er an Asthma. Seit seinem 30. Lebensjahr stand er in regelmäßigem Kontakt zu dem Darmstädter Heilpraktiker Rat Beaussier, der ihn mit Medikamenten, Heilwasser und ärztlichen Empfehlungen versorgte. Beaussiers Medikationen entlohnte er mit Ungarwein.

Heinrich unterschied sich grundsätzlich von der überschwänglichen und kraftvollen Präsenz Augusts II., doch das brachte ihn nicht in Konflikt. Er wusste seine eigenen Vorlieben zurückzustellen. Anders hatte er es zu Hause nicht erfahren. Er war ein Nachgeborener und als Jüngster naturgemäß den älteren Brüdern untergeordnet. Das absolutistische System mit seinen streng hierarchischen Regeln setzte sich in jeder Formation des Landes fort: Könige galten mehr als Herzöge, Grafen mehr als Barone, ältere Familienmitglieder mehr als jüngere und Männer mehr als Frauen. Es hätte großer Hybris bedurft, anzunehmen, man könne nachdrücklichen Einfluss auf die sächsische Politik nehmen, nur weil man einige Jahre in der Nähe der Macht gedient hatte.

Am 30. April 1728 starb unerwartet Jacob Heinrich von Flemming (1667–1728), einflussreicher Minister Augusts II. sowie Geheimer Kriegsrat. Heinrich wurde kurzerhand beauftragt, sich im Nachgang Überblick über die finanziellen Verhältnisse des Ministers zu verschaffen und darüber Bericht zu erstatten. Bei dieser Gelegenheit machte der König die Erfahrung, dass sein Kammerjunker in der Lage war, komplexe Zusammenhänge rasch zu erfassen und die Ergebnisse allgemeinverständlich und konzentriert wiederzugeben. Das war für August II. offensichtlich von großer Bedeutung. In ihrer hervorragend recherchierten Biographie über Marie von Clausewitz (1779–1836), eine Enkelin Heinrichs, schrieb Vanya Eftimova Bellinger, die Legende berichte, den König habe es gelangweilt, die ewig langen Dokumente durchzulesen, die sich auf seinem Schreibtisch türmten, und seine Höflinge daher beauftragt, ihren Inhalt in maximal zehn Sätzen zusammenzufassen. Heinrich sei es einmal gelungen, die Zusammenfassung sogar auf acht Sätze zu reduzieren: »Impressed the King gave him the task of supervising all reports.«[18]

Auch der Schriftsteller und Zeitgenosse Karl Ludwig von Pöllnitz (1692–1775) hielt in seinen Aufzeichnungen *État abrégé de la cour de Saxe sous la reigne d'August III* (1734) fest, wie der König gerade diese Begabung Heinrichs zu schätzen wusste: »Er kannte sein gesundes und gründliches Urteil, seine leichte Auffassungsgabe, seine für sein Alter rasche Erfassung aller Angelegenheiten, seine Verschwiegenheit und vollkommene Verlässlichkeit, verbunden mit edler Offenheit und einer Art und Weise, die schwierigsten Dinge leicht und angenehm mitzuteilen.«[19]

Die Freundschaft Augusts II. zu Friedrich Wilhelm I.

hielt an. Schon blickte der kaiserliche Hof in Wien mit Argwohn auf die neue Machtkonzentration. Im Mai 1728 kam es zur Gegeneinladung: Der König reiste mit seinem Hof an die Spree und wurde mit feierlichen Réunions in Berlin und Potsdam empfangen. Im Rahmen einer Truppenschau von 16 000 Mann auf dem Tempelhofer Feld zeigte der Preußenherrscher dem Sachsen sein Lieblingsspielzeug: die Soldaten.

August II. wusste sich bei seinem Gastgeber gekonnt zu revanchieren. Als Geschenk bracht er ihm eine »Table ronde« mit, eine zaubergleiche Speisetafel, die sich samt Tellern, Gläsern, Speisen und Getränken im Boden versenken ließ, die Erfindung eines seiner Hofkünstler, Karl Friedrich Pöppelmann (1696/97–1750), Sohn des überragenden Architekten, der den Dresdner Zwinger gebaut hatte. Beim gemeinsamen Karneval an der Elbe hatte August II. das mechanische Wunderwerk präsentiert und den Soldatenkönig damit tief beeindruckt. Prompt hatte er ein zweites Exemplar für ihn anfertigen lassen. Friedrich Wilhelm I. war hingerissen. Wiederholt verabredete sich die »Société des antisobres« an der Maschinentafel und feierte überschwänglich ihre sächsisch-preußische Freundschaft.

Wie gewohnt, hatte sich Heinrich auch bei diesem Staatsbesuch stets in nächster Umgebung des Königs aufzuhalten. Ihm war ein eigenes Quartier in Berlin zugewiesen worden, in dem er sich aber nur stundenweise aufhalten konnte. Tag und Nacht war er für August II. im Einsatz. Das fiel auch dem Soldatenkönig auf. Um seinen Gast und dessen Entourage zu ehren, verlieh er Heinrich beim großen Abschlussball am 11. Juni 1728 im Charlottenburger Schloss vor dem gesamten Hof den preußischen »Ordre de la Générosité«. Ähnlich hatte er bei seinem Besuch in Dresden Flemming und den sächsischen Innen- und Finanzminister Christoph Heinrich von Watzdorf (1670–1729) mit dieser Auszeichnung bedacht.

Um Heinrich dauerhaft an den Dresdner Hof zu binden, sah sich August II. nach der Rückkehr an die Elbe veranlasst, ihn mit verantwortungsvolleren Aufgaben zu betrauen. Nach Watzdorfs Tod am 3. Januar 1729 beauftragte er ihn, dessen Nachlass vertraulich zu überprüfen. Für diesen Sondereinsatz bedachte er ihn am 10. Januar 1729 mit einer jährlichen Zulage von achthundert Talern, ferner mit dreitausend Talern aus der General-Accis-Kasse. Bei der Aktendurchsicht deckte Heinrich diesmal Unregelmäßigkeiten auf, was das Vertrauen des Königs in ihn stärkte. Watzdorf hatte sich auf Kosten des Landes persönlich bereichert. August II. übertrug Heinrich in der Folge weitere Verwaltungsaufgaben. Außerdem hatte er die »Geheime Expedition«, die Privatangelegenheiten, des Königs zu besorgen.

Durch diese herausgehobene Stellung sah er sich zunehmend mit Missgunst und Neid konfrontiert. In einem Brief vom 17. März 1729 an Heinrich Friedrich von Friesen (1681–1739), seinen nächsten Vorgesetzten und Förderer, schrieb er über den König: »Ich bemühe mich diese Gnade mehr und mehr durch Ergebenheit und Respekt, durch Exaktheit und vollkommenen Eifer für seine Befehle zu verdienen. Sie dabei demütig bittend, mir seine Protektion zu erhalten, weil ich schon lange sehe, wie meine zahlreichen Feinde, die sich täglich vermehren, gar nicht verfehlen werden, ohne diese die Oberhand zu gewinnen. Es vergeht beinahe kein Tag, wo Freunde mir nicht Nachricht von all den Intrigen geben, die sie anstellen, um mir den Hals zu brechen und mich in der Meinung des Königs herabzusetzen. Ein Trost, der mir bleibt und mein ganzes Leben bleiben wird, ist, dass ich mir niemals werde vorwerfen können, mir mein Unglück durch Untreue, wohl aber sehr durch Neid zugezogen zu haben, weil ich immer treu sein werde, ohne Rücksicht auf die Hinterhältigen. Nehme alles still hin, ohne jemals den König mit ihren Schritten oder ähnlichen Dingen zu belästigen, und vertraue auf die Gnade S.M. und die Euer Exzellenz.«[20]

Besonders unliebsame Gegner waren Heinrich unter den Geheimen Räten sowie der höheren Beamtenschaft erwachsen. Die Mehrheit dieser Untergebenen hatte studiert und war im Ausland gewesen. Unverhofft sahen sie sich nun einem jungen Mann gegenüber, der sein Wissen an einem untergeordneten Hof erworben hatte und auch von keiner bedeutenden Familie abstammte. Sie reduzierten ihn bewusst auf seine Stellung als Page, was allerdings bewirkte, dass der junge Mann seinen Diensteifer nur noch verstärkte. Diesem Mechanismus folgte er während seines ganzen Lebens, und zwar im besten und auch tragischen Glauben an die Richtigkeit seines Handelns, wodurch er seinen Regenten sukzessive unersetzlich wurde, sich aber auch einer wachsenden Gegnerschaft am Hof gegenübersah.

Friesen machte den König auf Brühls Situation aufmerksam, und dieser schuf daraufhin einen Posten, den es zuvor noch nicht gegeben hatte. Am 5. April 1729 wurde Heinrich, er war inzwischen 28 Jahre alt, zum »Vortragenden Kammerjunker« befördert. Fortan gingen sämtliche Kammerberichte durch seine Hände, er hatte sie abzuzeichnen und dem König vorzutragen. Dazu gehörte auch die Überprüfung einer aktuell angeordneten Revision und Neuorganisation aller Kassen.

Das Zeithainer Lustlager

Im Juni 1730 beschloss August II., eine Truppenschau zu inszenieren, mit der er Friedrich Wilhelm I. unterhalten und zudem über die Grenzen des Landes erneut auf sich aufmerksam machen konnte. Er wählte dafür ein weitläufiges Gelände im nördlichen Teil des Landes nahe Zeithain, wo die Elbe breit läuft und gemächlich durch Felder und Wiesen fließt. Kilometerweit lässt sich diese Ebene überblicken. Geladen wurden 48 europäische Fürsten mit ihren Offizieren, denen eine 30 000 Mann starke Armee vorgeführt wurde, und, wie von Augusts II. Regierungsstil nicht anders zu erwarten, nutzte er den Anlass, um wieder die Vortrefflichkeiten seiner Hofkünstler und das spezifische Können seiner Handwerker zu präsentieren. Eigens wurde eine prächtige Tribüne errichtet, von der die Gäste den Aufmarsch der Truppen in allen vier Himmelrichtungen verfolgen konnten. Hofarchitekt Pöppelmann war angewiesen, entsprechende Kulissen und eine Schmuckarchitektur zu entwerfen. Eine Oper hatte er bauen lassen, eine temporäre Zeltstadt und mehrere illusionistisch bemalte Palais für den König und sein Gefolge, nicht zuletzt einen überdimensionalen Ofen, in dem für die Gäste ein bombastischer Stollen gebacken werden konnte.

Motto des Festzyklus war das üppige exotische Gelage eines orientalischen Herrschers. Entsprechend servierten bei Tisch Männer aus Afrika und der Türkei. Sie trugen Turbane, breite Schärpen und Hosen aus golddurchwirkten Stoffen. Der Preußenkönig war mit seinem Hof in sieben kunstvoll gewebten und bestickten Zelten untergebracht. Diese stammten zum größten Teil noch von Johann Georg III. (1647–1691), der sie 1683 beim siegreichen Entsatz von Wien aus der Türkei erbeutet hatte.

Wie sehr August II. an Machterwerb durch Kunst und Hochkultur, durch Sinnesfreuden und urmenschliche Vergnügungen gelegen war, zeigte allein schon der Titel des Festes. Es hieß nicht Truppenschau oder gar Manöver, sondern frei nach dem nahe gelegenen Ort »Zeithainer Lustlager«. Selbstredend wohnten der Veranstaltung auch Damen bei, die Gäste zeigten sich in höfischer Aufmachung und eleganter Garderobe. Von einer militärischen Übung konnte hier also keineswegs die Rede sein.

Schon frühmorgens begannen die Veranstaltungen mit Kanonendonner und prächtigen Paraden. Unter wehenden Fahnen und in ausgeklügelten Formationen und Zusammenstellungen zogen die Vertreter der verschiedenen Heeresgattungen zu Fuß oder zu Pferd nach den weithin schallenden Kommandos ihrer Offiziere über die Ebene. Begleitet wurden die Aufmärsche von Schusswechseln und inszenierten Scheingefechten. Abends und auch zwischendurch an den Ruhetagen erging man sich in festlichen Réunions und ausufernden Festgelagen.

Kaum vorstellbar, welches organisatorische Geschick und welche Fülle an Personal im Hintergrund nötig waren, um die Gesamtheit einer solchen Inszenierung zu realisieren, ganz abgesehen davon, dass in diesen Wochen mehrere zehntausend Zuschauer und Besucher kulinarisch versorgt werden mussten. Jeder Hofangestellte hatte seine Aufgabe, seinen speziellen Verantwortungsbereich. So war Heinrich für die sechs Kammertürken zuständig. Er kümmerte sich um ihre Kleidung sowie Unterbringung und stand in stetem Kontakt mit dem

Amtmann von Moritzburg, dem Aufseher des Türkischen Palais und dem Bettmeister.

Seinen Abschluss fanden die Feierlichkeiten am 24. Juni 1730 mit einem Feuerwerk erster Güte. Fünf Stunden lang wurden über der Elbe unter unvorstellbarem Getöse und Lichtspektakel sechstausend Raketen sowie Leuchtkugeln aus 48 Mörsern abgebrannt, gefolgt von einer bis an die Mastbaumspitzen illuminierten Flotte aus 48 Schiffen, die, angeführt von Figuren in Form eines feuerspeienden Walfischs und Delphinen, an den Gästen vorübersegelte. Jedes zweite Schiff führte ein eigenes Ensemble mit sich, das für die entsprechende musikalische Untermalung sorgte. Gekrönt wurde das Wasserschauspiel durch den erneuten Einsatz des Bucintoro, auf dem eine italienische Sängerin Arien intonierte, begleitet von Musikern der königlichen Hofkapelle.

Das Zeithainer Lager sorgte europaweit für Aufsehen und gilt als eines der Höhepunkte barocker Festkunst. In seinem Dankesschreiben bestätigte Friedrich Wilhelm I., er werde daran »sein ganzes Leben lang lebhafte Erinnerungen bewahren«.[21] Zum Abschluss hatte er sich wieder außerordentlich erkenntlich gezeigt und Heinrich am vorletzten Tag erneut mit einem Orden ausgezeichnet. Diesmal handelte es sich um den Schwarzen Adlerorden, Preußens höchste Auszeichnung.

Gleichzeitig spielten sich hinter den Kulissen Dramen ab, deren Auswirkungen von weitreichender Bedeutung waren. August II. musste sich wiederholt zurückziehen und die Gäste der Obhut seines Hofstaats überlassen, denn seine Gesundheit ließ wieder einmal zu wünschen übrig. Infolge seines Diabetes hatte man ihm zwischenzeitlich eine Zehe amputieren müssen, was eine monatelange Rekonvaleszenz zur Folge hatte.

Friedrich Wilhelm I. geriet in heftigen Streit mit seinem Sohn. Der König hatte das Wiedersehen mit seinem ebenfalls zum Zeithainer Lager gekommenen Freund Ferdinand Albrecht II. (1680–1735), Fürst von Braunschweig-Wolfenbüttel, genutzt, um ihm eine Heirat seiner Tochter Elisabeth Christine von Braunschweig-Wolfenbüttel (1715–1797) mit dem Thronfolger in Aussicht zu stellen, doch Friedrich erklärte sich außer Stande, dem zu entsprechen. Friedrich Wilhelm I. geriet darüber derart in Wut, dass er seinen Sohn vor versammeltem Hof beschimpfte und übel verprügelte. Der österreichische Gesandte Friedrich Heinrich von Seckendorff (1673–1763) hielt in seinem Zeithainer Reisejournal fest, dem Thronfolger sei »das maul etliche tage geschwollen gewesen«.²²

Friedrich beschloss, sich seinem rabiaten Vater dauerhaft zu entziehen und nach Frankreich zu fliehen. Er wies seinen Vertrauten Hans Hermann von Katte (1704 bis 1730) an, Pferde und Pässe für sie beide zu besorgen. Katte riet ihm davon ab, gab aber die Ordre an den sächsischen Gesandten und Kabinettsminister Karl Heinrich von Hoym (1694–1736) weiter.

Die Forschung geht heute davon aus, Brühl habe davon gewusst und die Nachricht dem Soldatenkönig übermittelt, womit er Friedrichs Fluchtpläne vereitelte. Preußenspezialist Luh schreibt: »Bedenkt man die persönliche, hartnäckige, lebenslange Verfolgung Brühls durch Friedrich, scheint nicht unwahrscheinlich, dass der Graf den preußischen König gewarnt hat. Anders lässt sich kaum erklären, warum Friedrich Wilhelm I. dem 1730 noch wenig wichtigen Kammerherrn als einzigem aus dem sächsischen Lager die herausragende Auszeichnung des hohen Ordens vom Schwarzen Adler verliehen hat. Ein Hinweis Brühls auf die Pläne des Kronprinzen kann den preußischen König zu dieser Geste veranlasst haben. Mit letzter Sicherheit lässt es sich nicht sagen. Doch sollte es wirklich so gewesen sein, wird der tiefsitzende fortwährende Hass Friedrichs auf Brühl verständlich. In gewisser Weise wäre dieser Hass dann auch Teil der biographischen Hypothek, die aus dem schweren Zerwürfnis Friedrichs mit seinem Vater herrührt und die sein ganzes weiteres Leben prägen sollte.«[23]

Damit wären die Ereignisse vom »Zeithainer Lager« Grund und Ausgangspunkt für die Ablehnung gewesen, die Friedrich gegen Sachsen und letztlich auch gegen Heinrich hegte. Doch dazu gibt es weitere Theorien. Vogel schreibt, Hoym selbst sei derjenige gewesen, der den Thronfolger an August II. verraten habe. Daraufhin habe der Sachse Friedrich zur Rede gestellt und seinen außergewöhnlichen Zorn hervorgerufen: »Der König verlangte von Friedrich das Ehrenwort, für die Dauer des Lagers nichts zu tun, was zu neuen Familienkonflikten beitrug und die Atmosphäre des Lagers störte. Friedrich vergaß dies August II. nie. ›Der König von Polen hat mir in Zeithain derart mitgespielt, dass ich ihn im Leben dafür nie mehr auslassen werde‹, schrieb er wenige Jahre später.«[24]

Fellmann hingegen schreibt, Friedrich habe sich in Zeithain blendend mit Heinrich verstanden: »Der erste, der Brühl in Zeithain überschwänglich zum ›Adlerorden‹ gratuliert hatte, war Preußens Kronprinz. Beide verstanden sich während des Lustlagers prächtig, nur stellte eben noch keiner von ihnen etwas dar. Der eine war noch längst nicht König, der andere ahnte nicht, dass er dereinst Minister sein könnte.«[25] In ihrer Clausewitz-Biographie hält Vanya Eftimova Ballinger fest, Friedrich habe Heinrich, nachdem sein Vater gestorben war, engagieren und in den preußischen Staatsdienst aufnehmen wollen. Sie führt die Absage Heinrichs als Grund für Friedrichs Feldzug an. Er habe sich an Heinrich rächen wollen.

Fest steht, dass der Konflikt zwischen Vater und Sohn nach dem Zeithainer Lager keineswegs ein Ende fand, im Gegenteil, er wuchs sich zu einer veritablen Staatsaffäre aus. Wenige Wochen später versuchte Friedrich erneut, seine Fluchtpläne zu realisieren. Am 5. August 1730 verließ er zu diesem Zweck sein Reisequartier bei Steinsfurt, wurde verhaftet und gemeinsam mit Katte, den ein Brief als Mitwisser entlarvt hatte, in die Festung Küstrin gebracht. Friedrich Wilhelm I. drohte, beide wegen Fahnenflucht hinrichten zu lassen.

Diesmal schaltete sich der Kaiser persönlich ein. Mit Argusaugen hatte er die Annäherung von Preußen und Sachsen verfolgt. Das harte Urteil des Königs war ihm willkommener Anlass, seine Macht gegenüber Berlin zu demonstrieren. Er verlangte nun, der Thronfolger müsse begnadigt werden.

Friedrich Wilhelm I. gab nach, ließ die Gelegenheit aber nicht aus, seinen Sohn erneut öffentlich anzuprangern und zu schmähen. »Der Wiener Hof weiß nicht, was er tut, wenn er das Leben dieses Jungen verlangt«, schrieb er seinem Minister. »Der Wiener Hof nährt eine Schlange am Busen. Er [Friedrich] ist ein böser Mensch, der der Nachwelt gefährlich werden wird.«[26]

Katte entkam dem harten Urteil bekanntermaßen nicht. Er wurde zum Tode verurteilt und in Küstrin enthauptet. Friedrich, er war zu diese Zeitpunkt 28 Jahre alt, soll schon vor der Hinrichtung in Ohnmacht gefallen sein.

Nie im Leben hätte Heinrich ahnen können, in was für einen tiefgreifenden Konflikt er in Zeithain durch seine Nähe zur Macht geraten war. Naturgemäß blieb er dem sächsischen König weiterhin treu, gleichgültig, welche politischen Absichten dieser hegte. Seine Familie fühlte sich diesem Hof inzwischen eng verbunden, und solange August II. an der Macht war, konnte sie sich seines Schutzes, nicht zuletzt einer regelmäßigen Besoldung sicher sein. Schließlich war nicht vorauszusehen, dass der Zorn Friedrichs derart anhaltend war, dass er sich, sobald selbst an der Macht, gegen einstige Bündnispartner seines Vaters, ja sogar gegen ihr diensteifriges Gefolge wenden würde.

Geheimrat Augusts II.

Ein Jahr nach dem »Zeithainer Lustlager« ernannte August II. Heinrich am 7. Juni 1731 zum »General Accis Direktor«, zum Obersteuereinnehmer des Landes. Diese Beförderung etablierte ihn erstmals fest innerhalb einer Regierungsbehörde. Am 25. August 1731 wurde ihm zusätzlich der Titel eines »Wirklichen Geheimen Rats« verliehen, um seine Stimme mit dem notwendigen Gewicht zu versehen. Auch mehrere Latifundien waren inzwischen auf ihn übergegangen. 1729 hatte er die königliche Zusage auf Anwartschaft von Gut Audigast bei Groitzsch sowie Marschwitz bei Leisnig und am 2. März 1730 auf die Grundherrschaft Grochwitz bei Herzberg erhalten. Die Anwesen waren verschuldet, oder ihre Eigentümer hatten keine männlichen Erben aufzuweisen und fielen daher an den Landesherrn. Heinrich musste für die Güter die Verantwortung übernehmen, er entschuldete sie sukzessive, ließ sie zu anmutigen Residenzen umbauen und suchte sie anschließend zu veräußern.

Kurz nach seiner Beförderung ging es für ihn gleich wieder auf Reisen. Er begleitete den König auf die Festung Königstein zur Einweihung der dortigen Friedrichsburg und schließlich nach Schloss Pillnitz am Ufer der Elbe. Am 5. September 1731 legte er im Residenzschloss vor August II. feierlich seinen Amtseid ab. Qua Unterschrift bestätigte er: »Ihr sollt geloben und schwören […] unserem allergnädigsten Herrn Ihr treu, hold und dienstgewärtig seyn, dero Königlichen und Churfürstlichem Hauses Ehre, Nutzen und Frommen Eurem besten Wissen und Vermögen nach fördern, Schimpf, Schaden und Nachtheil hingegen verhüthen, wehren und abwenden, insonderheit eurer Geheimen Raths Bestallung überall treulich nachkommen, was von Königl. Mait. Euch nach Enden Eurer Dienste anvertraut und befohlen wird ohne dero Permission niemanden eröffnen, sondern dasselbe bis in eure Grube geheim und verschwiegen halten […].«[27] Bis zu seinem Tod sollte Heinrich diesen Eid nie verletzen.

Anderthalb Jahre später starb August II. am 1. Februar 1733 in Warschau. Bis zum letzten Atemzug hatte ihn Heinrich auf Schritt und Tritt begleitet, gemeinsam mit Anna Orzelska (1707–1769), der Lieblingstochter des Königs, hervorgegangen aus seiner Beziehung zu der Weinhändlertochter Henriette Rénard-Duval. Tagelang hatte er an dem Sterbebett ausgeharrt und anschließend verlässlich für die Sicherheit des Hauses gesorgt. Mit dem Tod Augusts II. stand der sächsische Hof in Warschau nicht mehr unter königlichem Schutz. Die Thronfolge musste erst neu verhandelt werden. »Seine

Exzellenz, Mr. de Brühl und einige anderen Herren fanden es richtig, es bis zum Abend nicht bekannt zu geben, um Zeit zu gewinnen, die nötigen Affairen zu ordnen und nach Mitteln zu suchen, den Hof wie die meisten Wertsachen in Sicherheit zu bringen und dafür mit den polnischen Herren Maßnahmen zu treffen.«[28]

Heinrich versiegelte sämtliche Dokumente und Wertgegenstände, verpackte Silber, Kunstwerke und Mobiliar aus den sächsischen Residenzen, beantragte für den gesamten Hof Pässe und Geleitschutz und sorgte für einen geordneten Abzug. Glücklicherweise stand ihm sein älterer Bruder dabei hilfreich zur Seite. Die Beschreibungen Vogels erinnern dennoch an den Auszug aus Ägypten: »Der sächsische Hof wurde von polnischer Kavallerie sicher bis an die Grenze geleitet. Ihm schlossen sich viele Sachsen an, die im Laufe der Jahre ihren Aufenthalt in der Adelsrepublik genommen hatten. Der Zug umfasste etwa viertausend Personen samt ihrem Gepäck. Den Nachlass Augusts II. transportierten zwanzig Maultiere, 74 sechs- und sechzig vierspännige Wagen. Bis zur letzten Minute koordinierte und organisierte Brühl mit dem Hofmarschall von Einsiedel und seinem Bruder Johann Adolph den reibungslosen Weggang.«[29]

Ein Service für den Premier

Heinrich wird Herr über die Porzellanmanufaktur

1733–1763

Des Königs Schnitzel

Heinrichs Karriere war keineswegs so steil, wie es von außen den Anschein haben mochte. Vierzehn Jahre gehörte er zu Augusts II. engstem Gefolge, begleitete zuverlässig seinen Hof und versicherte ihn dauerhaft seiner Loyalität. Erst ein gutes Jahr vor dem Tod des Königs beförderte ihn dieser auf einen Posten, der ihn zu einem Mitglied der Regierung machte mit allen Möglichkeiten rechtmäßiger Einflussnahme.

Trotzdem prägte sich der Eindruck eines kometenhaften Aufstiegs ein, den sich auch seine direkten Nachkommen, meine Familie, kaum erklären konnten. Vielmehr kursierte eine beliebte Legende, die mein Vater meiner Mutter, kaum dass sie sich kennengelernt hatten, erzählte. Ein Schnitzel, das August II. bei einem feierlichen Abendessen serviert wurde, rutschte vom Teller, und während alle zu Boden gingen, um danach zu fahnden, sei Heinrich blitzschnell in die Küche geeilt, habe eine neue Portion geholt und sie dem König kurzerhand vor die Nase gesetzt. August II. sei darüber derart begeistert gewesen, dass er ihn sofort zu seinem Leibpagen, bald darauf zum Kammerdiener und schließlich zum Premierminister gekürt habe.

Diese Anekdote ist typisch für die Geschichten, die man sich lächelnd im engsten Kreis bei gemeinsamen Familienfesten zu erzählen pflegte, zeigt sie doch, ob sie der Wahrheit entsprach oder auch nicht, wie genau man in Adelskreisen wusste, dass nahe Verwandte beruflich ganz plötzlich in die Nähe der Macht geraten, ebenso zufällig aber auch wieder auf mittlere oder ganz unbedeutende unterste Positionen herabsinken konnten.

Ausschlaggebend für Heinrich war die Tatsache, dass er nicht nur das Vertrauen Augusts II., sondern auch das seines Thronfolgers gewinnen konnte. Die Dinge am sächsischen Hof standen im 18. Jahrhundert so, dass der Übergang vom Vater auf den Sohn glänzend vorbereitet worden war und überwiegend harmonisch vonstattenging. Wenige Monate nach der Hochzeit des Kurprinzen hatte ihn der Vater qua Dekret vom 17. Dezember 1719 offiziell in die Regierungsgeschäfte eingeführt und ihn zu seinem direkten Stellvertreter gemacht.[30] Das kam insbesondere dann zum Tragen, wenn August II. unterwegs war oder sich länger in Polen aufhielt. Die Nähe zwischen beiden zeigte sich auch darin, dass der sogenannte »Junge Hof« im Taschenbergpalais untergebracht war, unmittelbar neben dem Residenzschloss. Insofern war der Kurprinz jahrelang im Vorfeld an den Regierungsgeschäften beteiligt gewesen und konnte, wenn auch charakterlich keineswegs von derart selbstherrlicher Natur wie der Vater, dessen Werk auf angemessene Weise fortsetzen.

Zudem führte er eine stabile Ehe und hatte in der gebildeten Kaisertochter Maria Josepha eine Frau gefunden, die die Geschehnisse in Sachsen aufmerksam verfolgte. Schon vor Augusts II. Ableben gebar sie in rascher Folge potenzielle Thronfolger; von ihren fünfzehn Kindern erreichten elf das Erwachsenenalter, darunter fünf Söhne. Obwohl Heinrichs Eid auf das sächsische Königshaus mit Augusts II. Tod erlosch, hatte er allen Grund anzunehmen, dass es dort weiterhin für ihn Verwendung geben würde.

In den folgenden Tagen, Wochen und Monaten, in

denen sich Sachsen umorganisieren, der neue Kurfürst bestätigt und auch die polnische Thronfolge bestimmt werden musste, agierte Heinrich in erprobter Unbeirrbarkeit und Zuverlässigkeit. Bei der Erbhuldigung im Dresdner Schloss sah man ihn selbstverständlich an der Seite Friedrich Augusts neben anderen getreuen Höflingen wie Friesen, Oberhofmarschall Woldemar von Löwendal (1660–1740), Christian von Sachsen-Weißenfels oder Sułkowski, einem besonderen Vertrauten Friedrich Augusts. Auch begleitete Heinrich den Kurfürsten auf seinen Huldigungsreisen durch Sachsen.

Ähnlich wie mit Heinrich selbst, der in allen seinen Ämtern und Befugnissen bestätigt wurde, verfuhr der Thronfolger auch mit dessen Brüdern, so dass die Familie weiterhin dem Dresdner Hof verpflichtet blieb. Hans Moritz hatte sich als General der Kavallerie gleich nach dem Tod Augusts II. eiligst in die Nähe seines Standquartiers begeben, um dem neuen Kurfürsten seine Loyalität zu bekunden.[31]

Erste Herausforderung für den neuen Kurfürsten war, sich in den Auseinandersetzungen um die polnische Thronfolge durchzusetzen, wobei er auf Heinrichs Unterstützung angewiesen war. Dieser kannte dank seines jahrelangen Einsatzes an der Seite Augusts II. die Mehrzahl der Personen im In- und Ausland, mit denen Sachsen konferiert hatte, ihre Namen, Titel und Funktionen waren ihm wohlvertraut. Zudem war er selbst allgemein bekannt. Insbesondere in Warschau wussten alle um seine Stellung. Der inzwischen 33-jährige Höfling durchschaute schnell, wie sich die neuen Machtverhältnisse am sächsischen Hof austarierten, und kooperierte entsprechend zuverlässig mit Sułkowski. Als Page an den Dresdner Hof gekommen, hatte sich der gebür-

Ein Service für den Premier

tige Pole frühzeitig die Gunst des Kurprinzen erworben. Nachdem Friedrich August die Thronfolge angetreten hatte, machte er ihn zu seinem Oberkammerherrn, ferner zum Oberjägermeister von Kursachsen und General der Infanterie, schließlich zum Außenminister. Heinrich hatte sich das Vortragsrecht mit ihm zu teilen.

Nicht zuletzt galt es in der Anfangsphase, rasch umfangreiche Summen aufzutreiben, wollte man die Königswahl gewinnen. Der Kurfürst hatte einen Betrag von 500 000 Dukaten für den Wahlkampf bestimmt und dessen Finanzierung in Heinrichs Verantwortung gelegt.[32] Gemeinsam mit Sułkowski erarbeitete er ein Programm mit »allerhand Requisites und Offerten« für die polnischen Wahlbevollmächtigten. Die nötigen Gelder suchte er durch Anleihen aufzunehmen und trat deshalb in Verhandlungen mit den Bankiers in Leipzig. Geplant war, eine Brücke über die Weichsel zu bauen oder ein Hospital für Arme zu errichten, die Silberbergwerke bei Olkusz zu renovieren und gegebenenfalls in Polen eine Garde auszustatten, um die Parteigänger des sächsischen Kurfürsten militärisch zu unterstützen. Obwohl nur wenige dieser Vorhaben realisiert wurden, gelang es Friedrich August, sich gegen seinen Mitbewerber Stanisław Leszczynski (1677–1766) durchzusetzen. Am 17. Januar 1734, ein Jahr nach dem Tod seines Vaters, wurde er in Krakau als König August III. gekrönt. Auch Preußen hatte die Wahl unterstützt.

Premierminister Augusts III.

Heinrich war nach diesem Erfolg ganz offensichtlich weder Page noch Kammerherr, also kein gewöhnlicher Hofbediensteter mehr, sondern stand dem Thronfolger schon bald in beratender Funktion zur Seite. Es war gewissermaßen ein Verhältnis auf Augenhöhe, und zwölf Jahre später bestimmte ihn der König zu seinem Premierminister.

August III. wird oft nachgesagt, er sei ein entscheidungsschwacher Herrscher gewesen, der das Regieren und die spätabendlichen gesellschaftlichen Verpflichtungen gerne dem Hof überlassen habe. In seiner Biographie über den König schreibt der polnische Historiker Jacek Staszewski: »Schon seine Zeitgenossen warfen ihm Verweichlichung und Mangel an Gespür für die Machtausübung vor, weswegen an der Seite des sächsischen Kurfürsten und polnischen Königs eine allenthalben unbeliebte Gestalt emporwachsen konnte – Graf Heinrich Brühl.«[33] Den Grund dafür habe man in seiner Bereitschaft gesehen, die Ausgaben für das sächsische Militär zu reduzieren. »Sachsens Misserfolge in der europäischen Politik und in den schlesischen Kriegen [...], nicht zuletzt das geringe Interesse für eine starke Armee, wurden als Pflichtverletzung eines trägen Königs und seines gewissenlosen Ministers gesehen.«[34]

Staszewki betont im Gegensatz dazu, August III. sei ein engagierter, vernünftiger Regent gewesen, überdies stark im Glauben und lediglich nachhaltig in den Schatten seines kraftstrotzenden Vaters gerückt worden. Friedrich II., 1740 auf den Thron gekommen, verstärkte mit seinen Schmähungen das vorherrschende negative Bild. Schon anlässlich des Todes Augusts II. hatte er sich keineswegs positiv geäußert. Während bei Friedrich Wilhelm I. Trauer und Unruhe beobachtet wurden, Schlaflosigkeit und Selbstgespräche, erging sich sein Sohn in Ablehnung und Zorn. Wenige Tage vor Augusts Ableben schrieb er an Friedrich Wilhelm von Grumbkow (1678–1739), Geheimer Staatsrat und preußischer Kriegsminister, August sei der schlechteste Herrscher in ganz Europa und er hege größte Aversionen gegen ihn. Es sei kein Schaden, wenn er endlich sterbe: »[…] il a tant été, qu'il peut bien une fois cesser d'être.«[35]

Kaum war Heinrich Premierminister geworden, begann Friedrich seinen privaten Feldzug gegen ihn. »Seinen Buchstaben-Feldzug gegen Brühl begann der König 1746 in der *Histoire de mon temps*. Darin schrieb er über den sächsischen Minister abschätzig, denn es sollte zeigen, dass der Graf unsolide und seines Amtes unwürdig sei: Er sei vom Pagen zum Leiter der Staatsangelegenheiten aufgestiegen. Dann weiter: Dieser Minister kenne nur die Listen und Ränke, von denen die Staatskunst kleiner Fürsten lebt. Brühl sei zaghaft, unterwürfig und geschmeidig, schurkisch und geschickt. Er besitze weder genug Klugheit noch genug Erinnerungsvermögen, um seine Lügen zu verbergen. Er sei doppelzüngig, falsch und verräterisch. In der Überarbeitung der *Histoire* von 1775 verschärfte Friedrich seine Charakterisierung noch: Brühl ›war doppelzüngig, falsch und zu den niederträchtigsten Handlungen bereit, wenn es seine Stellung galt, hieß es darin wörtlich‹.«[36]

Auch die Regierungskrise, die 1738 Sułkowskis Absetzung zur Folge hatte, führte Friedrich auf Intrigen Heinrichs zurück. Er habe ihn als Rivalen angesehen und bewusst Informationen über ihn an den Wiener Hof weitergegeben, die zu seinem Sturz geführt hätten. Nichts davon sei wahr, schreibt der Preußenspezialist Jürgen Luh. Erstaunlich bleibt, dass dennoch Generationen von Historikern der Argumentation Friedrichs gefolgt sind. Luh begründet das mit der Bedeutung Friedrichs II.: »Je größer die Autorität des Autors, desto glaubhafter ist den Menschen das Geschriebene – den Zeitgenossen wie den Nachfahren.«[37]

Tragisch war letztlich, dass sich nicht nur die Außenwelt, sondern auch zeitgenössische innenpolitische Kräfte Sachsens der Stimmungsmache des preußischen Königs ergaben. Historiker Metasch stellte fest, dass nach dem Beginn von Friedrichs II. Kampagne sukzessive Kritik unter den Vertretern der sächsischen Stände und hohen Staatsbeamten laut wurde. »Für die Kritiker war damals klar, dass die Unordnung im Finanzwesen allein Brühl und dessen Sekretär Hennicke anzulasten ist. Vom Kurfürsten nahm man an, dass dieser über die Verhältnisse in seinem Staat von Brühl bewusst desinformiert worden sei. Bei den Feierlichkeiten anlässlich des Namenstages des Kurfürsten legte die Opposition 1749 im Brühlschen Palais sogar mehrere gegen den Premierminister gerichtete Schmähzettel aus.«[38] Wie wenig das der Aufklärung und der Suche nach einem Lösungsweg für das Land in politisch schwierigen Zeiten diente, muss nicht eigens erwähnt werden.

Hochzeit mit Marianne Kolowrat-Krakowsky

Doch zurück zum Anfang: Nach der rastlosen Zeit an der Seite August II. kehrte endlich etwas Ruhe in Heinrichs Leben ein, und er konnte sich seinem Privatleben widmen. Längst hatte er die Dame seines Herzens auserkoren. Es war die aus Böhmen stammende Maria Anna Franziska Kolowrat-Krakowsky (1717–1762), genannt Marianne. Er hatte sie bei Sułkowski kennengelernt, der 1728 ihre wenig ältere Cousine Maria Franziska Stein zu Jettingen (1712–1741) heiratete. Mariannes Vater war Oberlandeskämmerer in Böhmen, seine Familie wegen ihres Bekenntnisses zum katholischen Glauben nach der Schlacht am Weißen Berg zu Rang und Namen gekommen und 1671 in den Herzogsstand erhoben worden. Sie galt als kaisertreu und hatte ein enges Verhältnis zum Hof in Wien. Das prächtige Anwesen der Kolowrats, Rychnov nad Kněžnou, blieb über die Jahrhunderte in ihrem Besitz und wurde nach der »Samtenen Revolution« 1989 in der Tschechoslowakei restituiert. Es wird heute wieder von der Familie bewohnt.

1730 starb Mariannes Vater, und seine Frau Maria Anna, geborene Stein zu Jettingen, gelangte im Gefolge der Kaisertochter nach Dresden. Sie wurde Oberhofmeisterin am »Jungen Hof« und trug Verantwortung für den gesamten Hofstaat der Kurprinzessin, der späteren Königin.

Tochter Marianne war von auffallend anmutiger Statur. Ein Gemälde Ádám Mányokis zeigt sie mit zart gezeichneten Brauen, mandelförmigen Augen und einem lieblich-schmalen Mund. Ihr Dekolleté schmücken zwei dunkle Ordensschleifen, die Taille mündet eng geschnürt im weit ausgestellten Reifrock von hellblau-silbern schimmerndem Glanz. Karneval 1732 durfte Marianne zum ersten Mal an einem höfischen Fest teilnehmen und zog, gerade einmal 15 Jahre alt, die Augen des gesamten Hofes auf sich. Sie war inzwischen selbst in die Riege des Hofstaats um die Kurprinzessin aufgestiegen und rangierte unter ihren sieben Hoffräulein an fünfter Stelle.

Maria Anna Franziska Gräfin von Kolowrat-Krakowsky (1717–1762), gemalt um 1734 von Ádám Mányoki

Später sahen sich Heinrich und Marianne bei höfischen Festlichkeiten, an denen das Kurprinzenpaar teilnahm, immer nur flüchtig, denn Maria Anna wachte streng über das junge Mädchen. Trotz seiner Nähe zu August II. wurde Heinrich mangels entsprechenden familiären Hintergrunds anfangs als unwürdig empfunden, eine Tochter aus dem kaisertreuen, überdies katholischen Haus Kolowrat zu heiraten. Auch war der junge Kammerherr derart häufig mit dem König unterwegs, dass man ihn in Dresden monatelang nicht zu Gesicht bekam.

Das änderte sich nach Augusts II. Tod schlagartig. Im beinahe täglichen Umgang mit August III. konnte sich Heinrich bei Begegnungen mit dem Hofstaat Maria Josephas Gewissheit darüber verschaffen, ob Marianne seine Gefühle erwiderte. 1734 hielt er um ihre Hand an, die Familie nahm seinen Antrag an, und am 29. April fand das Hochzeitsfest statt, für das der König sein Jagdschloss Moritzburg zur Verfügung stellte. Getraut wurden das Paar von Johann XII. Alexander von Lipsky (1690–1746), Bischof von Krakau. Heinrich musste dafür nicht konvertieren, jedoch zustimmen, dass seine Kinder der Konfession der Ehefrau folgten. Damit wurden seine Nachkommen katholisch.

Zweifelsohne war Marianne für Heinrich eine ideale Ehefrau, weil von ähnlich dienstbarer Natur, vertraut mit den Hierarchien bei Hofe und dem Herrscherpaar selbstverständlich ergeben. Sie unterstützte ihren Mann tatkräftig in seinen Verantwortlichkeiten und führte ein Haus, in dem Persönlichkeiten des öffentlichen Lebens ebenso standesgemäß empfangen wurden wie beim König selbst. Wendungen wie »Gräfin Brühl empfängt« oder »abends bei Gräfin Brühl zu Gast« wurden mit den Jahren zu feststehenden Begriffen und zeugten von Mariannes vitaler Präsenz an der Seite ihres Mannes.

Raum für ihre Gesellschaften fand sich in dem sogenannten »Haus mit Garten hinter dem Hause auf dem Wall«[39], einer anfangs überschaubaren städtischen Residenz, die 1737–1753 von Johann Christoph Knöffel (1686–1752) zum eindrücklichsten Beispiel des Dresdner Frührokoko ausgebaut wurde. Das Eingangsportal im Mittelrisalit flankierten Sandsteinfiguren von Lorenzo

Mattielli (1687–1748). Die Decke im zweigeschossigen Ballsaal schmückte ein Gemälde von Louis de Silvestre (1675–1760), das den Sieg des griechischen Sagenhelden Bellerophon über die Chimäre darstellt. Nach und nach kamen weitere Bauten hinzu: die Gemäldegalerie und die Bibliothek, ferner eine Parkanlage mit Skulpturen- und Brunnenschmuck auf dem Wall und schließlich das Belevedere auf der äußersten Spitze des Areals. Diese sogenannten »Brühlschen Herrlichkeiten« erstreckten sich in etwa über das Gelände, das heute den Namen »Brühlsche Terrasse« trägt. Auffallend an Heinrichs Residenz war neben dem Festsaal der Canaletto-Saal mit seinen vierzehn Dresden-Veduten von Bernardo Bellotto, genannt Canaletto (1722–1780). Da dreizehn davon Zweitversionen jener Gemälde waren, die der Maler für den König-Kurfürsten gemalt hatte, wurde er im Volksmund spöttisch »Dublettensaal« genannt.

Durch Heinrichs konsequenten Aufstieg unter der Regentschaft Augusts III. empfand ihn Mariannes Familie mit der Zeit als Schwiegersohn für würdig. Nachdem ihn der König zu seinem Premierminister gemacht hatte, war es für die Kolowrats schließlich eine Auszeichnung, Marianne an seiner Seite zu wissen. Dazu trug nicht zuletzt bei, dass Heinrich 1737 für sich und 1738 für seine Brüder vom Kaiser die Erhebung in den erblichen Reichsgrafenstand erlangte. 1750 wurde er unter dem Namen Oscieszino und dem Wappen Jastrzemb in den polnischen Adel aufgenommen.[40]

In diesen Jahren konnten auch seine Brüder ihre Hofstellungen durch Erwerb ansehnlicher Residenzen festigen. Johann Adolph ließ von 1739–1742 mit Knöffels Hilfe ein dreigeschossiges Bürgerhaus in der Landhausstraße am Dresdner Neumarkt errichten, das nach

Ein Service für den Premier

dem folgenden Besitzer Palais Hoym genannt wurde. Im Zuge der Bombardierung Dresdens 1945 zerstört, wurde es seit 2006 wiederaufgebaut.

Friedrich Wilhelm erwarb 1738 die Herrschaft Martinskirchen und ließ dort 1751–1756 ein Barockschloss bauen, das nach der Wende äußerlich renoviert wurde. Der weithin sichtbare Bau nahe der Kleinstadt Mühlberg an der Elbe birgt einen prächtigen ovalen Marmorsaal mit einem Deckengemälde von Stefano Torelli (1712 bis 1784), dem späteren Hofmaler von Katharina II. (1729 bis 1796) in Sankt Petersburg.

Heinrich und Mariannes Kinder

Heinrich und Marianne empfanden füreinander eine starke Zuneigung. »Der Herr hat mir einen Gatten gegeben, der mir Vater, Freund und Wohltäter ist«, schrieb sie 1755 an ihren Ältesten. Die beiden hatten sechs Kinder, von denen fünf das Erwachsenenalter erreichten: die Tochter Maria Amalie (1736–1772) und die Söhne Alois Friedrich (1738–1793), Charles Adolph (1742–1802), Albert Christian Heinrich (1743–1792) und Hans Moritz (1746–1811). Zahlreiche Briefe zeugen von der aufmerksamen und zugewandten Erziehung, die Marianne ihren Kindern angedeihen ließ. Sie verkehrte mit ihnen überwiegend in französischer Sprache, was dazu führte, dass Deutsch für sie immer eine Fremd- oder zumindest Zweitsprache blieb, erzog sie konsequent im katholischen Glauben und sorgte frühzeitig für eine höfische Ausbildung, die den Söhnen eine Offizierslaufbahn sicherte und der Tochter eine standesgemäße Vermählung. Auf ihr Betreiben lernten sie auch Polnisch, was ihnen berufliche Möglichkeiten an Höfen in Ost- wie Westeuropa eröffnete.

Die Briefe der Familie sind Zeugnisse für den überaus emotionalen und harmonischen Stil, den die Brühls untereinander und mit ihren Kindern pflegten und der sich bis weit in die nachfolgenden Generationen fortsetzte und auch deren Korrespondenzen prägte. Sie wirken gefühlvoll und liebenswürdig. Über Tochter Amalie schrieb Marianne in einem Brief an ihren Ältesten am 1. Januar 1755, sie sei ein wahrer Trost für sie, und lobte: »Ihr Verhalten, ihre Anlagen, ihre zärtliche Rücksicht für mich, ihr treffendes Urteil und ihre Klugheit in noch so jugendlichem Alter lassen mich hoffen, daß sie sich niemals von den Grundsätzen wird ablenken lassen […].« In gleichzeitiger Freude an der Entwicklung ihres Sohnes fuhr sie fort: »Nach ihr kommst Du, und ich darf nicht klagen, daß Gott Dir die Gaben vorenthalten habe, einst ein ehrenwerter Mann zu werden. Deine drei Brüder […] lassen bei den Begabungen und Neigungen, die ich täglich in ihnen entdecke, nur das beste hoffen.«[41]

Über Alois Friedrich selbst wiederum schrieb sie seinen Brüdern am 24. Dezember 1757: »Ich finde ihn sehr zu seinem Vorteil verändert und voller Zuneigung und Freundschaft für Euch. Ich hoffe, daß Ihr diese auch für ihn habt; ich kann Euch nicht genug zu gegenseitiger Liebe und innigster Gemeinschaft ermahnen. Es ist zu wichtig, geliebte Kinder, daß Ihr Euch gegenseitig helft und Euren Lebensweg Hand in Hand geht.«[42]

Ihren Jüngsten ließ sie am 7. März 1761 wissen, wie sehr sie sich über die Zuneigung freue, die sein ältester Bruder für ihn hege: »Unbeschreiblich freue ich mich, daß er Dich lieb hat, und daß Du es verstanden hast, seine Freundschaft zu erwerben.«[43]

Gleichzeitig legte sie bei ihren Kindern Wert auf Zurückhaltung und Demut. Als es an der Zeit war, sich von ihnen zu verabschieden, weil sie zwecks Ausbildung und beruflicher Weiterentwicklung das Elternhaus verließen, schrieb sie an Hans Moritz: »Bilde Dir ein, daß Dein Vater nichts anderes sei als ein einfacher Edelmann, vergiß für einige Jahre den Premierminister.«[44]

Heinrich spiegelte den milden Ton seiner Frau und schrieb seinen Söhnen, als Marianne Jahre später im Sterben lag, offenherzig wie ein Kind: »Sie ist ein Engel, den Gott zu sich holen will, mir aber nimmt er gleichzeitig damit eine Frau, für die ich bereit sein würde, meine letzten Tage hinzugeben. Ich flehe seine Gnade und seine Barmherzigkeit an, aber ich verzage und bin in der traurigsten Stimmung.«[45] Nach ihrem Tod teilte er seinen Schmerz uneingeschränkt mit den Kindern und bat sie verzweifelt um ihre Unterstützung: »Eure Mutter und mit ihr das Liebste, was ich auf der Welt besitze, ist im Himmel; ein Engel, der an Gottes Thron für uns alle betet! Haltet Maß in Eurem Schmerz, wenn Ihr einen zärtlichen Vater liebt, dessen Trost Ihr jetzt sein müßt. Ich umarme Euch und möchte sterben!«[46]

Porzellanmanufaktur Meissen

Noch vor seiner Eheschließung hatte Heinrich 1733, gemeinsam mit Sułkowski, die Verantwortung für die Manufaktur in Meißen[47] übernommen. Schon das Jahr zuvor hatte ihm August II. das Recht eingeräumt, Porzellan für den eigenen Bedarf von dort zu beziehen. Jetzt sollte er in eigener Verantwortung den königlichen Hof damit ausstatten.

Längst waren die Zeiten vergangen, in denen Böttger mit Tschirnhaus zum Zwecke der Porzellangewinnung heimlich auf der Albrechtsburg experimentiert hatten. Die beiden Erfinder waren gestorben, ihre Wirkungsstätte hatte sich zu einem respektablen Unternehmen entwickelt, einem Wirtschaftszweig mit vielen unterschiedlichen Akteuren. Emsige Entwicklungsarbeit wurde hier geleistet. Die Aufträge rissen nicht ab, die Bedeutung von Meissen und seinen Spezialisten nahm unaufhörlich zu.

Innerhalb der neuen Technologie hatte sich inzwischen Konkurrenz entwickelt. Samuel Stöltzel (1685 bis 1737), einer der ersten Arkanisten der Manufaktur, war nach Wien gegangen und hatte das wohlgehütete Geheimnis mitgenommen, ein Vergehen, das damals als Verrat am eigenen Land angesehen wurde. Seit 1718 konnte nun auch an der Donau Porzellan hergestellt werden, und ebenso entstanden andernorts Werkstätten und Manufakturen. Die entsprechenden Kenntnisse würden sich mittelfristig – das stand fest – in ganz Europa verbreiten.

Doch Meissen war den anderen Werkstätten um Jahre voraus. Hier waren erfahrene Modelleure und Porzelliner am Werk, hatten sich Farbspezialisten und Maler herausgebildet und Kenner von Ton, Erden und Brenntechniken entwickelt. Das Arkanum bestand schließlich nicht aus einer einzelnen Formel. Vielmehr zählte in diesen Anfangszeiten jede Stunde, jeder Tag, an dem das neue Handwerk verbessert, verfeinert und professionalisiert wurde.

Unzählige Räumlichkeiten und Zimmer waren in der Albrechtsburg für die Produktion eingerichtet worden, treppauf, treppab ging es von einer Werkstatt in die andere, über steile Stufen und enge Flure. Transportiert wurden die Porzellane auf schmalen Brettern, balanciert auf einer Schulter. Ein Stück neben dem anderen fand auf den langen Hölzern Platz. Um einem Zusammenstoß auf den engen Treppen der Burg vorzubeugen, warnten die Träger jeden, der ihnen entgegenkam, mit laut gepfiffenen Melodien. Sogar diese Tradition hat sich bis in die Neuzeit erhalten.

Ein Glück für Meißen war, dass sich unweit der Stadt die nötigen Erden gefunden hatten, Kaolin aus Aue und Ton aus Colditz, die, zu präzise abgestimmten Teilen miteinander vermengt, die ideale Mischung ergaben, aus der das für die Manufaktur typische Hartporzellan hergestellt werden konnte. Mitte des 18. Jahrhunderts fand ein Bauer, der im Nebenberuf als Blaumaler beschäftigt war, beim Pflügen zufällig ein Kaolinvorkommen, das noch näher an Meißen lag, im wenige Kilometer entfernten Seilitz. Diese Quelle erwies sich als Goldgrube. Der größte Unsicherheitsfaktor blieb die Beherrschung der Öfen, die Bestimmung von Höhe und Dauer der Temperatur, die Reaktion der jeweiligen Teile und ihre Bemalungen nach dem Brennverfahren. Insofern galt der Hersteller eines wertvollen Muffelofens ähnlich viel wie der Zuträger der Stoffe, Kristalle oder Erze, aus denen die unterschiedlichen Farben gewonnen und gemischt wurden. Porzellan, schreibt de Waal, sei ein Material, das sich leicht verziehe. Füge man zwei Teile zusammen, müsse man besonders sorgfältig arbeiten, da jede Nahtstelle ein Schwachpunkt an sich sei. »Gibt es weiter unten eine strukturelle Schwäche, wird das ganze Gefäß im Brennofen eventuell einsacken oder umfallen und die übrigen Gefäße umwerfen. Oder es bricht, sodass die Feuerungsöffnung blockiert ist und der ganze Brand ein Desaster wird, weil die Flammen in alle möglichen Richtungen lodern und die Hitze intensivieren.«[48]

Die Herstellung von Porzellan erfordert eine enge Zusammenarbeit verschiedener Gewerke und das gemeinsame Wirken erstklassischer Spezialisten. War der Ausgangsstoff, also der Ton, nicht korrekt ausgewählt oder die Mischung nicht perfekt, konnte das Material nicht geformt werden. War der zeichnerische Entwurf zu gewagt, konnte ihn der Modelleur nicht realisieren. Waren die Gipsformen unpräzise, hatte das Gefäß nicht die rechte Statur, und die Einzelteile passten am Ende nicht exakt aufeinander.

Schließlich folgte das Austrocknen, dann das Brennen, der erste Durchlauf, das Abkühlen, die Bemalung, dann der zweite Durchlauf oder gar noch ein dritter. Auch die Farbmischung musste stimmen, die Zusatzstoffe eigens ermittelt werden. »Es gibt viele Schwierigkeiten, wenn man mit Porzellan arbeitet. Jede Unregelmäßigkeit in der Wandstärke kann zu Sprüngen führen, während es von 1300 Grad Celsius – die weiße Glut beim Brennen – auf 300 Grad abkühlt; erst dann kann es unbedenklich gehandhabt werden.«[49]

Einer der vielen einzelnen Arbeitsvorgänge hieß »schwertern«, denn 1731 setzten sich gekreuzte Kurschwerter als Erkennungszeichen gegen das »AR«, das für Augustus Rex stand, und den Merkurstab durch. Die zwei eleganten Bogen in Dunkelblau, in der Mitte spielerisch zueinander geführt, die zwischen den einzelnen Brennvorgängen auf den Boden des jeweiligen Gefäßes aufgetragen und dann mit der Glasur eingebrannt wurden, waren für alle Zeiten der Hinweis, dass es sich um Porzellan aus Meissen handelte.

Ein Service für den Premier

Das Brühlsche Schwanenservice

Heinrich muss geahnt haben, was für ein wirtschaftliches und kulturelles Potenzial in der Kunst der Porzellanherstellung steckte. Gleich zu Beginn gab er 1737 ein Tafelservice in Auftrag, das alles bisher Dagewesene übertreffen sollte. Da er kraft seines Amtes die Repräsentation des sächsischen Hofes übernommen hatte, galt es für ihn, auch seine eigene Residenz entsprechend elegant auszustatten. Gleichzeitig ordnete er sich mit diesem Auftrag geschickt der absolutistischen Hierarchie unter, denn der Herrscher speiste damals von Gold oder Silber.

Hunderte von Gästen sollten mit dem Brühlschen Service gleichzeitig bewirtet und auch Räume damit geschmückt werden, die nicht den gemeinsamen Mahlzeiten dienten. In jedem Einzelstück sollte sich das Gesamtkonzept verwirklichen und ein spezifischer Stil und Geschmack zum Ausdruck kommen.

Die Meissener machten sich an die Arbeit, entwickelten Motive und Dekors, lieferten erste Probeteller. Sie übten und probten, was aus dem kühlen, leicht formbaren Werkstoff zu fertigen möglich wäre, wie detailreich die Entwürfe im Einzelnen, wie filigran die verschiedenen Teile sein konnten, gar nicht zu reden von der jeweiligen Bemalung. Allen anderen voran zeichnete Johann Joachim Kändler (1706–1775) für den neuen Auftrag verantwortlich. Der gebürtige Pfarrerssohn aus dem sächsischen Fischbach hatte schon als junger Mann Neigungen zu künstlerischem Gestalten entwickelt und war bei dem Kunsttischler und Bildhauer Johann Benjamin Thomae (1682–1751) in die Lehre gegangen. Thomae wiederum war Gehilfe bei Balthasar Permoser

(1651–1732) gewesen, einem Bildhauer aus dem bayrischen Traunstein, der seine Ausbildung in Wien und Salzburg absolviert und sich lange Zeit in Italien aufgehalten hatte. 1689 war er an den sächsischen Hof in Dresden berufen worden, wo er in kurzer Zeit zum Hofkünstler befördert wurde und sich auf seinem Gebiet zu einem Großmeister seines Könnens entwickelte. Im Formenkanon des italienischen Barocks schuf er den Skulpturenschmuck des Lustgartens Zwinger und prägte nachdrücklich den florentinischen Charakter der kurfürstlich-königlichen Residenzstadt.

Bei diesen Meistern ging der junge Kändler in die Schule, er lernte von Thomae Altarschnitzerei und Bildhauerkunst und bewies eine besondere Beobachtungsgabe sowohl im Zeichnen als auch im Skizzieren sowie ein außergewöhnliches Geschick im Nachformen einzelner Motive. Entsprechend seiner Ausbildung entwickelte er sein Können zunächst an Materialien wie Holz oder Stein, doch August II. erkannte seine Begabung und kürte ihn bald zum Hofkünstler und Modelleur in Meißen. Als Kändler 1731 seinen Dienst in der Manufaktur antrat, war er erst 25 Jahre alt. Schnell entwickelte er sich zum Spezialisten, wurde später zum Leiter der Formgestaltung befördert und schließlich zum Arkanisten, der höchsten und ehrenvollsten Position in Meißen.

Unterstützung fand er bald bei Johann Friedrich Eberlein (1695–1749), ab 1735 ebenfalls Modelleur und Bildhauer der Manufaktur. Auch er beteiligte sich an den Arbeiten für das Brühlsche Service. Ein weiterer Spezialist war Johann Gregorius Höroldt (1696–1775), ein gebürtiger Jenaer und ausgebildeter Miniatur- und Emaillemaler, der über Straßburg und Wien 1720 nach

Ein Service für den Premier

Meißen gekommen war und dort rasch zum Meister seiner Kunst aufstieg. 1731 wurde er ebenfalls Arkanist, gleichzeitig Hofkommissar und leitete den gesamten Bereich Malerei.

Was diesen Künstlern in den allerersten Jahren europäischer Porzellanherstellung gelang, sprengte jegliche Vorstellungskraft. Der königliche Hof gab ihnen dazu den Raum wie die nötige Bewegungsfreiheit und – nicht zuletzt – eine Fülle von Aufträgen. Ohne die Materie noch recht zu kennen, geschweige denn sie zu beherrschen, entwickelte Kändler Objekte und Skulpturen, Gefäße und Dekorgegenstände, deren Anblick noch heute jedem Porzellankenner den Atem raubt. Ohne je das »Reich der Mitte« gesehen zu haben, führte Höroldt eine eigene Chinoiseriemalerei ein und hielt seine Vorstellungen von Menschen, Tieren, Pflanzen aus Asien in Zeichnungen fest, die viele Jahrzehnte lang als Vorlage für seine Dekors dienten.

Revolutionär waren nicht zuletzt die Farben, die er für die Porzellanmalerei herstellte. Bis 1731 entwickelte er 16 Töne, deren Zusammensetzungen und Anwendungsbereiche er veröffentlichte und damit gewissermaßen festschrieb. Gleichzeitig standen die Meister in wechselseitiger Konkurrenz zueinander. So konnte sich Höroldt maßlos über Reliefs oder Ausformungen ärgern, die Kändler entworfen, die Modelleure ausgeführt und die Bossierer womöglich verfeinert hatten, weil sie seine Malerei einschränkten. Er wünschte flache, glatte Flächen, auf denen er seine Kunst uneingeschränkt zur Wirkung bringen konnte. Wiederholt musste Heinrich zwischen den beiden Streithähnen vermitteln.

Wahre Meisterschaft entwickelte Kändler insbesondere in der Fertigung von Figurinen, einem beliebten

Tisch- und Konsolenschmuck jener Zeit, der in Meißen geradezu in Serie gefertigt wurde. Dabei handelte es sich um Nachbildungen von Tieren wie Eichelhäher oder Pirol, Maikäfer oder Eichhörnchen, die, etwa fünfzehn bis zwanzig Zentimeter hoch, in anmutiger Stellung oder Bewegung zwischen Speisen und Getränken auf der Tafel beziehungsweise in Schauregalen an den Wänden, in Fensterschränken oder auf Ziertischen standen und die Einrichtung mit ihrem ureigenen Zauber erfüllten.

Später kamen Personen oder Personengruppen hinzu. Kändler ergänzte sie mit typischen Accessoires oder Kleintieren, mit denen sie sich umgaben, entwarf und modellierte zusätzlich Pflanzen und Bäume, die in ihrem Umfeld wuchsen. Die Figuren stellten Masken aus der italienischen Comedia dell'arte dar oder Hofdamen nebst ihren Kavalieren – allgemeiner Beliebtheit erfreuten sich auch die Darstellungen von Musikern, Handwerkern oder Händlern mit ihrer Ware – und waren von einer kaum vorstellbaren Leichtig- und Lebendigkeit.

Hier offenbarte sich auf das Vortrefflichste Kändlers Beobachtungsgabe, die schon Thomae und Permoser erkannt hatten, sein außergewöhnliches Talent, Tiere und Menschen naturgetreu nachzubilden, auch wenn die Materie, in der sie umgesetzt wurden, hart und fest war.

Selbst Tiere in Menschenkleidern entwarf Kändler, so die bekannte Affenkapelle, eine Gruppe aus Violinisten und Trompetern, Cellisten, Hornbläsern, Sängerinnen und einem aufgeregten Dirigenten. Überall, wo bei Menschen an Armen und Beinen oder dem Dekolleté Haut zu sehen ist, zeigen diese Figuren ein struppiges dunkles Fell, statt der Münder sieht man Schnauzen,

Ein Service für den Premier

und wo Hände sich bewegen, sind Pfoten im Einsatz. Bei dieser Motivwahl bewies Kändler Humor, denn die Darstellung war selbstredend eine ironische Anspielung auf die Hofgesellschaft.

All diese Künste und Fertigkeiten kulminierten in dem Geschirr und Tischdekor, das Kändler für Heinrich entwickelte. Langsam arbeitete er sich vor und imaginierte eine mannigfaltige Welt aus Wassertieren und Sumpfpflanzen, stellte zwei Schwäne, einander anmutig zugewandt, in den Mittelpunkt der Szenerie, ließ jeden Teller mit diesem Relief versehen und ergänzte es durch Lebewesen wie Reiher und Delphin, durch Schilf, Blüten und Blumen, nicht zuletzt verziert durch Nixen und Tritonenkinder sowie die Darstellungen der Nereide Galathea und ihres Geliebten, des Hirtenjungen Acis, die den Deckel besonders repräsentativer Terrinen herrschaftlich krönen. Die Komposition gipfelte in dem Schleiertuch, das Galathea traditionell mit sich führt, weit wie ein Segel über den Kopf geschwungen, damit es sie über die Wellen davonträgt.

Der Name, den Kändler dem Gesamtkunstwerk gab, war »Brühlsches Schwanenservice«. Es umfasste weit über zweitausend Teile, spätere Forschungen zählten 2300, Ulrich Pietsch, ehemaliger Direktor der Dresdner Porzellansammlung, spricht inzwischen von über dreitausend Einzelteilen,[50] bei Staszewski findet sich die Zahl sechstausend. Die entsprechenden Listen enthalten Bezeichnungen wie große und kleine Teller, Unter- oder Kaffeetassen und Wermutbecher, Schüsseln und Leuchter, Saucieren und Wärmeglocken, Gewürzständer, Zuckerdosen und Salznäpfe. In ihren Aufzeichnungen erwähnen Eberlein und Kändler Assieten, Milchkummen und Schwenkkessel. Die Rede ist von

Blumenvasen, Leuchten und Wandappliken, dicht gefolgt von Gläserkühlern und Flaschenhaltern. Fein säuberlich wird das Besteck beschrieben, Konfektgabeln, Vorlegelöffeln oder Tafelmesser. Zentrale Schaustücke stellten zwei monumentale Tischaufsätze dar, einer für Vorspeise und Hauptgang, der andere für das Dessert.

Bis heute gilt dieser Tafelschmuck als Höhepunkt barocker Porzellankunst. Er durchbrach mit seiner offensichtlichen Prächtigkeit die Scheidewand zwischen Gebrauchsgegenstand und Kunstwerk, verwies klar und deutlich auf den Unterschied zwischen Pflicht und Kür und dokumentierte auf das Ansehnlichste, woran es den Meistern von Meissen gelegen war: Sie wollten keine einfachen Handwerker sein, auch keine Kunsthandwerker, sondern exquisite Künstler. Ihr Ziel war es, ihre individuelle Meisterschaft immer an einzelnen Produkten unter Beweis zu stellen und dem innovativen Werkstoff denselben Rang zuzuweisen wie den kostbarsten Materialien der Welt. Kein Wunder, dass Porzellan mit dem wertvollsten Edelmetall verglichen wurde. Man nannte es das weiße Gold.

Obwohl es von Vorteil war und auch als Idee dieser Herstellung zugrunde lag, in Serie zu produzieren und mehrere Exemplare ein- und derselben Form herzustellen, suchten die Meissener herausragende Einzelstücke zu fertigen, die sich dem Gesamtbild harmonisch zuordnen ließen und gleichzeitig individuell Begeisterung weckten. Je häufiger sie dupliziert wurden, desto stärker der Eindruck, den sie hinterließen. Eine Mahlzeit wurde dadurch in einen Festakt verwandelt, das alltägliche Essen in eine Form des Beisammenseins umgestaltet, das jeden Anwesenden gesondert ehrte und die Begegnung zu einem Höhepunkt machte. Das Schwanenservice war hervorragender Ausdruck barocker Tafelkultur. Alles glänzte und gleißte, wenn es auf den Tischen stand. Hundertfach spiegelte sich das Kerzenlicht, mit dem die Zimmer ausgeleuchtet wurden, warf märchenhaften Schimmer auf Speisen und Getränke und verlieh den sorgfältig arrangierten Gerichten einen vollendeten Rahmen.

Nicht Schlichtheit war gefragt, sondern Übertreibung, nicht Durchschnittlichkeit, sondern materielle Unabhängigkeit, Luxus. »Über die leiblichen Genüsse hinaus, die auf dem kostbaren Porzellan dargereicht wurden, bot das Service im Sinne der barocken Schaugerichte einen großartigen Augenschmaus. Die Vielfalt und der Bewegungsreichtum der figürlichen Darstellung und die differenzierten Kompositionen der rundum ansichtigen Gruppen verleihen dem Ganzen trotz der Entrückung ins Mythologische eine lebendige Natürlichkeit. Der reiche plastische Dekor und die Einbeziehung von Schwänen als Gefäße scheinen im Auf und Ab der Bewegungen zunächst das Auge zu verwirren. Vom flachen Tellerrelief gleitet der Blick des Betrachters über ein wogendes Meer figürlicher Gestaltungen in gestufter Steigerung zu den Terrinenbekrönungen bis hin zum alles überragenden Tafelaufsatz. Trotz der unterschiedlichen Talente der einzelnen am Schwanenservice beteiligten Modelleure wirkt das Ensemble wie einer Hand entwachsen, und die künstlerische Individualität des Einzelnen ist zugunsten eines einheitlichen, spätbarocken Gestaltungsprinzips unterdrückt. Und so großartig jedes einzelne zum Service gehörende Kunstwerk auch beurteilt werden mag, erst im musisch bestimmten Zusammenklang des Ganzen kann es seine Wirkung entfalten«[51], schreibt Ulrich Pietsch.

Faszination weckte besonders die Wahl der Motive. Der Schwan gilt als herrschaftliches Wesen, als ein Tier, das durch seine Eleganz und Anmut besticht. Er ist der größte und auffälligste Entenvogel der europäischen Fauna. Mit ihm verbindet man Stolz, Tugend, Schönheit und Treue, denn Schwäne binden sich fürs Leben. Dabei beeindruckt vor allem sein schneeweißes Gefieder, die eleganten synchronen Halsbewegungen des balzenden Paars, die imponierende Flügelhaltung und die mächtigen Schwingbewegungen, mit denen er seine Brut verteidigt. Selbst im Flug hat er eine kraftvolle Erscheinung, wirkt wehrhaft und überlegen. Mehr als andere Vögel beschäftigte er die menschliche Phantasie.

Auch die Nereide Galathea umgibt ein vielgestaltiger Mythos. Als Tochter des Meeresgottes Nereus war sie eine der Nymphen, die Seeleuten Glück brachte und Schiffbrüchige beschützte. Doch wie in Ovids *Metamorphosen* zu lesen, hatte sie sich gleichzeitig dem Festland zugewandt, einen Sohn von dem grobschlächtigen Kyklopen Polyphem bekommen, dem sie die Sinne derart verwirrt hatte, dass er seine Herde außer Acht ließ. Gegensätzlicher konnte ein Paar nicht sein, entsprechend kurz währte Galatheas Glück. Ein Hirtenjunge von gerade mal sechzehn Jahren verliebte sich in die schöne Nereide, die seine Gefühle erwiderte. Er hieß Acis und wies alle Eigenschaften auf, die der Zyklop vermissen ließ, war jünglingshaft zart und trug noch keinen Bart. Wie Seide schimmerte seine Haut. Der Kyklop verfiel in blinde Eifersucht, als er von der Liebe erfuhr, und erschlug den Jungen mit einem Felsen aus dem Vulkan Ätna. In ihrer Verzweiflung versuchte Galathea wenigstens das Blut des Sterbenden zu retten und verwandelte es in einen lebendigen Strom.

Ein Service für den Premier

In ihrem Aufsatz *Die »Historia von Galatee« – Figurenschmuck für die Terrinen des Schwanenservices* schreibt Claudia Valter, der antike Mythos der Meeresnymphe Galathea gehöre zu den bevorzugten Themen der barocken Bildkunst. Meist werde sie unbekleidet abgebildet mit langem, vor Nässe schwarzem Haar, umgeben von zahlreichen Putti. Ähnlich wie der Schwan mit seinem schneeweißen Gefieder biete sich ihre Darstellung besonders gut an, um die Schönheit von unbemaltem Porzellan zur Geltung zu bringen: »Da außerdem eines ihrer Körpermerkmale, weißglänzende Haut, der Stofflichkeit des Porzellans entspricht, bot sich die als Meeresbewohnerin nackt darstellbare Nereide als Thema für dieses Material geradezu an. Ihre singuläre plastische Ausarbeitung ist gleichzeitig eine Hommage an den erst zwei Jahrzehnte zuvor erfundenen Werkstoff, dessen Bedeutung sich bislang in dem gemalten Dekor offenbarte.«[52]

In ihrem Aufsatz verweist Valter ferner auf die Bedeutung der Nereide als Glücksbringerin: »Die komplexe Persönlichkeit Galatheas impliziert angesichts ihrer Aufgabe als Glücksbringerin der Seefahrer einen weiteren Aspekt: die Anspielung auf Fortuna, deren ›Flatterhaftigkeit‹ traditionsgemäß über das Attribut des aufgeblähten Segels zum Ausdruck kommt. Dieser Aspekt ihres changierenden Charakters soll nicht nur Glück in der Liebe verheißen. Galathea beherrscht das häufig als Metapher der (Volks-)Seele (und damit des Staates) dienende Meer, dessen stürmischer Wellengang, Gefühlsregungen gleich, dank ihrer Macht beruhigt und geglättet wird. Die Konnotation einer von Fortuna begünstigten Regentschaft war insbesondere für einen Premierminister von Wichtigkeit […].«[53]

Trotz seiner luxuriösen Ausstattung diente das Schwanenservice nicht dazu, den Reichtum seines Eigentümers unter Beweis zu stellen. Wie Claudia Bodinek, Teilnehmerin der Tagung von 2014, in ihrem Beitrag *Ein Tafelservice für den Grafen* zeigte, nutzten die Brühls es vielmehr, um fremde Gäste und Besucher der Residenzstadt auf die Fertigkeiten der Porzellanmanufaktur hinzuweisen und diesen neuen Industriezweig gewissermaßen zu bewerben: »Seine zahlreichen Anschaffungen sind allerdings vor dem Hintergrund zu sehen, dass die Repräsentation, auch in Vertretung des Königs, zu seinen wichtigsten Aufgaben gehörte. Dies gab ihm gleichzeitig die Gelegenheit, seinen hochrangigen Gästen das Können der Meissener Modelleure und Maler zu präsentieren.«[54]

August III. begrüßte Heinrichs Vorgehen und übertrug ihm im Februar 1738 die gesamte Hofbestellung. 1739 machte er ihn zum alleinigen Direktor der Manufaktur. Bodinek verweist darauf, welchen Nutzen er damit erzielte: »Jedenfalls konnte die Manufaktur unter seiner Leitung ansehnliche Gewinne erwirtschaften, obwohl die Aufträge vom König und von Brühl in den Jahren 1736–1747 immerhin 20 bis 35 Prozent der Jahresproduktion ausgemacht haben. Hierzu gehörten nicht nur der Eigenbedarf des Hofes, sondern auch diplomatische Geschenke.«[55]

Es war erklärtes Interesse des sächsischen Hofes, seine Macht durch Förderung von Kunst und Kultur unter Beweis zu stellen. Staszewski vertritt in seiner Biographie sogar die Ansicht, dieses Ziel habe eigentlich erst August III. systematisch verfolgt. Schließlich sei er diesbezüglich in seiner Jugend bewusst ausgebildet und mit seinem Erzieher auf Kavalierstour geschickt wor-

Ein Service für den Premier

den, um entsprechende Eindrücke zu sammeln. Während der Vater noch auf Masse gesetzt hatte, sorgte der Sohn dank seiner Kenntnisse für Raffinement, Qualität und die persönlichen Vorlieben, die eine Sammlung am Ende auszeichnen. In Venedig habe er eine regelrechte Leidenschaft für die italienische Kunst, Musik und Komödie entwickelt. »Die lebhafte Ankaufspolitik Augusts des Starken begann nach 1710 Früchte zu tragen. Ihr ursprüngliches Ziel war der traditionelle Erwerb von Kunstwerken. Sie sollten jedem Herrscher und seinem Hof Ansehen verleihen und diejenigen beeindrucken, die das Glück hatten, die Nähe des Thrones zu erleben. […] Friedrich Augusts Anteil hierbei steht außer Frage, ihm fiel das Verdienst zu, die durch den Vater in Angriff genommenen Arbeiten zu vollenden. Der Kunstsinn des Königs, gepaart mit Sachkenntnis des Thronfolgers, trug reiche Früchte bei der Umgestaltung Dresdens in ein Kunstzentrum von Weltbedeutung.«[56]

Nicht nur ein Tafelservice ließ Heinrich in Meissen für seine Residenz fertigen, noch ein weiteres gab er später in Auftrag. Es hieß »Brühlsches Allerlei«, umfasste ähnlich zweitausend Teile, brachte es aber zu keiner anhaltend vergleichbaren Bedeutung wie das Schwanenservice. Passend zum dezenteren Zeitgeschmack des Rokoko, trug es ein eher verhaltenes Dekor. Die Teller hatten zwar goldene geschwungene Kanten und trugen überdies ein Reliefdekoration auf dem breiten Rand, die sogenannte Fahne. Davon abgesehen, beschränkte sich der plastische Schmuck auf Griffe und Henkel in Form von Garten- und Feldfrüchten.[57] Bemalt mit farbigen Blumen und Obstdarstellungen, erinnerte das Dekor an ein Sommerfest im sonnendurchglühten Garten.

Ähnlich wie mit seinem Prachtgeschirr suchte Heinrich auch auf dem Gebiet des kleinformatigen figürlichen Porzellans neue Maßstäbe zu setzen. Neben Darstellungen der vier Erdteile, der Jahreszeiten, der Elemente, Künste und antiken Gottheiten ließ er seine Tafel – obwohl ihn die Jagd persönlich nicht interessierte – mit Figurinen im Forstgewand sowie Nachbildungen exotischer oder heimischer Wildtiere wie Bär, Hirsch, Luchs, Elefant oder Löwe schmücken. Eine Besonderheit stellten Gebäude aus Porzellan dar, die sich zu einem ganzen Dorf komponieren ließen. »Zu den einzelnen Bauernhäusern, Scheunen und Ställen sowie einer Dorfkirche, welche die Modelleure Kändler, Peter Reinicke und Johann Gottlieb Ehder geschaffen hatten, stellte die Manufaktur auch die entsprechende Figurenstaffage der Bauern und Bäuerinnen sowie der zugehörigen Nutztiere her. Der Anblick dieser exklusiven Tischdekoration dürfte bei den Gästen des Grafen von Brühl bleibenden Eindruck hinterlassen haben, so dass weitere Bestellungen für Porzellanarchitekturen durch andere Adlige wohl nicht lange auf sich warten ließen.«[58]

Heinrichs Engagement für Kunst und Kultur beschränkte sich indes nicht auf Bestellungen bei der berühmten Porzellanmanufaktur. In seinem Buch über die Ära Heinrichs zählt der polnische Wissenschaftler Tomasz Torbus die Anwesen auf, die im Verantwortungsbereich des Premiers lagen und an denen er aufwändige Umbauten vornehmen ließ: Neben dem bereits erwähnten Rittergut Grochwitz bei Herzberg betraf das die Anwesen Lindenau im Oberspreewald, Nischwitz bei Leipzig, Zschepplin bei Eilenburg sowie Oberlichtenau und Seifersdorf nahe Dresden. Treue Helfer, Vertraute und Angestellte standen ihm bei all diesen Ak-

Ein Service für den Premier

tivitäten zur Seite, so Johann Christian von Hennicke (1692–1752), den er 1739 zu seinem Stellvertreter in der Porzellanmanufaktur gemacht hatte[59], nicht zu verwechseln mit Carl Heinrich von Heinecken (1707 bis 1791), seinem Privatsekretär, der vor allem für Aufbau und Betreuung seiner Kunstsammlung verantwortlich war. »Beeindruckend ist schon die bloße Aufzählung der Brühlschen Aktivitäten auf diesem Feld: Er ließ Wola errichten, eine private Stadt im Weichbild Warschaus, organisierte den Wiederaufbau von Forst nach dem Großbrand von 1748 [...] und ließ großzügig eine weitere Stadt in seinem Herrschaftsbereich ausbauen: Pförten in der Niederlausitz.«[60]

Das Interessante an Torbus' Schilderungen ist der Blick auf Polen. Neben Wola zählt er drei weitere Stadtpalais und Villen im Umfeld von Warschau auf, die mit dem Namen Heinrichs in Verbindung stehen: Wierzbowa, Powiśle und Młociny. Der Kunsthistoriker bringt sein Bedauern zum Ausdruck, dass Brühls Residenzschlösser in Dresden und Warschau nicht mehr existieren, und führt vor allem städtebauliche Gründe an: »Zwei seiner Hauptdomizile – die Stadtpalais von Dresden und Warschau – sind zerstört und nur mehr partiell rekonstruierbar. Umso wichtiger wäre zumindest der Versuch, den ursprünglichen Zustand jener untergegangenen Residenzen wiedererstehen zu lassen.«[61] Eine Parallele zwischen der Geschichte Sachsens und Polens sieht Torbus in Folgendem: »Die beiden verlorenen Bauten vergegenwärtigen, welche Tragik der Geschichte die beiden Metropolen des sächsisch-polnischen Unionsstaats miteinander verbindet – ihre Auslöschung in der Schlussphase des Weltkrieges. Die Vernichtung Dresdens und Warschaus in den Jahren 1944–45 legte dann im

Hinblick für ihre Rekonstruktion in der Nachkriegszeit methodologisch verblüffende parallele Entwicklungen offen. Nicht nur wurden gleiche Rekonstruktionsvorlagen – nämlich die Bernardo Bellotos gen. Canaletto sowie Vorkriegsaufnahmen usf. – verwendet, sondern die Nachkriegssituation brachte auch ähnlich strukturierte Argumentationen über Sinn oder Unsinn eines Wiederaufbaus der Baudenkmäler und ganzer Stadtpartien mit sich – der Dresdner Frauenkirche respektive des Warschauer Sächsischen oder Brühlschen Palais.«[62]

Majoratsherr von Pförten

Heinrichs zentrales Augenmerk galt dem Ausbau von Schloss und Ortschaft Pförten. Schon bald nach der Wahl Augusts II. zum König hatte es sich als ungünstig erwiesen, dass Polen und Sachsen über keine gemeinsame Grenze verfügten. Die beiden Unionsländer waren getrennt durch Schlesien. Pförten in der Niederlausitz, im östlichsten Zipfel Kursachsens, befand sich genau an der Stelle, wo das Nachbarland am schmalsten war. Unweit davon befand sich ein Übergang über die Neiße, der zumindest in den Sommermonaten mühelos passierbar war. Das machte das Anwesen zu einer idealen Reisestation zwischen Dresden und Warschau. Brühl erwarb es 1740 für 160 000 Taler und ließ den bescheidenen Bau 1741–1753 von Knöffel zu einem mächtigen dreistöckigen Gebäude mit ausladendem Walmdach umgestalten. Zwei lang gestreckte Pavillons rechts und links verlängerten die beiden Seiten des dreiflügeligen Hauses, mithilfe zweier schmaler Übergänge wurden die drei Gebäudeteile miteinander verbunden und vervollständigten so den weitläufigen Hof mit zentraler Brunnenanlage zu einem monumentalen Ensemble. Auch den Garten hinter dem Haus ließ Brühl zu einer prächtigen Parkanlage mit Blick auf den See, Sichtachsen in verschiedene Richtungen, barockem Skulpturenschmuck, zentraler Fontäne, Orangerie und Fasanerie umgestalten.

Noch heute steht man tief beeindruckt vor der imposanten Größe des Schlosses, das, inzwischen auf polnischem Grund, an Höhe weit über die nächstliegenden Dächer und Häuser, ja, wie es scheint, sogar über Bäume und Wälder der Umgebung hinausragt. »Im heutigen Grenzbereich zwischen Deutschland und Polen, in den Weiten der Niederlausitz, Nordschlesiens und des einstigen Ostbrandenburgs haben Schlösser des 18. Jahrhunderts von monumentaler Größe Seltenheitswert. Umso überraschter steht man vor der Fassade des östlich von Forst gelegenen Schlosses Pförten – eines grandiosen, dreigeschossigen Baus ›entre court et jardin‹. Die bisherige Typologisierung als *Maison de Plaisance* erklärt in Pförten weder den Grundriss, noch die Monumentalität, die Raumgliederung oder das ikonographische Programm.«[63]

Heinrich ließ Pförten allein deshalb derart aufwändig ausgestalten, damit es einem königlichen Hof Aufnahme gewähren konnte. Ähnliche Motive konnte die Kunsthistorikerin Isabelle Aurin-Miltschus für das vor den Toren Leipzigs gelegene Schloss Nischwitz nachweisen, ein pittoreskes Rokokoensemble mit seinen kunstvoll ausgestatteten Sälen und zauberhaften Freskos: »Für Pförten wie für Nischwitz konnte […] klar ihre Funktion als ›Schloss für den König‹ herausgearbeitet werden – einleuchtend für jeden, der die nicht zuletzt psychologisch subtil austarierte Positionierung des ersten Ministers zu seinem Souverän kennt.«[64] Heinrich blieb bei seinen Umbauten stets Diener seines Herrn.

Nicht nur Schloss und Garten, die gesamte Ortschaft Pförten erhielt durch Knöffels Veränderungen ein neues Gesicht. Halbrunde Wohnbauten ergänzten den Schlosshof harmonisch, schnurgerade Zufahrtsstraßen, gesäumt von einheitlichen zweistöckigen Häusern, rundeten das Ensemble ab. Die Neubauten dienten der Beherbergung der vielen Mitarbeiter, die im Schloss Anstellung gefunden hatten, sowie der Unterbringung des Hofes.

Jenseits des Schlossparks entstand ein eigenes Viertel, die Mariannenvorstadt, benannt nach einem kleinen Schloss, das Heinrichs Frau als Rückzugsort dienen sollte, wenn der König in Pförten weilte. »Dieser groß angelegte Ausbau ging mit der Anlage neuer Manufakturen, mit der planmäßigen Ansiedlung von Handwerkern, Hofbediensteten und Kunsthandwerkern einher – die Quellen notieren Möbeltischler, Seifensieder, des weiteren Tabak- und Tapetenmanufakturen sowie eine Buchdruckerei. Sie wurden an der Hauptstraße (Forster Straße) und in der Mariannenvorstadt angesiedelt, wo sie eine große Minderheit in der ansonsten bäuerlichen, im Schloss zu Hand- und Spanndiensten verpflichteten Bevölkerung bildeten.«[65]

Später weitete Heinrich sein Engagement auf die nahe gelegene Tuchmacherstadt Forst aus. Er erwarb 1746 ihre Standesherrschaft, vereinigte sie mit Pförten und nahm, nachdem sie ein Großbrand 1748 weitgehend vernichtet hatte, mithilfe von Knöffel ihren Wiederaufbau in Angriff. Nach 1750 gründete er dort eine Tuch- und Leinenmanufaktur. Jan Klussmann, Historiker und Leiter des Stadtarchivs Forst, stellte in diesem Zusammenhang fest, wie engagiert Marianne ihrem Mann bei Entscheidungen zu Um- und Neubauten zur Seite stand. Sie betrachtete die Anwesen ihres Mannes nicht als Privateigentum, sondern wusste dank ihrer Herkunft um die Funktion seiner Stellung und arbeitete ihm bewusst zu.« Eine gleiche Zielsetzung wie ihr Gatte verfolgte die Gräfin im August 1748 in ihren Anmerkungen zum Knöffelschen Bebauungsplan. Sie waren auf den Neubau eines neuen, repräsentativen Postgebäudes fokussiert, damit für den Fall, dass ›ihro majestet der König ins künftige ihren weg über pförten nach polen nehmen wird […], selbige desto bequemer logiren könnten‹. Damit in Bezug dürfte der Vorschlag der offenbar praktisch und sparsam denkenden Frau gestanden haben, mit dem Bauschutt die Straße vom Amtshaus durch die Stadt zur Neißebrücke auszubessern – das beschrieb die damals kürzeste Passage durch Forst auf dem Reiseweg zwischen Dresden und Pförten, auf der man zugleich die öffentliche, durch die schmucklose westliche Vorstadt und die enge Eloische Gasse führende Zufahrtsstraße umfuhr.«[66]

Auch in Bezug auf Nischwitz finden sich Hinweise auf die Einflussnahme Mariannes, beispielsweise bei der Erstellung des dortigen Lustgartens: »Zu seiner zeitlichen Einordnung kann festgestellt werden, dass er wohl Ende 1750 entstanden sein muss, denn er [der Gartenplan] zeigt am westlichen Ende der Anlage ein Heckentheater, welches nicht ausgeführt wurde, da an dieser Stelle bis heute ein Aha[67] mit Pavillons zu finden ist. Dieses Gestaltungselement folgte einem Vorschlag der Gräfin von Brühl, den sie im Juli 1750 Heinecken machte. Ein anderer Gestaltungsvorschlag, den die Gräfin in demselben Brief unterbreitet hatte, ›ein Hufeisen

[…] in Nischwitz an der Mulde‹, ist in diesem Plan allerdings schon ausgeführt.«[68]

Eindrucksvoll wirkten auf die Zeitgenossen Heinrichs Gemälde und seine 42 000 Bände umfassende Bibliothek. Nach seinem Tod verkaufte der Dresdner Hof die Bilder 1769 an Katharina II. für ihre private Kunstsammlung, die heute auf das Prächtigste in der St. Petersburger Eremitage präsentiert wird. Hin und wieder werden in ausgesuchten Kabinettsausstellungen ausgewählte Bestände aus Heinrichs Sammlung gezeigt, so etwa 1971 unter dem Titel »Kollekzija G. Briulja« (Die Sammlung H. Brühls) Rötelzeichnungen und Vorstudien von Rembrandt, Tizian und Tintoretto.

Die Bibliothek hingegen blieb in Sachsen und wurde Teil der Landesbibliothek. Wie die Wissenschaftlerinnen Maria Lieber und Josephine Klingebeil-Schicke herausfanden, sorgten sie dort für nachhaltig Aufwertung der Sammlung: »Within a few years the modest book collection became one of the main German libraries. […] Brühl's wealth enabled him to acquire luxury works, prints folios, *exemplaires regles*, and prestigious manuscripts with the goal to create a universal library with a major emphasis on works in the arts and sciences.«[69] Eine »Universal-Bibliothek« hatte Brühl vorgeschwebt, eine Ansammlung von Wissen und Nachdenken auf der Höhe seiner Zeit. Bei ihrer Zusammenstellung folgte er, ähnlich wie beim Erwerb von Gemälden und anderen Kunstwerken, den Ansprüchen des Dresdner Hofs.

Durch das Renommee des sächsischen Herrscherhauses wuchs, wie Martin Schuster auf der Tagung 2014 hervorhob, europaweit das Interesse der Kunsthändler an der Elbestadt. Dabei spielte Heinrich eine Schlüsselrolle: »Heinrich Graf von Brühl gehörte in der

Ein Service für den Premier

Mitte des 18. Jahrhunderts zu den wichtigsten Kunstsammlern in Dresden, in Sachsen und sogar im Alten Reich. Am Dresdener Hof hatte sich ein europaweit tätiges Netzwerk von Kunstagenten etabliert, an dessen Spitze nominell Brühl stand. Mithilfe dieser Organisationsform gelangten Gemälde aus ganz Europa in die Residenzstadt und machten die kurfürstlich-königliche Bildersammlung zu einer herausragenden ihrer Art. Davon profitierte auch Brühls eigene Gemäldegalerie.«[70]

Jenny Brückner hielt in ihrem Tagungsbeitrag unter dem ansprechenden Titel »Ein vornehmer Herr hat ein Kabinett …« fest, wie ansteckend das Streben des sächsischen Hofes auf die Bürger der Stadt gewirkt habe. »Eine Sammelleidenschaft wie bei den sächsischen Kurfürsten oder Graf Brühl fand in einem anderen Maßstab eben auch in der Bevölkerung Dresdens Nachahmung.«[71] Sie verweist auf die überraschend hohe Zahl von 250 bislang kaum bekannten privaten Sammlern des 18. Jahrhunderts. Ihrer Leidenschaft verdanke Dresden die Vielfalt seiner Kunstschätze, die heute Anziehungspunkt für Kulturliebhaber aus aller Welt sind.

Überraschend die Ausführungen Ute Kochs über die Gobelins und Tapisserien der Familie Brühl, mit denen sich die Forschung bisher kaum beschäftigt hatte: »Heinrich Graf von Brühl verfügte über einen sehr umfangreichen Bestand an Tapisserien, die aus den angesehensten französischen Manufakturen stammten. Die besprochenen Folgen deckten verschiedene Darstellungsbereiche ab, angefangen von den Jahreszeiten über den Ruhm Ludwigs XIV. bis hin zu Landschafts- und Tiermotiven nach Oudry.«[72]

In der Mehrzahl seien die Gobelins Geschenke des französischen Hofs gewesen, was einem einfachen Grafen gegenüber ungewöhnlich gewesen sei, doch als Verantwortlicher für die Porzellanmanufaktur habe Brühl schließlich beliebte Tauschobjekte anzubieten gehabt. »Entsprechend revanchierte sich Brühl mit einer ebenfalls sehr großzügigen Gabe beim französischen Außenminister: Im Januar 1747 wurde diesem ein sehr umfangreiches Porzellanservice übersendet, welches zudem noch 120 Figuren und 46 Vasen für die Desserttafel umfasste.«[73]

Immer wieder stellte sich die Frage, wie es Heinrich und seiner Frau gelang, ihre Ausgaben zu finanzieren. Dieser Frage ging auch die Kommission nach, die nach dem Tod Augusts III. eingesetzt wurde, um die Umsätze des Hofes zu prüfen. Idealerweise sollten die Einnahmen aus den Gütern sowie die Bezüge als Untergebener des Königs sämtliche Ausgaben für die Umbauten decken. Allerdings sei das bei Heinrich, wie Aurin-Miltschus festhielt, oft nicht möglich gewesen. »Die Vernehmungen und Verteidigungsschriften Karl Heinrich von Heineckens geben Auskunft darüber, dass dies bei den Besitztümern des Grafen Brühl nicht gelang. Heinecken gibt an, dass immer mehr verbaut als eingenommen worden war. In Nischwitz sollen die Ausgaben besonders hoch gewesen sein. Nach Heineckens Schätzung wurden 200 000 Taler verbaut.«[74]

Walter May, der sich im Zuge seiner Dissertation 1968 zu Nischwitz mit derselben Frage beschäftigte, kam zu dem Schluss, dass Heinrich den größten Teil der Baukosten aus Schenkungen des Königs und anderen Erlassen wie Bauerleichterungen, Baubegnadigungen und unentgeltlichen Entnahmen von Baumaterialien aus königlichen Brüchen und Waldungen bestritten habe.[75] Entsprechende Hinweise finden sich auch bei Vogel und

Ein Service für den Premier

Fellmann.[76] »Der Aufwand des Brühlschen Haushaltes im engeren Sinne ist feststellbar. Die Gräfin Brühl verfügte jährlich über 24 000 Taler zur Begleichung der Lieferantenrechnungen und der Entlohnung des Personals sowie über ein ›Handgeld‹ von 12 000 Talern, gedacht vor allem für die Garderobe, insgesamt also über 36 000 Taler. Ebenfalls 36 000 Taler jährlich gab Brühl für seine Garderobe aus, für die Sammlungen und den Wein. Damit verschlang der Haushalt 72 000 Taler pro Jahr. Das charakterisiert eigentlich den Lebensstil der Brühls hinlänglich. Nur: Bei einem Sold von knapp 90 000 Talern waren die Ausgaben ohne Manipulationen zu decken. Die Einkünfte aus den sächsischen Besitzungen beliefen sich auf jährlich 50 000 Taler, die aus den polnischen Besitzungen (in den besten Jahren) sogar auf etwa 100 000 Taler, also war noch genügend Überschuss vorhanden, um etwa einen Bau zu finanzieren oder ein Gut zu erwerben.«[77]

Fest steht, dass die Brühls fortlaufend bemüht waren, ihre Einkünfte in die Verschönerung ihrer Umgebung zu investieren, sei es in architektonische Veränderungen, sei es in Sammlungen oder Ausstattungen, die der Repräsentation des Hofes dienlich waren. Bei persönlichen Auftritten achteten sie auf eine perfekte Erscheinung und angemessene Garderobe. Sie wirkten märchenhaft reich, gaben Gesellschaften in großem Stil und hatten das schönste Service aller Zeiten. Gleichzeitig entwickelten sie sich im Schatten Augusts III. zu eigenständigen Mäzenen und Kulturförderern. Entsprechend merkt Fellmann an: »August der Starke sorgte selbst für die Repräsentation seiner Macht, und das ausgiebig. Sein Sohn Friedrich August II. fand es bequemer, das seinem Minister zu überlassen, und ließ ihm darin auch finanziell völlig freie Hand. Die Kritik muss also auf halbem Wege steckenbleiben, und es wird schwierig, Maßstäbe zu finden, wo der Aufwand privat und wo er öffentlich war. Man kann die Art und Weise der Amtsführung mit Recht anfechten. Aber ist es deshalb schon legitim, den dabei getriebenen Aufwand als ›privat‹ zu führen und einzuklagen?«[78]

Krieg mit Preußen

All diese Entwicklungen fanden mit dem Einmarsch der Preußen ein jähes Ende. Im Zuge der Streitigkeiten um die österreichische Erbfolge fiel Friedrich II. Ende August 1756 ohne Kriegserklärung in Sachsen ein. Nach einem verzweifelten Versuch, sich mit seiner vollkommen unvorbereiteten Armee gegen den Angriff zu wehren, kapitulierte August III., floh mit seinem Hof nach Warschau, und das Land geriet unter preußische Verwaltung.

Maria Josepha, unterstützt durch Marianne, suchte Widerstand gegen die feindlichen Truppen zu leisten, blieb mit Sohn Friedrich Christian und dessen Familie in Dresden und verwehrte General Friedrich von Wylich (1706–1770) mutig den Zugang zum königlichen Geheimarchiv. Zwar konnte die Königin sich nicht durchsetzen und geriet schließlich unter feindliche Kuratel, doch ihr couragiertes Auftreten hinterließ bei den Sachsen tiefen Eindruck. Gut ein Jahr nach Beginn des Krieges starb sie, getrennt von ihrem Gatten, in Dresden und wurde in der Hofkirche beigesetzt.

Zu diesem Zeitpunkt war Friedrich II. längst weiter gegen Österreich gezogen und hatte Kaiserin Maria Theresia (1717–1780) wesentliche Teile Schlesiens abgenommen. In den Schlachten von Lobositz (1756), Prag (1757), Roßbach (1757), Leuthen (1757), Zorndorf (1758), Liegnitz (1769), Torgau (1760) und Burkersdorf (1762) stellte er seine militärische Überlegenheit unter Beweis. In Kolin (1757), Hochkirch (1758) und Kunersdorf (1759) unterlag er jedoch seinen Gegnern und verlor damit den Nimbus des Unbesiegbaren. Aufgrund des Regierungswechsels in Moskau – Katharina II. bestieg 1762 den Zarenthron und nahm die Allianz mit Wien nicht wieder auf – wurden nach sieben Jahren endlich Friedensverhandlungen zwischen Österreich und Preußen eingeleitet. Die neuere Geschichtsforschung arbeitete heraus, dass Friedrich II. seine Kriegsziele nicht erreicht habe. Erfolgreich sei der »Frieden von Hubertusburg« (1763) lediglich für den zu diesem Zeitpunkt noch akut bedrohten sächsischen Staat gewesen, da er den Auseinandersetzungen ein Ende bereitete.

Eine herausragende Rolle bei den Friedensverhandlungen spielte Thomas Fritsch (1700–1775), den August III. von seinem Warschauer Exil aus als Bevollmächtigten eingesetzt hatte. Da dem König an einem raschen Friedensschluss lag, verzichtete er wohlweislich auf die Aushandlung von finanziellen Entschädigungen für Sachsen und erreichte, dass die Besatzungsmacht unverzüglich das Land verließ. Fritsch leitete später auch das Wiederaufbauprogramm des Landes, Rétablissement genannt.

Der Schaden, den Preußen mit dem Krieg angerichtet hatte, war groß, die Zahl der Toten kaum zu bemessen. Umgekommen oder verwundet seien, so ist bei Fellmann zu lesen, etwa 40 000 Sachsen, darunter zahlreiche Zivilisten. Allein 400 Zittauer hätten bei der Bombardierung ihrer Stadt 1757 den Tod gefunden. Hinzu kamen die sächsischen Soldaten, die für ihre Besatzer kämpfen mussten: »Preußen könnte an die 30 000 Rekruten ausgehoben haben, und die nicht wiederkehren, liegen als ›Preußen‹ auf den Schlachtfeldern begraben. Zehntausende Sachsen schlossen sich den Armeen der Verbündeten an. Allein im französischen Heer stehen 1758 9300 Sachsen; wer fällt, der fällt als ›Franzose‹. Da in den Kriegsjahren 120 000 Personen mehr sterben und 20 000 weniger geboren werden als in einer vergleichbaren Friedenszeit, liegt der Bevölkerungsverlust bei 140 000, das sind bei 1,7 Millionen Einwohnern rund 8 Prozent.«[79]

Hinzu kamen die materiellen Kriegsschäden. Zeitgenossen setzten sie bei einer Summe von dreihundert Millionen Taler an. Allein die Belagerungen Dresdens führten zum Verlust von achthundert Häusern, darunter öffentliche Gebäude, Palais und fünf Kirchen. Weitere Kriegslasten betrafen die Einquartierungen mit Versorgung der feindlichen Soldaten, zu leistende Schanzarbeiten, Transporte mit Pferden und Wagen beziehungsweise deren Requirierung. Sachsen diente nicht zuletzt als materielle Basis für Preußens Kriegsführung: »Was ist aus Sachsen gepreßt worden? Preußen will in diesem Kriege 139 Millionen Taler ausgegeben haben. Davon brachte Schlesien 18 Millionen Taler auf, das verbündete England 27 Millionen Taler und das besetzte Sachsen – 48 Millionen Taler oder mehr als ein Drittel.«[80]

Nachhaltiger Schaden erwuchs Sachsen aus der Münzverschlechterung. Gleich zu Kriegsbeginn übertrug Friedrich II. die Pacht der Leipziger Prägeanstalt seinem Bankier Veitel Heine Ephraim (1703–1775), der den Taler über die sieben Jahre hinweg systematisch entwertete. »Statt 12,5 Taler wurden aus der Mark Silber

Ein Service für den Premier

im Handumdrehen 19 Taler, dann 33 ⅓ Taler, schließlich 45 Taler und zuletzt gar 48 Taler.«[81] Nach Friedensschluss war das Land gezwungen, die »Ephraimiter« einziehen und einschmelzen zu lassen. Erstattet wurde den Eigentümern lediglich der Metallwert. Das Verhältnis lag bei 4:1.

Auch die Porzellanmanufaktur verschonte Friedrich nicht: »Wie kaum anders zu erwarten, haben die Preußen auch das in Meißen und im Dresdener Lagerhaus vorrätige Porzellan beschlagnahmt. Es dürfte einen Wert von einer Million Taler repräsentieren. Ob Friedrich II. das nicht abzuschätzen wußte oder nur rasch zu Geld kommen wollte, bleibt offen: Er verschleuderte das Porzellan für ganze 120000 Taler an den Spekulanten Schimmelmann [...].«[82]

Immerhin verweigerte manch Porzelliner dem Preußenkönig stolz die Gefolgschaft: »Mit den Meißener Manufakturarbeitern geht es ihm wie mit den sächsischen Soldaten: Er möchte sie auf preußischer Seite haben, aber sie wollen nicht. Höroldt, der berühmteste Porzellanmaler seiner Zeit, zerstört die von ihm verbesserten Muffelöfen und geht zusammen mit einigen Meistern ins neutrale Hessen, um nicht für Preußen arbeiten zu müssen. Nahezu 300 Arbeiter bleiben, aber das Produktionsgeheimnis erfährt Friedrich II. nicht von ihnen; die meisten kennen es selbst nicht, und die mit ihm vertraut sind, erweisen sich als unbestechlich.«[83]

Seinen besonderen Zorn richtete der Preußenkönig gegen Heinrich und seine Familie. Der Premierminister floh im Gefolge des Königs nach Warschau, auch die Kinder waren außer Landes gebracht worden, Marianne hingegen blieb in Dresden: »Man mutet mir sogar zu, die Stadt zu verlassen und auf eins der Güter zu gehen, das hing aber nicht von mir ab, weil ich bei der Königin bleiben sollte, und den Posten verlasse ich nur, wenn man mich mit Gewalt davontreibt«[84], schrieb sie aufgebracht ihrem Sohn Alois Friedrich.

Nach seinem Einmarsch in die Elbmetropole wies Friedrich II. sie an, ihr Palais zu verlassen, und bezog dort selbst Quartier. Nachdem er das Haus im März 1757 wieder geräumt hatte, kehrte Marianne zurück und gab selbstbewusst die Schäden, die er hinterlassen hatte, zu Protokoll. Verschwunden waren zwei Statuen im Garten, sechs metallene Vasen und etwa achttausend Bücher. Friedrich II. reagierte mit wütenden Drohungen: »Es gibt nichts Einfacheres, als sich zu rächen, wenn man es will. Es soll Ihnen genügen, zu wissen, dass ich dazu im Stande bin und dass Ihr Mann und Sie meine Geduld nicht ausnützen sollten, sonst werden Sie entsetzliche Folgen zu spüren bekommen«[85], schrieb er ihr am 1. April 1757 in französischer Sprache. Auf seine ausdrückliche Anordnung hin folgte Marianne ihrem Mann schließlich nach Warschau, wo sie 1762 starb.

Am 20. Oktober 1757 bezog der Preußenkönig vier Tage lang Quartier in Brühls Anwesen in Grochwitz. Nach seinem Abzug ließ er sechs Wagen voll Möbel und Einrichtungsgegenstände abfahren und das Schloss demolieren. Der Verwalter des Hauses Pannier teilte der Familie in seinem Bericht mit, die Soldaten hätten sämtliches Getreide und Vieh mitgenommen, die Türschlösser abgebrochen, Fenster eingeschlagen, Dielen aufgerissen. Der Park mit seinen Statuen und eigens angelegten Blickachsen bot ein Bild der Verwüstung. Als die Soldaten einen Ort weiter keine Käufer für die Spiegel, Kommoden und Tische fanden, sei die gesamte kostbare Einrichtung zerschlagen und verbrannt worden. Pannier bezifferte den entstandenen Schaden auf 34 503 Taler.[86]

Auch Brühlsche Anwesen, auf denen Friedrich II. kein Quartier bezogen hatte, befahl er zu plündern und zu zerstören. In seinen Anweisungen nannte er das: »für Unruhe sorgen«.[87] Infolge dieser Order erreichte Oberstleutnant Johann von Mayr (1716–1759) am 20. Januar 1758 Nischwitz und begann sein Werk der Vernichtung. Nachdem man Möbel, Figuren, Vasen und Porzellan abtransportiert und Vieh und Getreide beschlagnahmt hatte, gingen die Soldaten daran, das Schloss selbst zu zerstören. Sie rissen im Saal das Parkett aus dem Boden, schlugen Fenster und Spiegel ein, zertrümmerten die sorgsam bemalten Paneele. Wieder versuchte Marianne, Widerstand zu leisten, und beschwerte sich bei Friedrich II. in einem ausführlichen Brief. In seiner Antwort behauptete der König, er trage für das Zerstörungswerk keinerlei Verantwortung, die Dorfbewohner hätten den Schaden angerichtet.

Im September 1758 gab Friedrich II. schließlich den Befehl, Schloss Pförten zu zertrümmern. Am 5. September 1758, 16 Uhr, rückte General Detachent mit zweihundert Soldaten an, ließ das Haus ausräumen, insbesondere den Weinkeller, und zündete es anschließend an. »Unter dem Dache wurden an 12 verschiedenen Orten Haufen von Holz und Stroh hingelegt, desgleichen auch im untersten Tafelzimmer«, protokollierte Bettmeister Fiebiger. »Also wurden die Haufen alle im Schloß angezündet, und der Commandeur verbot zugleich, daß kein Mensch sich unterstehen solle, zum Löschen an das Schloß zu gehen, wenn er nicht die Kugel in den Kopf geschossen haben will.«[88]

1759 ließ Friedrich II. das Belvedere auf der Brühlschen Terrasse in Dresden abtragen. Von dem anmutigen Rokokobau blieb nur ein Haufen Steine übrig. Fellmann schreibt, der König habe vom anderen Elbufer per Fernrohr die Ausführung seiner Befehle verfolgt.[89] Im Juli 1760 schließlich war Schloss Oberlichtenau an der Reihe. Preußische Soldaten plünderten auf Befehl das Haus und zerstörten weitgehend die Innenausstattung.

Das Verhalten Friedrichs II. zeugte nicht gerade von Größe. Heinrich versuchte sich von Warschau aus zur Wehr zu setzen, informierte Journalisten verschiedener europäischer Zeitungen über das Verhalten des Königs, die darüber berichteten. 1761 ließ er ein Kupferstichwerk herstellen, ein Abbild des zertrümmerten Belevedere auf dem Titelblatt. Darunter ist zu lesen: »Détruit de fond en comble par ordre des S.M. Le Roi de Prusse« (Auf Befehl Seiner Majestät des preußischen Königs von oben bis unten zerstört).[90]

Nach dem Ende des Krieges kehrte August III. im April 1763 nach Dresden zurück. Er war Anfang des Jahres schwer erkrankt, doch die Aussicht auf das Wiedersehen mit seinem Heimatland schien ihn zu beleben. Zu seiner Begrüßung hatte der Hof in der Elbestadt eine Ausstellung organisiert. Gezeigt wurden die Gemälde, die man zu Beginn des Krieges auf der Festung Königstein in Sicherheit gebracht hatte. Bei der feierlichen Eröffnung durch den König schien das einstige gesellschaftliche Leben wieder aufzublühen, doch davon konnte in dem verwüsteten Land keine Rede sein. Es fehlte an allen Ecken und Enden an Geld und Kräften zur Restitution.

Trotzdem versuchte der Hof, gute Stimmung zu verbreiten, und beging das traditionelle Fest des Ordens

Ein Service für den Premier

des Weißen Adlers am 3. August 1763. Im wiederhergestellten Zwingertheater wurde die Oper »Siroe« von Johann Adolph Hasse (1699–1783) aufgeführt, und auch der 30. Jahrestag der Königswahl Augusts III. im Oktober sollte gebührend gefeiert werden, wofür eigens eine Galaaufführung von »Leucippe« angesetzt wurde. Doch nach der morgendlichen Messe in der Schlosskapelle erlitt der König einen Schwächeanfall und musste sich hinlegen. Eilig wurde der Arzt gerufen, der Beichtvater kam, und nur engste Bedienstete leisteten dem Regenten Beistand. Am Nachmittag schien es ihm wieder besser zu gehen, das Zeremoniell nahm seinen Lauf, die Sänger machten erste Stimmproben, die Musiker stimmten ihre Instrumente, und die Schauspieler kleideten sich in ihre Kostüme, doch während die ersten Gäste in den Theatersaal strömten, trat der Tod des Königs ein. Er starb am 5. Oktober 1763 um 17 Uhr 37.

Heinrich war im Gefolge des Warschauer Hofes nach Dresden zurückgekehrt, doch auch ihm ging es gesundheitlich nicht gut. Der Tod seiner Frau im Jahr zuvor hatte ihm stark zugesetzt und das chronische Asthmaleiden verstärkt. Auch seine Brüder waren inzwischen alle gestorben. Er litt unter der Einsamkeit und den Folgen des Alters. Im Juli hatte er den König zu seiner traditionellen Kur nach Teplitz begleitet, doch die frische Luft, die heilsamen Bäder und Liegeverordnungen schlugen nicht an. Im Herbst erkrankte Heinrich so schwer, dass am 17. September in allen Dresdner Kirchen Bittgottesdienste für ihn abgehalten wurden.

Nach dem Tod des Königs legte er sein Amt als Premierminister und damit auch seine Verantwortung für die Porzellanmanufaktur nieder und zog sich nach Pförten zurück. Da sein Verhältnis zu Thronfolger Friedrich

Christian (1722–1763) nie das beste war, konnte er nicht damit rechnen, weiter am Dresdner Hof gebraucht zu werden. In der Standesherrschaft Forst hingegen wurde er wohlwollend aufgenommen. Die Bürger hatten sein Engagement für die Stadt beim Wiederaufbau nach dem Großbrand von 1748 nicht vergessen. Auch für die Revitalisierung des Tuchmachergewerbes zollten sie ihm Anerkennung.

Als Heinrich kurze Zeit später – 21 Tage nach dem Tod Augusts III. – am 26. Oktober 1763 starb, wurde er in Forst beigesetzt. Eigentlich hatte er in seinem Testament 1762 bestimmt, in Pförten beerdigt zu werden, doch ein hierzu notwendiges Kodizill wohl nicht rechtzeitig verfassen können, so Archivar Klussmann. Die Gruft mit seinem Sarg befindet sich in der auf dem Marktplatz zentral gelegenen Kirche St. Nicolai. Heinrich hatte sie nach dem Stadtbrand von seinem Haus- und Hofarchitekten Knöffel errichten lassen.

Brühls an preußischen Höfen

Prozess und Abschied von Sachsen

1763–1791

Ende des augusteischen Zeitalters

Nach Heinrichs Tod ließ Kurfürst Friedrich Christian alle Papiere versiegeln, konfiszierte dessen Güter und verhaftete sämtliche Mitarbeiter. In einem Gerichtsverfahren suchte er Heinrich in Abstimmung mit Fritsch für Sachsens Niedergang zur Verantwortung zu ziehen, doch das war unmöglich. Alle seine Einkünfte aus der Staatskasse waren vom König bestätigt worden. »Man begnügte sich also damit, das Brühl gehörende Barvermögen einzubehalten, die Palais zu Gunsten des Staates einzuziehen. Die Ländereien mussten der Familie zurückgegeben und die verhafteten Beamten auf freien Fuß gesetzt werden. Der Haupterbe, der älteste Sohn des Ministers, Alois Friedrich, erklärte, dass er sich als Pole betrachte, und ließ sich in Polen nieder.«[91]

Der Schreck saß trotzdem tief. Aufgewachsen mit einem Vater, der über Jahrzehnte eine der einflussreichsten Persönlichkeiten in Sachsen und Polen gewesen war, den sie als überaus arbeitsam und gleichzeitig als zugewandten, warmherzigen Mensch wahrgenommen hatten, sahen sich seine Kinder nun plötzlich mit einer Anklage konfrontiert, die ihn und damit die Familie unter Generalverdacht stellte. Den Briefen der Mutter aus Warschau hatte man entnehmen können, dass die Eltern dort in finanzielle Not geraten waren. Der König konnte während des Krieges naturgemäß keine regelmäßigen Gehälter auszahlen, Heinrich hatte Schulden machen, Marianne ihren Schmuck verkaufen müssen. Sie fürchtete, den Söhnen ihre Ausbildung nicht weiter finanzieren zu können. Dies alles hatte gewiss zu ihrem Tod in der Fremde beigetragen.

Doch nun waren die sieben leidvollen Jahre vorüber. Endlich herrschte wieder Frieden, die Familie konnte in ihr Heimatland zurückkehren. Eine Kommission unter der Leitung von Fritsch, die Heinrich selbst bestimmt und eingesetzt hatte, das sogenannte Rétablissement, erfasste die Schäden, die der Krieg hinterlassen hatte, und half dem Land und seiner Bevölkerung allmählich wieder auf die Beine.

Gleichzeitig war der Vater schwer krank, seine Kinder sorgten sich um ihn. Dann starb der König, der Thronfolger hatte keine Verwendung mehr für den Premierminister, und Heinrich zog sich nach Pförten zurück, wo er das Zeitliche segnete. All das geschah innerhalb weniger Wochen. Die Kinder – der Älteste war zu diesem Zeitpunkt 24 Jahre alt – hatten kaum begriffen, dass der Vater nicht mehr lebte, da setzte schon die Konfiszierung ein, die Verhaftungen langjähriger Mitarbeiter und Getreuer, der Prozess. Von einem Tag auf den anderen war die Familie mittellos, hatte keine Wertgegenstände mehr, kein gesichertes Zuhause.

Hinzu kamen die Schuldgefühle: Die Familie habe sich persönlich bereichert, hieß es in der Anzeige, habe Sachsen immense Verluste zugefügt. Nicht mehr der beste Staatsdiener sollte Heinrich gewesen sein, sondern ein Verräter und Betrüger. Gerade die Regierung, der er ein Leben lang gedient hatte, habe durch seinen Einfluss dauerhaften Schaden genommen. Der Fall war tief, die Wirkung niederschmetternd.

Nie wieder hat sich die Familie von diesem Sturz erholt. Bis heute muss sie sich mit einer solchen Darstellung auseinandersetzen. Bekannt ist sie nicht für die diplomatischen Leistungen ihres Vorfahren, seine Loyalität, die sinnstiftende Wirkung auf dem Gebiet der Künste, die Aufträge an die Porzellanmanufaktur oder die aufwändigen baulichen Erneuerungen, die er vornahm, sondern für seine angebliche Verschwendungssucht und den Vorwurf, er habe dem Land und seinem König durch seine Vorgehensweise vorsätzlich geschadet.

Friedrich II. hatte ganze Arbeit geleistet. Er überlebte Heinrich um 23 Jahre und revidierte sein Urteil nie. Jahrhunderte blieb es unwidersprochen. Obwohl der Premierminister in dem Verfahren freigesprochen worden war, wurde er nicht rehabilitiert. Nie wieder wurde einem Mitglied seiner Familie eine staatstragende Aufgabe in Sachsen übertragen. Keiner bekam je wieder Gelegenheit, sich für dieses Land politisch zu engagieren.

Die historisch-politischen Gegebenheiten, die – zufällig oder nicht – nach Heinrichs Tod in Dresden herrschten, machten die Lage noch schwieriger. Schon als Kind durch Krankheit und Lähmungserscheinungen beeinträchtigt, konnte Kronprinz Friedrich Christian nicht richtig laufen und war zeitlebens auf einen Rollstuhl angewiesen. Seine Mutter soll ihn daher ermutigt haben, Geistlicher zu werden und zugunsten seines jüngeren Bruders auf den Thron zu verzichten. Doch August II. hatte seinen Enkel geliebt. Schon als Kind zog er ihn den jüngeren Brüdern vor, und Friedrich Christian fühlte sich darin bestätigt, seine Position keinesfalls aufzugeben.

Auch die Heiratspolitik, die an ihm vollzogen wurde, sollte dazu dienen, die Nähe Sachsens zur kaiserlichen Familie aufrechtzuerhalten. 1747 ehelichte er mit 25 Jahren seine Cousine Maria Antonia von Wittelsbach (1724 bis 1780), die älteste Tochter des bayrischen Fürsten und späteren Kaisers Karl VII. (1697–1745), eine an europäischen Höfen hochbegehrte Prinzessin. Sie hatte eine hervorragende Ausbildung genossen, war Sängerin und Cembalistin, verfasste Texte und komponierte Opern. In der Nähe von Naundorf gründete sie 1763 eine Kattunfabrik und war ab 1766 Eigentümerin des bayerischen Brauhauses in Dresden.

Ein Jahr nach der Hochzeit wurde ihr erstes Kind geboren, dem weitere acht folgten, von denen sechs das Erwachsenenalter erreichten, darunter ein würdiger Kurprinz namens Friedrich August (1750–1827). Selbstverständlich trat Friedrich Christian die Thronfolge an.

Der neue Kurfürst hatte sich der Aufklärung verschrieben. Bereits als Kurprinz vermerkte er in seinem Tagebuch, die Fürsten seien für ihre Untertanen da und nicht umgekehrt, was grundsätzlich für ihn sprach. Jetzt suchte er sich allerdings von der Regentschaft seines Vaters und seines Großvaters abzugrenzen. An Heinrich, der in seinen Augen für deren absolutistisches Regime stand, wollte er ein Exempel statuieren. Metasch argumentierte dazu 2014 auf der Dresdner Tagung: »Geht man davon aus, dass die Steuern in der Ära Brühl wirklich das Land wirtschaftlich behindert, ja sogar ausgeblutet haben, dann bleibt es ein Rätsel, wieso dann das Rétablissement mit einer beinahe fast ähnlich hohen Steuerbelastung wie unter Brühl zu den erfolgreichsten wirtschaftlichen Wiederaufbauprogrammen der deutschen Geschichte zählt. […] Zu bedenken ist auch, dass Friedrich II. aus dem durch die Brühlsche Steuerpolitik vermeintlich so übermäßig schwer geschädigten Land innerhalb von nur sechs Jahren noch weitaus mehr Geld herauspressen konnte, als der ganze Staat am Ende Schulden hatte. Und selbst unter diesen Vorbedingungen – die von den Zeitgenossen auf bis zu 300 Millionen Taler geschätzten Kriegsschäden gar nicht berücksichtigt – gelang es 1763, den Staatshaushalt wieder auf ein ausgeglichenes Fundament zu stellen. Knapp zehn Jahre später wurde 1774 sogar wieder ein erster Überschuss erzielt.«[92] Tragischerweise konnte Friedrich Christian von seinen Reformvorhaben keineswegs mehr profitieren. Als er nur wenige Monate nach dem Tod seines Vaters starb, war sein Sohn Friedrich August erst zwölf Jahre alt war, so dass stellvertretend für ihn Kurprinz Franz Xaver (1730–1806), Friedrich Christians jüngerer Bruder, gemeinsam mit der verwitweten Kurfürstin Maria Antonia die Geschäfte führte.

Diesem Kurprinzen war Heinrich noch unliebsamer als seinem Bruder. Er nahm den Prozess gegen dessen Nachfahren wieder auf und suchte ihre Position weiter zu schwächen. Hans von Krosigk, der für seine Biographie über Karl Brühl (1772–1837) Anfang des 20. Jahrhunderts das gesamte Archiv der Familie, insbesondere die Briefwechsel, durchforstet hatte, hielt fest: »Da griff aber nach dem Amtsantritt des Administrators Prinzen Xaver der kurfürstliche Hof, ohne die Bestimmungen König Augusts zu berücksichtigen und ohne Gründe anzugeben, in die Regulierung ein, legte auf den in Dresden befindlichen Mobilarnachlaß Beschlag und nahm alle Originalschriften und Dokumente an sich. […] Hierauf wurde im Mai 1765 unter dem Vorwande einer anzustellenden fiskalischen Klage auf Grund von ›dem Minister zur Last fallender Unordnung in öffentlichen Kassen‹ der ganze Brühlsche Nachlass in seiner Gesamtheit mit Beschlag belegt, was viele tausend Taler gekostet und die Brüder, weil sie von den ausgesetzten Kompetenzgeldern ihrer damaligen Einrichtung noch nicht leben konnten und eine außerordentliche Menge alter Diener des Vaters erhalten mussten, in schwere persönliche Schulden verwickelt hat.«[93]

Seinem Land tat Franz Xaver mit seinem harschen Wesen keinen Gefallen. Er verzichtete 1764 zugunsten Stanisławs II. August Poniatowski (1732–1798) auf die polnische Krone, womit er bei der verwitweten Kurfürstin auf heftigen Widerspruch stieß. In der Folge wurde Sachsen zwischen den Großmächten Russland, Österreich, Preußen und, nicht zuletzt, Frankreich über die Jahrhundertwende aufgerieben. Obwohl Kurfürst Friedrich August, der 1798 endlich die Thronfolge antrat, konservativ war wie sein Großvater, konnte er die Bedeutung, die Sachsen innerhalb Europas durch August II. erlangt und die August III. mit seinem Premierminister einigermaßen in der Balance gehalten hatte, nicht aufrechterhalten. Im Krieg gegen Napoleon Bonaparte (1769–1821) stand Sachsen erneut auf der falschen Seite und ging hoffnungslos unter, während der Befreiungskriege hielt sich der Kurfürst überflüssigerweise zurück, geriet in preußische Gefangenschaft und konnte gleich gar nichts gegen die Teilungen Polens ausrichten. 1791 vom polnischen Sejm zum König gewählt, amtierte er immerhin 1807–1815 als Herzog von Warschau und wurde 1806 als Friedrich August I. zum ersten König von Sachsen gekrönt. Sein Land zeigte für alle seine Entschlüsse Verständnis, die richtigen wie die falschen. Die Sachsen liebten diesen Herrscher, hießen ihn, zurück aus der Gefangenschaft, frenetisch willkommen und feierten ihn als »den Gerechten«.

Heinrichs Tochter Maria Amalie

Brühls Nachkommen mussten unter den veränderten Bedingungen sehen, wo sie blieben. Amalie, die einzige Tochter und Älteste der Geschwister, hatte sich der Position des Vaters und dem damit verbundenen dynastischen Denken unterzuordnen gehabt. Als sie 14 Jahre alt geworden war, verheiratete Heinrich sie mit Jerzy August von Mniszech (1715–1778), Hofmarschall in Warschau, und versuchte auf diesem Weg vermittelnden Einfluss auf die polnische Innenpolitik zu nehmen. Mniszechs Familie stammte aus Dukła, einem verschlafenen Städtchen am Rande der Karpaten, das sich Anfang des 17. Jahrhunderts zu einem florierenden Handelsstandort entwickelte, weil Mitglieder des polnischen Adels ihre besondere Vorliebe für ungarische Weine entdeckt hatten. Dukła lag nicht weit von der ungarischen Grenze entfernt und wusste diesen Bedürfnissen zuverlässig nachzukommen. Jerzy Augusts Vorfahren hatten hier Kirchen und ein prächtiges Schloss bauen lassen, das zwar dem Verfall preisgegeben war, doch der Hofmarschall ließ es samt der Parkanlage 1764 wiederherrichten und residierte dort mit seiner jungen Frau. Den beiden gelang es, Dukła zu einem kulturellen Mittelpunkt zu machen. Sie gründeten ein Theater und ein Orchester und riefen eine Freimaurerloge ins Leben, womit sie sich in Konkurrenz zu der polnischen Magnatenfamilie Czartoryski begaben, die ihrerseits aus ihrer Heimatstadt Puławy ein Kulturzentrum Polens machen wollte.

Maria Amalie wurde nur 35 Jahre alt, sie hinterließ eine Tochter, Jozefina Amalia (1752–1798), die den Magnatensohn Stanisław Szczęsny Potocki (1751–1805) heiratete und mit ihm elf Kinder hatte. Nach dem Tod seiner Frau ließ ihr Mniszech ein Grabmal errichten, das noch heute in der Kirche zu besichtigen ist. In matt schimmerndem Marmor liegt ihre Gestalt wie hingegossen auf einem Block aus schwarzem Stein.

Der polnische Schriftsteller Andrzej Stasiuk (*1960) machte die kleine Stadt zum Thema seines gefeierten Romans *Die Welt hinter Dukła* (1997) und beschreibt sie als einen magischen Ort, an den er nahezu zwanghaft immer wieder zurückkehren muss. Während er an Brühls kein gutes Haar lässt, scheint ihn der Anblick des Grabmals zu faszinieren: »Auf der schwarzen Truhe des Sarkophags ruht ihre Gestalt, in rosa Marmor gehauen. Amalia liegt auf dem Rücken, aber ihr Haupt ist zur Seite geneigt, als schlafe die Verstorbene. Der rosa Marmor ihres Mantels bildet eine kapriziöse, lebensechte Draperie.«[94] War Amalie möglicherweise der eigentliche Anlass für Dukłas unerklärliche Anziehungskraft?

In einem der letzten Kapitel erweckt der Schriftsteller die Grafentochter sogar zum Leben: »Und dann hörte ich ein Rascheln und sah, dass Amalia sich auf ihrem Lager aufgesetzt hatte. Ich spürte die Luftbewegung und den warmen Duft, der den uralten Geruch der Kirche durchdrang. Sie reckte sich. Die Haube rutschte ab, und das lange Haar floss auf ihre Schultern. Sie warf es zurück, stützte sich mit den Händen auf den Rand des Lagers und wandte das Gesicht dem offenen Fenster zu [...]. Mit sich selbst beschäftigt, noch verschlafen, festigte sie allmählich ihre Kontur im Innern der Juninacht. [...] Sie wuchs, wurde massiger, wurde schwer und heiß wie die greifbare Verkörperung eines obsessiven Gedankens oder die Antwort auf uralte Fragen.«[95] Nach Stasiuk steht Amalie für die Erinnerung an gestern und eine vage Hoffnung auf die Gegenwart. Das

Buch wurde seinerzeit als bestes Prosawerk in Polen gefeiert und erschien 2000 in deutscher Übersetzung.

Heinrichs Ältester Alois Friedrich

Alois Friedrich, seinen Ältesten, integrierte Heinrich ähnlich früh in der polnischen Szlachta. Geboren in Dresden, wurde der Junge nominell mit elf Jahren zum Starost von Warschau erklärt und verbrachte die meisten Lebensjahre an der Weichsel. Kraszewski verewigte ihn in seinem historischen Roman *Der Gouverneur von Warschau* (1885).

Gerade 13 Jahre alt geworden, wurde Alois Friedrich 1752 mit seinem Erzieher nach Leipzig geschickt, um dort die Schule zu besuchen. Zwei Jahre später ging er nach Leiden an die Universität und von dort aus auf Reisen nach England. Während seiner Abwesenheit riss Mariannes Briefwechsel mit ihm nie ab. 1754 schrieb sie ihm aus Warschau: »Wenn Polen ein Land ist, wo ein junger Mensch rasch vorwärts kommen kann, so ist es doch Tatsache, daß nicht das Verdienst ihn erhebt, und mich dünkt, es sei ein schlechter Trost, sich in hohe Stellungen durch Intrigen gelangt zu sehen, und sich dabei selber unwürdig oder unfähig für den Posten zu fühlen. Also, lieber Sohn, verschaffe Dir ein richtiges und gesundes Urteil über alles, was vorkommt, ›alles was glänzt ist nicht Gold‹, es gibt hier manches, was einen jungen Menschen blenden kann, doch mußt Du Dich dadurch nicht täuschen lassen, es heißt, ›der Name macht nicht den Soldaten‹.«[96]

Der Brief zeigt die eigenverantwortliche Haltung, die Mariannes Umgang mit ihren Kindern prägt. Neben

Zuneigung und Umsicht ging es ihr darum, sie auf alle erdenklichen Situationen des Lebens vorzubereiten und in ihrem Selbstverständnis die Bereitschaft und die Fähigkeit zu verankern, Treue zu üben, Befehle zuverlässig zu befolgen und Entscheidungen zu fällen.

1756 wurde Alois Friedrich aus Leiden abberufen, um sich mit den sächsischen Prinzen Franz Xaver und Karl (1733–1796) auf der Seite Österreichs am Siebenjährigen Krieg zu beteiligen. Er reiste nach Prag und begab sich am 26. November in den Dienst von Maximilian Ulysses von Browne (1705–1757), dem österreichischen Feldmarschall irischer Abstammung, der den Oberbefehl in Schlesien führte. Nach Brownes Tod rief der Vater seinen Ältesten zu sich nach Warschau und schickte ihn Anfang 1758 in diplomatischer Mission nach Sankt Petersburg.

Die Eheschließung von Alois Friedrich Anfang Februar 1760 in Krystynopol mit Maria Anna Klementyna Potocka (1743–1778), Mitglied einer der Magnatenfamilien Polens, die über die Wahl des polnischen Königs mitentscheiden konnten, war ähnlich politisch motiviert wie seine Bestimmung zum Starost. Alois Friedrich war bei seiner Hochzeit 21, seine Braut 17 Jahre alt.

Schon im Oktober erhielt der junge Mann erneut einen Auftrag von höchster Stelle. August III. schickte ihn mit seiner Frau an den österreichischen Hof nach Wien, um Josef von Habsburg-Lothringen (1741–1790), nominell ab 1765 Kaiser des Heiligen Römischen Reiches, die offiziellen Glückwünsche zu seiner Heirat zu überbringen. 1761 ernannte der König Alois Friedrich zu seinem Mundschenk sowie zum Krongeneralfeldzeugmeister.

Nach dem Tod seines Vaters verlor Alois Friedrich sämtliche Ämter. Er ging zurück nach Sachsen, um den

Vater zu bestatten und sich um das Familienerbe zu kümmern. Schließlich galt es, Verantwortung für seine Geschwister zu übernehmen. Hans Moritz, der Jüngste, war erst 17 Jahre alt und also noch einige Zeit lang minderjährig.

In seinem Testament hatte Heinrich verfügt, Schloss Pförten solle erbliches Majorat werden, das gesamtheitlich in die Verantwortung des jeweils ältesten Sohnes falle – ein klassisches Fideikommiss. Die anderen Güter sollten die jüngeren Söhne unter sich aufteilen oder das Los entscheiden lassen. Tochter Amalie sei, so stand es im Testament, bei ihrer Hochzeit bereits abgefunden worden. Ihr standen nur noch einzelne, gesondert aufgezählte Erinnerungsstücke zu.

Um dem Letzten Willen des Vaters gerecht zu werden und gleichzeitig den Forderungen aus Dresden entsprechen zu können, fixierten Alois und seine Brüder 1769 einen förmlichen Erbteilungsrezess, in dem sie das vom Vater verfügte Majorat annahmen, es auf die Herrschaft Forst und Pförten und das Gut Gangloffsömmern einschränkten und es mit einem Kapital von 50 000 Talern belegten. »Die drei jüngeren Brüder erhielten nach dem Lose die Güter, wie sie schon angeführt wurden. Dennoch wußte man im voraus nicht, ob diese Güter würden erhalten werden können, daher ließ man in den Erbvergleich einfließen, daß sämtliche Brüder sich freundbrüderlich vernehmen und alle Schulden des Vaters gemeinschaftlich bezahlen wollten.«[97]

Die beiden Dresdner Palais musste Alois dem kurfürstlichen Haus gegen eine vergleichbar geringe Summe abtreten. Heinrichs Gemäldesammlung und die Bücher der Familie gingen, wie schon erwähnt, in die Bestände Sachsens über. Krosigk formulierte den Tatbestand einigermaßen dramatisch: »Die ganze als unermesslich angenommene Hinterlassenschaft des Ministers schrumpfte also zusammen auf das nach damaligem Stande gerade noch lebensfähige Majorat für den ältesten Sohn, verhältnismäßig ganz unerhebliche darauf eingetragene Kapitalvermögen und Renten für die jüngeren Brüder und das kleine Seifersdorf für Hans Moritz, der als jung und noch längere Zeit unter Vormundschaft stehend, von vornherein mehr vor persönlichen Schulden bewahrt und deshalb etwas besser als die mittleren Brüder gestellt blieb.«[98]

Es grenzt an ein Wunder, dass sich die Geschwister in diesen Zeiten nicht zerstritten. Im Gegenteil, sie wuchsen enger zusammen, übernahmen Verantwortung füreinander und achteten darauf, dass der Jüngste besonders gut gestellt werde. Im Nachhinein lässt sich nicht mehr feststellen, ob sie sich aus reiner Güte dergestalt verhielten oder aus Pragmatismus. Die Lage muss derart kompliziert gewesen sein, der Druck von außen so immens, dass sie gar nicht darauf kamen, einer von ihnen könne bei dem Einigungsprozess übervorteilt werden. Das väterliche Erbe muss sich ihnen als unermesslich hoher Berg an Schulden, um nicht zu sagen, Schuld dargestellt haben, der sich nur gemeinschaftlich abtragen ließ.

Ähnlich verfuhren sie mit dem beweglichen Erbe wie Gemälden, Kupferstichen, Gobelins, Silber, Porzellan, Tapeten und Schmuckwaffen. Einvernehmlich vereinbarten sie, diese Schätze in Pförten zu verwahren, was insbesondere das Schwanenservice betraf, das hier geschlossen untergebracht wurde. Man geht davon aus, dass Heinrich 1758 rechtzeitig vor den Angriffen der Preußen auf sein Schloss gewarnt worden war. Wie seinem Briefwechsel mit Privatsekretär Heinecken zu entnehmen, hatte er 445 Kisten mit Kostbarkeiten wie Waffen, Silber, Bildern und Büchern packen und nach Hamburg sowie auf den Königstein bringen lassen. Nach seiner Rückkehr aus Warschau fanden sich alle diese Gegenstände nach und nach in Dresden und Pförten wieder an.

Das kostbare Familienservice erschien den Nachkommen auf den ersten Blick wenig wertvoll. Sie wussten, dass sie es nicht so häufig benutzen würden wie ihre Eltern mit ihren königlichen Gesellschaften und den zahlreichen Gästen, aber sie nahmen es selbstverständlich in ihren Besitz auf und verwahrten es sorgfältig. Nach den dramatischen Angriffen auf ihre Familie schien ihnen ein sorgsamer Umgang mit dem väterlichen Erbe jetzt umso wichtiger. Möglicherweise verbarg sich dahinter sogar die Hoffnung, ihre Schuldgefühle zu mindern.

Nachdem Poniatowski zum König gewählt worden war, wurden Alois neue Ämter am Warschauer Hof angetragen, und er kehrte umgehend zurück an die Weichsel. Er wurde General der königlichen Artillerie und gründete 1776 eine Artillerieschule. Während seiner Zeit in Polen konnte er in Młociny wohnen, einem kleinen Brühlschen Palais nördlich der Stadt, das direkt an der Weichsel gelegen war.

1778 starb Alois' junge Frau, er heiratete ein zweites Mal und verwitwete 1784 erneut. Dieser Ehe entstammte eine Tochter, Theresa (1784–1844). Sie war von berückender Schönheit, heiratete 1808 Franz Anton von Thun-Hohenstein (1786–1873) und zog zu ihm nach Teschen in Böhmen.

1790 zog der Erbgraf schließlich nach Pförten. Er war inzwischen 51 Jahre alt, und die Widerstände gegen seine Familie in Sachsen hatten sich einigermaßen beruhigt. Das Schloss war seit der Brandschatzung, die auf Befehl Friedrich II. erfolgt war, nach wie vor unbewohnbar, doch Alois konnte bequem in einem der beiden Seitenflügel unterkommen, da die lang gezogenen zweistöckigen Bauten, die den Ehrenhof schützend umgaben, so gut wie unbeschädigt geblieben waren. Schon Heinrich hatte hier nach seiner Rückkehr aus Warschau residiert.

Gleich nach der Zerstörung durch die Preußen war das Haupthaus durch eine notdürftige Abdeckung gesichert worden, erst später erhielt es ein behelfsmäßiges Dach. Für weitere Renovierungsarbeiten fehlten vorläufig die nötigen Mittel. Im Nachlass meines Großvaters Georg fand sich ein Artikel, veröffentlicht 1960 im *Sorauer Heimatblatt*, mit folgendem Hinweis: »1760 erhielt das ausgebrannte Schloß ein neues, nach Abbildungen dieser Zeit etwas zu schweres Mansardendach zum Schutz der Mauern. 1860 wurde es auf Rat der damaligen Bausachverständigen wieder abgetragen und durch ein flaches, außerordentlich häßliches, wahrscheinlich doppelt so schweres, sogenanntes Holzzementdach ersetzt.«[99]

Insbesondere bei ihren Lausitzer Nachbarn fanden Alois und seine Geschwister Unterstützung und Zuspruch. Auf ihre Bitten hin hatte sich Friedrich Gottlob von Wiedebach (1744–1800) aus dem nahe gelegenen Beitzsch während ihrer Abwesenheit des Anwesens angenommen und es neben seinen eigenen Latifundien zehn Jahre lang verwaltet. Jetzt kümmerte sich Alois selbst um das Majorat.

Sein eigentliches Interesse war indes ganz anderer Natur: Er liebte das Theater. Kurz nach seiner Rückkehr fand er heraus, dass Shakespeares *Sommernachts-*

traum (1600) ins Deutsche übersetzt worden war, worauf er beschloss, es in Pförten aufzuführen, schließlich bot der barocke Schlosspark mit seinen geometrisch angelegten Wegen und Pflanzenpartien, seinen Fontänen, Kaskaden, Laubengängen, Labyrinthen und Bosketten eine geradezu ideale Kulisse.

Gerne hätte der neue Schlossherr dafür das Sommertheater im Park verwendet, das am südlichen Ende der langen mittleren Querachse lag. Es war ganz nach der Tradition an königlichen Höfen mit Kulissen aus gegeneinander verschobenen Weißbuchenhecken versehen, so dass die Schauspieler und Sänger nach präzise einstudierten Vorgaben entweder von rechts oder von links die Bühne betreten konnten. In dem Halbrund zu Füßen der Schräge konnte man wie zu Augusts III. Zeiten Platz nehmen und der Darbietung folgen.

Wegen der unsicheren Wetterbedingungen entschloss sich Alois jedoch, das Stück in der 1748 im nördlichen Teil des Parks erbauten Orangerie aufzuführen. Der dreiseitig vorspringende erhöhte Mittelbau, dem sich als Wandelgänge nach beiden Seiten die Hallen für die Orangenbäume und die Gärtnerei mit ihren Glashäusern anschlossen, trug ein anheimelndes Mansardendach und war mit Stuck verputzt. An den Außenmauern befand sich ein Holzspalier, an dem Rosen und Kletterobst in die Höhe rankten, im Inneren ein Saal mit der Inschrift: »Mit Weisheit lachen ist die feinste Sittenlehre«. Entsprechend der Tradition solcherart beheizbarer Bauten wurde auch die Pförtner Orangerie ihrer Doppelfunktion gerecht, Raum sowohl zur Überwinterung wärmeliebender Pflanzen als auch zur Ausgestaltung familiärer Festlichkeiten zu bieten.

Der Erfolg seiner Shakespeare-Inszenierung ermutigte Alois, seine eigenen Stücke auf die Bühne zu bringen. Bereits in den Warschauer Tagen hatte er das eine und andere Lustspiel publiziert.[100] Wann immer jetzt Gäste nach Pförten kamen, wurden sie mit Rollen bedacht, sie lernten die Texte auswendig und traten zusammen auf. Damit griff Alois auf eine Tradition zurück, die an europäischen Höfen durchaus Usus war. Nicht nur professionelle Theatergruppen oder Musikkapellen traten dort auf, Opernensembles, Chöre und Gesangsdarsteller, sondern auch Laienspieler. Schließlich galt es, aufrechte Haltung und festgelegte Schrittfolgen, die die Einführung der spanischen Hofetikette im 18. Jahrhundert mit sich gebracht hatte, regelmäßig zu üben, gerne auch in vergnügter Übertreibung. Abgesprochene Choreographien, vollendete Ausdrucksweise und sorgfältig arrangiertes Äußeres mit Perücken und Reifröcken, Kniehosen und Seidenstrümpfen waren in diesem Kontext schließlich keine Unbekannten. Schon die Kinder wurden anhand von Rollenspielen mit den entsprechenden Umgangsformen vertraut gemacht.

Alois stieß mit seinem Ansinnen bei Nachbarn und Verwandten auf die größte Begeisterung. Leicht ließ sich mit solchen Freuden die Zeit vertreiben, insbesondere an dunklen Winterabenden. Geprobt wurde häufig in einem der Salons im Seitenflügel. Mangelte es Alois an Personage, pflegte er durchaus auch Angestellte zu bitten einzuspringen.

In diesen Pförtner Jahren fand der Standesherr auch in seinem Privatleben neues Glück. Er heiratete ein drittes Mal, seine Frau, Josephine Christiana von Schaffgotsch (1765–1846), stammte aus einer alten schlesischen Familie, gewissermaßen also aus der Nachbarschaft. Aus dieser Ehe ging mit Friedrich August Adalbert (1791–1856) ein männlicher Nachkomme hervor, der nach dem Tod des Vaters das Majoratserbe antreten konnte. Wie die beiden ihm nachfolgenden Standesherren Friedrich-Stephan (1819–1893) und Friedrich-Franz (1848–1911) kam Friedrich August Adalbert nicht nur in Pförten zur Welt, sondern starb auch hier. Erst der Zweite Weltkrieg setzte dieser Tradition ein Ende: Die beiden letzten Standesherren Friedrich-Joseph (1875–1949) und Friedrich-August (1913–1981) wuchsen noch in ihrer Heimat auf, mussten jedoch fliehen und starben in Westfalen.

Heinrichs Zweitgeborener Charles Adolph

Bald nach der Geburt seines Sohnes segnete Alois das Zeitliche, und erneut kam Nachbar Wiedebach der Familie zu Hilfe. Er übernahm die Vormundschaft für den minderjährigen Jungen und kümmerte sich um den Besitz. In ähnlicher Weise nahm sich Charles Adolph, der zweitgeborene Sohn der Familie Brühl und von besonders liebenswürdigem Charakter, seines Neffen an. Traditionsgemäß hatte er die militärische Laufbahn eingeschlagen. Als er fünf war, meldete ihn sein Vater bei der sächsischen Kavallerie. 1747 wurde Charles Fähnrich, da war er 15 Jahre alt, 1757 wurde er Oberstleutnant, 1759 Oberst, 1762 Generalmajor, und mit 21 Jahren wurde er 1763 zum Generalleutnant ernannt. 1798 erreichte er schließlich die Stellung eines Generals.

Es mag so scheinen, als sei Charles sein Leben lang nicht aus dem Sattel gekommen, doch das war nur eine Seite seiner Biographie. Parallel zur Offizierslaufbahn besuchte er dieselbe Schule in Leipzig wie sein Bruder Alois Friedrich, blieb dort allerdings nur ein Jahr und wurde gemeinsam mit seinem jüngeren Bruder Heinrich 1756 an die École du Roi nach Straßburg geschickt. Wäre er länger in Sachsen geblieben, hätte er möglicherweise für Preußen gegen Österreich kämpfen müssen.

Der Umzug kam Charles entschieden entgegen, denn er hatte ein Faible für Frankreich. 1758 zog er nach Paris und fand dort freundliche Aufnahme am Hof in Versailles. Mit der Beförderung zum Oberst wurde ihm eine eigene Einheit unterstellt, das Infanterieregiment Graf Brühl, und fortan konnte er sich regelmäßiger Bezüge erfreuen.

Nach dem Tod seines Vaters folgte er Alois an den Hof in Warschau, von Poniatowski ähnlich zuvorkommend aufgenommen wie sein Bruder. Charles wurde mit dem Posten des »Commandant général des troupes de la maison du Roi de Pologne« betraut. Während Alois sich um das sächsische Familienerbe kümmerte, suchte sein Bruder die polnischen Besitztümer zurückzugewinnen, doch das gelang ihm nicht. Selbst der polnische Adel, den Heinrich erworben hatte, wurde der Familie wieder abgesprochen.

Nun herrschten in Polen inzwischen turbulente Zeiten, die dem Warschauer Hof von allen Seiten zusetzten. Die Aggressionen der Nachbarstaaten gipfelten in Vertragsabschlüssen, die 1772 zur Ersten Teilung Polens führten. Bei einem Besuch in St. Petersburg, bei dem Charles 1778 versuchte, am Hof Katharinas II. für die Interessen seiner Familie zu werben – auch das vergeblich –, lernte er die wesentlich jüngere Sophie Gomm kennen und verliebte sich in sie. Ihre Mutter war Deutsche, deren Vater, Friedrich Wilhelm Poggenpohl, als Diplomat am russischen Hof gedient hatte, und ihr Vater ein abenteuerlustiger Brite, Sohn einer vermögenden

Kunsttischlerfamilie aus London. 1750 war er nach St. Petersburg gegangen, wo er ein eigenes Unternehmen gründete und einen schwunghaften Holzhandel betrieb. 1780 engagiert ihn die britische Krone als Regierungsvertreter und versetzte ihn später an die Botschaft in Den Haag.

Obwohl es Gomm lieber gewesen wäre, wenn seine Tochter einen vermögenden Engländer geheiratet hätte, gab er dem Paar seinen Segen. Sophie und Charles heirateten im August 1778, und ein Jahr später kam Marie Sophie in Warschau auf die Welt, ihre älteste Tochter. Es folgten fünf weitere Kinder, von denen drei das Erwachsenenalter erreichten: neben Marie die Tochter Franziska (1783–1804) und der Sohn Friedrich Wilhelm (1791–1859).

Der Frühling 1780 brachte Charles zurück in sächsische Dienste in der Garnisonsstadt Pegau nahe Dresden. Immer noch gab der Name Brühl dort Anlass zu übler Nachrede und wilden Gerüchten, doch die Erbangelegenheiten waren seit 1778 abgeschlossen. 1772 hatten die Brüder ihre Güter Lindenau mit Tettau, Nischwitz und Seifersdorf der gemeinsamen väterlichen Erbmasse hinzugefügt und mittels Verkauf zur Schuldentilgung beigetragen. Dem Jüngsten, Hans Moritz, blieb Gut Zschepplin bei Wurzen hingegen erhalten.

Charles freute sich über seine Rückkehr nach Sachsen, konnte von hier aus seine Verwandtschaft in Pförten öfter besuchen, genoss mit der Kernfamilie die Kuraufenthalte in Karlsbad und suchte im Winter Schritt für Schritt in das gesellschaftliche Leben Dresdens zurückzufinden.

Auf Vermittlung eines alten Bekannten, Hans Rudolf von Bischoffwerder (1741–1803), auch er Abkömmling einer alten sächsisch-thüringischen Familie, erreichte Charles schließlich 1787 ein Ruf an den preußischen Hof. Friedrich Wilhelm II. (1744–1797) hatte die Thronfolge angetreten und bat Brühl, die Erziehung seiner Söhne zu übernehmen. Was für eine Kehrtwende. Ausgerechnet der Sohn des sächsischen Premierministers als Lehrer der preußischen Prinzen!

Ohne Umschweife nahm Charles das Angebot an und übersiedelte mit seiner Familie nach Berlin. Dort bezogen sie das Kronprinzenpalais am Prachtboulevard Unter den Linden, wo Thronfolger Friedrich Wilhelm (1770–1840) und seine Brüder residierten. Schon bald gehörten die Brühls zum engsten Kreis um den Berliner Hof.

Seiner Herkunftsfamilie wies Charles damit den Weg in die Zukunft und nahm die historischen Entwicklungen, die 1815 mit den Neuregelungen nach dem Wiener Kongress einhergingen, voraus. Zwar gab es in Sachsen, wie an der Biographie von Heinrichs jüngstem Sohn Hans Moritz zu zeigen sein wird, noch regionale Verantwortungsbereiche und Möglichkeiten zur persönlichen Entfaltung, doch der Dresdner Hof stellte für sie keinerlei Perspektive mehr dar. Wäre der unerwartete Richtungswechsel an die Spree nicht ein Resultat der verzweifelten Lage gewesen, in der sich die Familie nach dem Tod Heinrichs befand, könnte man ihn auch als gesunden Pragmatismus bezeichnen.

Von außen betrachtet, mag der Eindruck entstehen, Friedrich Wilhelm II. habe mit der Berufung Charles' seinem Onkel im Nachhinein ein Schnippchen schlagen wollen, denn besonders herzlich war sein Verhältnis zu ihm keineswegs gewesen. Während Friedrich II. eher ein karger, humorloser Charakter war, vor allem mit zunehmendem Alter, erfreute sich Friedrich Wilhelm II. eines überaus lebenslustigen Wesens, liebte die Musik und das Theater, tafelte ausgesprochen gerne und richtete glanzvolle Feste aus. Ähnlich wie August der Starke hielt er sich Mätressen und schenkte seine Gunst insbesondere Wilhelmine Encke (1753–1820), Tochter eines Dessauer Waldhornisten, der an der Königlichen Oper in Berlin seinen Dienst versah. Die Berliner, nie um einen spöttischen Beinamen verlegen, nannten ihren König den »dicken Lüderjahn«.

Von besonders liebenswürdiger Natur war auch seine Freundschaft zu Königin Elisabeth Christine, der Ehefrau und Witwe Friedrichs II. Während man sich von ihrem Gatten erzählte, er habe insgesamt weniger Sätze mit ihr gewechselt, als man an den Fingern einer Hand abzählen könne, besuchte Friedrich Wilhelm II. sie regelmäßig in ihrer Residenz Schloss Schönhausen im Norden Berlins. Gleich 1787, ein Jahr nach dem Tod seines königlichen Onkels, feierte er hier mit einem prächtigen Spektakel seinen Geburtstag. Am 29. September 1787 berichtete die Berlinische Privilegierte Zeitung, es habe einen Ball paré mit Souper gegeben, einen Kostümball. Das ganze Schloss sei illuminiert gewesen, in den Allee-Bäumen hätten Lampions gehangen, und Fackeln wiesen den anfahrenden Kutschen in der Dunkelheit den Weg.

Selbstredend war es eine junge Frau, die den arglosen Tunichtgut nach Schönhausen lockte. Über alle Maßen verehrte er die hübsche Julie von Voß (1766 bis 1789), Hofdame der verwitweten Königin. Doch Friedrich Wilhelm II. vergaß Elisabeth Christine über seiner Leidenschaft nicht. Nachdem er König geworden war, wurde sie selbstverständlich zu sämtlichen Familienfesten eingeladen, und er sorgte dafür, dass ihr Name auch im offiziellen Kirchengebet genannt wurde. Endlich wurde sie behandelt, wie es ihrem Stand und ihrer Position bei Hofe entsprach.

Nachdem Kronprinz Friedrich Wilhelm, verheiratet mit der für ihren Liebreiz und ihre Schönheit bekannten Luise von Mecklenburg-Strelitz (1776–1810), 1797 König geworden war, machte er Charles zu seinem Oberhofmeister. Im Laufe der folgenden Jahrzehnte brachte der preußische Hof seiner Familie eine Freundlichkeit entgegen, wie sie nach der Behandlung durch Friedrich II. undenkbar geworden war. Inzwischen waren die Brühls in ein Haus Charlotten-/Ecke Behrenstraße gezogen,[101] später etablierten sie sich in der Friedrichstraße.[102] Ihr Domizil zwischen dem heutigen Bahnhof und der Weidendammbrücke wurde rasch zum Treffpunkt von Persönlichkeiten aus Politik und Militär.

Charles' Kinder wuchsen ganz selbstverständlich in diesem Umfeld auf und fanden Anerkennung, der sie zu entsprechen wussten. Marie wurde Hofdame bei Friederike Luise von Hessen-Darmstadt (1751–1805), der Witwe des »dicken Lüderjahn«, Sohn Friedrich Wilhelm, General à la suite bei Friedrich Wilhelm IV. (1795–1861), heiratete die Tochter des Generals August Neidhardt von Gneisenau (1760–1831) und galt als umgänglich und gebildet.

Franziska, Charles jüngere Tochter, Fanny genannt, war von auffallender Schönheit. Sie hatte dunkles Haar und große blaue Augen, doch erzählte man sich von ihr, sie sei derart zart besaitet gewesen, dass Leutnant Friedrich August von der Marwitz (1777–1837), der im jugendlichen Alter von 23 Jahren um ihre Hand anhielt, von ihren Eltern zwar das Einverständnis erhielt, sie zu heiraten, doch gleichzeitig den Hinweis, er müsse sehr

Marie von Clausewitz (1779-1836),
gemalt nach 1810 von François-Josèphe Kinson

vorsichtig sein, wenn er sich Fanny erkläre, denn sie erschrecke leicht. In der Tat fiel sie schon beim ersten Versuch einer Annäherung des Leutnants in Ohnmacht.

In seinem Buch *Als Poesie gut. Schicksale aus Berlins Kunstepoche 1786 bis 1807* (2006) schrieb Günter de Bruyn über sie: »Denn die Siebzehnjährige, die die Eltern bisher von der Welt abgeschirmt und wie ein Kind gehalten hatten, besaß auch das reine Gemüt eines solchen, ahnte also nicht, was man mit ihr vorhatte, und da sie sehr empfindsam war und auf Zumutungen schnell mit Abwehr oder gar mit Krankheit reagierte, durfte der Heiratskandidat nicht mit der Tür ins Haus fallen, musste sich vielmehr, wie ihn die fürsorgliche Mutter ermahnte, vorsichtig und langsam dem Ziele nähern, was Marwitz dann auch monatelang in vorbildlicher Weise tat.«[103]

Auch Fannys ältere Schwester Marie war von romantisch-zartem Gemüt. Als ihre Mutter ihr gelegentlich in der Oper zuflüsterte, Marwitz habe um die Hand ihrer Schwester angehalten, fiel auch sie in Ohnmacht, hatte sie doch geglaubt, die Aufmerksamkeit des jungen Leutnants hätte ihr gegolten.

Doch Marwitz' Ansinnen gelang, die beiden heirateten, und als Fanny seine Ehefrau geworden war und ihr erstes Kind erwartete, sah sie sich endlich in der Lage, ihrem Mann mitzuteilen, dass sie seine Gefühle erwidere. Auf der Rückfahrt von einer Abendgesellschaft in der Kutsche stürzte sie sich unverhofft auf ihn, küsste ihn überschwänglich und gestand ihm ihre Zuneigung: »Ich hab Euch so lieb, dass ich es gar nicht sagen kann. Und ich weiß gar nicht, was am Ende daraus werden soll, denn es wird alle Tage ärger damit«, zitiert de Bruyn aus Marwitz' Memoiren.[104]

Tragischerweise starb Fanny im Kindbett. Zwei Wochen nach der Geburt ihrer Tochter fand man sie tot in den Kissen. Von der Marwitz wusste sich vor Kummer kaum zu trösten. Auf dem Gedenkstein für seine Liebste, der in der Kirchenmauer seines heimatlichen Besitzes Friedersdorf nahe bei Berlin eingelassen ist, stehen die Worte: »Hier liegt mein Glück.«

Fannys Säugling fand Aufnahme bei Großmutter und Tante. Gemeinsam zogen Sophie und Marie, später unterstützt durch eine Kinderfrau, die kleine Marwitz auf.

Sophie fand in dieser Aufgabe Trost, denn auch in ihrem Haus war die Trauer groß. Am 4. Juli 1802 war Charles nach kurzer Krankheit plötzlich gestorben. Wie sein Bruder Alois wurde er in der katholischen Hedwigskirche beigesetzt, dem zentralen Kuppelbau in der Mitte Berlins, den Friedrich II. für katholische Zugewanderte aus Schlesien hatte errichten lassen.

Heinrichs Enkelin Marie von Clausewitz

Marie verliebte sich in den jungen Carl von Clausewitz (1780–1831), den preußischen General, heute bekannt als liberaler Heeresreformer und Autor so namhafter Bücher wie *Vom Kriege* (1832). Ihre ersten Begegnungen waren von ähnlich zurückhaltend-romantischer Natur wie bei der jüngeren Schwester, denn Clausewitz stammte aus einfachem Haus, seine adlige Herkunft war nicht belegt, sein Einkommen beschränkt, und er wagte sich der jungen Gräfin aus Standesgründen lange Zeit nicht zu erklären.

Längst waren sie einander vorgestellt worden, sie als Hofdame, er als Adjutant von Prinz August Ferdinand (1730–1813), einem jüngeren Bruder Friedrichs II., sie sahen sich bei Hofe oder auch in der Komödie, freuten sich auffallend, wenn sie einander begegneten, und grüßten einander. Einmal half Clausewitz Marie in ihr Tuch, ein anderes Mal unterhielten sich die beiden länger, trafen sich später zufällig auf einem Ausritt im Tiergarten. Marie hatte inzwischen, wie in ihren Aufzeichnungen zu lesen, eine Freundin in ihre Zuneigung zu dem jungen Offizier eingeweiht, doch nie waren die beiden Liebenden allein, nie offenbarte sich Clausewitz verbindlich. Bei einer anderen Gelegenheit wechselten sie erstmals ungestört ein paar Sätze: »Wir sprachen an einen Marmortisch gelehnt einige Augenblicke zusammen; dann traten wir ans Fenster, um die Truppen zu sehen; ich hatte die Hand aufs Fenster gelegt, C. die seinige auch; zufällig berührten sie sich einen Augenblick.«[105] Erst im Herbst 1805, als Preußen seine Truppen zusammenzog und sich zum Kampf gegen Napoleon rüstete, kam es zum Geständnis. Clausewitz hatte Order erhalten, an der Seite seines Prinzen auszurücken, und Marie suchte beunruhigt nach einer Möglichkeit, sich mit ihm auszusprechen: »So stieg meine Unruhe immer mehr, denn der Eindruck, den diese bevorstehende Trennung auf mich machte, ließ mich erst recht fühlen, wie teuer C. mir war. Es war mir ein schrecklicher Gedanke, ihn in dieser Unsicherheit über meine Gesinnungen fortziehen zu lassen.«[106]

Schließlich, am 3. Dezember, begleitete Marie ihre Nichte mit der Kinderfrau in einen Laden, wo für die Kleine Pelzstiefel erstanden werden sollten. Wieder einmal hielt sie nach Clausewitz Ausschau: »Ich sah mich vergebens beim Vorübergehen nach ihm um; die Parade schien meist schon vorüber; also trat ich ganz niedergeschlagen und hoffnungslos in den Laden; aber ich war kaum einige Augenblicke darin, als ich die unbeschreiblich freudige Überraschung hatte, ihn hereintreten zu sehen. Madame Rahn beschäftigte sich mit der Kleinen, der mehrere warme Schuhe anprobiert wurden; C. sprach einige Worte mit dem Herrn des Ladens über Angelegenheiten seines Prinzen, dann mit mir über die Hoffnungen, mit denen er ausmarschierte, über die Freude, die es ihm verursachen würde, uns gute Nachrichten geben zu können. Andere Käufer, die aus- und eingingen, machten, daß wir unbemerkt in einer Ecke des Ladens stehenblieben. Ich sagte, ich hoffte, er würde seine hiesigen Freunde nicht vergessen; dann, indem er meine Hand faßte und küßte, sagte er tief gerührt und sehr bedeutend: ›Oh, wer sie einmal gesehen hat, der vergißt sie nie wieder!‹«[107]

In Maries Aufzeichnungen finden sich keinerlei Hinweise darauf, ob sie in diesem Moment erneut in Ohnmacht gefallen sei, obwohl jetzt eigentlich der geeignete Zeitpunkt dafür gewesen wäre. »Sein Blick, der Ton seiner Stimme bei diesen Worten drang mir bis ins Innerste der Seele und wird mir ewig unvergeßlich bleiben. Wir hielten einander noch einen Augenblick schweigend und gerührt bei der Hand; wir wären einander in die Arme gesunken, wenn wir allein gewesen wären […], denn wir hatten einander verstanden, und der Bund unserer Seelen war schweigend geschlossen.«[108]

1810 konnten sich die beiden endlich verloben, und die Hochzeit fand statt. Zahlreiche Briefe hatten sie inzwischen gewechselt, von denen viele dank der Clausewitz-Forschung erhalten geblieben sind. Sie sind ein eindrucksvoller Spiegel jener Zeit und offenbaren den jungen Offizier als nachdenklichen Philosophen wie gefühlvollen Liebenden. Gestützt durch seine unbefangene Kommunikation mit Marie, entwickelte er die zukunftsweisenden Theorien zu Taktik und Strategie, die ihn zu einem der bekanntesten Militärtheoretiker seiner Zeit machten. Sie finden heute Anwendung in Marketing und Management. Das kluge Verständnis, das Marie ihm entgegenbrachte, schien ihn geradezu zu beflügeln.

Auch nach ihrer Hochzeit schrieb sich das Paar häufig, denn nur selten lebten sie gemeinsam an einem Ort. Clausewitz war in sämtlichen Auseinandersetzungen

Preußens mit Napoleon im Einsatz und befand sich zeitweise in französischer Kriegsgefangenschaft. 1812 stellte er sich – zur Empörung Friedrich Wilhelms III. – auf die Seite Russlands, kämpfte dann in den Befreiungskriegen wieder für sein Heimatland und errang schließlich 1815 in der Schlacht von Waterloo mit den preußischen Alliierten den Sieg über Frankreich. 1818 wurde er zum General befördert und war mit seinen erst 38 Jahren jüngster Offizier dieser Rangordnung. Doch erneut waren die Zeiten ungünstig für ihn, denn während Preußens Wiedererstarken waren liberale Reformer nicht gern gesehen. Zwar wurde er Leiter der Militärakademie in Berlin, durfte aber selbst nicht unterrichten.

1830 kam er ein letztes Mal zum Einsatz und kämpfte unter Gneisenau im polnischen Insurrektionskrieg. In dieser Auseinandersetzung stellte nicht der Feind die größte Gefahr dar, sondern die Cholera. Rasend schnell hatte sie sich über Russland nach Europa ausgebreitet und drang trotz Sicherheitskordon bis weit nach Preußen und Sachsen vor. Tausende starben.

Auch Clausewitz musste sich angesteckt haben, obwohl die Ursache seiner plötzlichen Erkrankung nicht abschließend geklärt werden konnte. Als er im November 1831 nach Breslau zurückkehrte, wo Marie ihn erwartete, wurde er wie ein Held empfangen. Danach kam er nicht mehr auf die Beine und starb innerhalb weniger Tage. Zeitgenössische Ärzte führten seinen so plötzlich eingetretenen Tod auf den schlechten Zustand seiner Nerven zurück. Die Historikerin Bellinger argumentiert in ähnlicher Richtung und verweist auf das Gefühl von Zurücksetzung und mangelhafter Anerkennung, das Clausewitz sein Leben lang empfunden haben muss: »The most far-reaching and omnipresent example is Marie's letter to her friend Elise von Bernstorff in the immediate hours after Carl's death, widely quoted as evidence of his perpetual state of depression and despair due to lack of public recognition.«[109]

Marie konnte ihr Leid kaum fassen. Sie hatte diesen Mann unendlich geliebt und ihn mit allen Kräften unterstützt. Kaum ein Brief existiert, in dem sie ihn nicht dazu ermutigte, seine Theorien auszuformulieren und zu publizieren. Nach seinem Tod nahm sie Prinz Wilhelm (1797–1888), der jüngere Bruder Friedrich Wilhelms IV. (1795–1861), in seine Dienste und erklärte sie zur Oberhofmeisterin seiner Ehefrau Augusta von Sachsen-Weimar-Eisenach (1811–1890). Da Friedrich Wilhelm IV. keine Nachkommen hatte, folgte ihm dieser Bruder 1861 auf dem Thron, wurde König von Preußen und 1871 Deutscher Kaiser. Marie war zuständig für die Betreuung von dessen Sohn Friedrich (1831–1888), der seinem Vater später auf dem Kaiserthron folgte.

Vor allem aber widmete sich Marie den Arbeiten ihres Mannes, las, ordnete, redigierte mithilfe von Freunden seine Hinterlassenschaft und versah sie mit entsprechenden Kommentaren und Vorreden. Man kann mit Fug und Recht sagen, ohne ihren Einsatz wären Clausewitz' Werke nie veröffentlicht worden. *Vom Kriege* beginnt mit Maries eigenen Worten: »Es wird mit Recht befremden, daß eine weibliche Hand es wagt, ein Werk von solchem Inhalt wie das vorliegende mit einer Vorrede zu beginnen. Für meine Freunde bedarf es hierüber keine Erklärung, aber auch in den Augen derer, die mich nicht kennen, hoffe ich durch die einfache Erzählung dessen, was mich dazu veranlaßte, jeden Schein einer Anmaßung von mir zu entfernen. […] Es zu vollenden war sein sehnlichster Wunsch, aber nicht seine

Absicht, es während seines Lebens der Welt mitzuteilen; und wenn ich mich bemühte, ihn von diesem Vorsatz abzubringen, gab er mir oft, halb im Scherz, halb aber auch im Vorgefühl eines frühen Todes zur Antwort: ›*Du* sollst es herausbringen.‹«[110]

Acht Bände umfasst Clausewitz' Werk, sie handeln von den Feldzügen in Italien, der Schweiz, Russland und Frankreich sowie den Strategien in weiteren militärischen Einsätzen. Auch ihre Finanzierung übernahm seine Ehefrau und Witwe Marie.

Heinrichs Drittgeborener Albert Christian Heinrich

Ähnlich wie Charles nahm Friedrich Wilhelm II. auch Heinrichs drittgeborenen Sohn in seine Dienste. Albert Christian Heinrich, genannt Heinrich, absolvierte eine ähnliche schulische und militärische Laufbahn in Leipzig und Straßburg wie seine Brüder, wurde Malteser-Ritter und legte 1759 in Malta sein Gelübde ab. 1762 reiste er mit dem Archäologen Johann Joachim Winckelmann (1717–1768) nach Neapel. 1780 heiratete er Laura Maria Walpurgis Gräfin von Minucci (1759–1824) und hatte mit ihr zahlreiche Kinder, von denen nur wenige das Erwachsenenalter erreichten.

Heinrich war der Sohn, der seinen Eltern als Heranwachsender die meisten Sorgen bereitet hatte. Er machte, wie die Mutter es in ihren Briefen nannte, sogenannte »sottisen« (Dummheiten), und auch später waren seine Brüder oft mit der Tatsache konfrontiert, dass er wieder einmal Schulden gemacht hatte. Krosigk deutet an, dass er Städte wie Dresden, in denen er länger gelebt hatte, urplötzlich verlassen musste, um vor seinen Gläubigern zu fliehen.«[...] etwas Unruhiges, Unbefriedigtes ist dauernd an ihm zu bemerken, etwas, das ihn zu Ortsveränderungen, zu Wechsel und zu Neuem trieb und ihn, [...], die Lebensgewohnheiten seines Elternhauses mit bescheideneren Ansprüchen zu vertauschen, in noch größere Geldverlegenheiten und Schulden brachte, als seine Brüder zu überwinden hatten«.[111]

Es gibt Briefe Heinrichs an seine Geschwister, in denen er an sich selbst verzweifelte. Dann träumte er davon, sich ein Häuschen im Pförtener Park zu errichten, um sich der Wirklichkeit voller Weltschmerz zu entziehen. Frei nach Voltaire wollte er seine Hütte »Henriade« nennen, dort gleich einem Philosophen zurückgezogen leben und sich in Misanthropie üben.

Der preußische König sah über derlei gerne hinweg. Schließlich kannte er »sottisen« aus eigener Erfahrung. Er holte den unruhigen Brühl-Bruder an seinen Hof, ernannte ihn zum königlichen Generalmajor und entsandte ihn als Vertreter des preußischen Hofes nach München. Wenige Jahre später starb Heinrich in Pförten und folgte als erster der Söhne seinem Vater ins Grab.

Seine Witwe Laura fand mit den Kindern Aufnahme bei den Brüdern. Charles setzte sich für sie ein, und sie wurde nach der Heirat seines zweiten Zöglings, Prinz Ludwig von Preußen (1773–1796), mit Friederike von Mecklenburg-Strelitz (1778–1841) zu deren Grande Gouvernante ernannt. In dieser Stellung fand sie ihre altgewohnte Lebenslustigkeit zurück. Nach Ludwigs Tod und Friederikes zweiter Heirat, die sie nach Bayreuth führte, wurde Laura pensioniert und lebte mit ihren drei Kindern im Berliner Prinzessinnenpalais.

Heinrichs Jüngster Hans Moritz

Hans Moritz war der jüngste Sohn des Premierministers. Als der Vater starb, war er noch nicht volljährig, und die Brüder übernahmen die Verantwortung für ihn. Besondere Nähe empfand er zu Charles, der den Junior gleichermaßen ins Herz geschlossen hatte, was sich auf die Kinder der beiden übertrug, die enger miteinander verbunden waren als andere Vettern und Cousinen.

Auch Mutter Marianne hatte immer ein besonderes Faible für Hans Moritz gehabt. Als er elf Jahre alt geworden war, schrieb sie in einem ihrer Briefe über ihn: »Dies Kind verspricht viel, er hat die ganze Verständigkeit von Charles und die Lebhaftigkeit Heinrichs; im Übrigen lernt er leicht, ist fröhlich und hat keine Spur von Bosheit oder Eigensinn.«[112]

Ähnlich wie seine Brüder verließ Hans Moritz frühzeitig das Elternhaus, besuchte in Begleitung seines Erziehers dieselben Schulen wie sie und zog nach Straßburg. 1759 erhielt er vom König das Rittmeisterpatent. 1761 reiste er über Wien, wo er seinen Bruder Alois traf, nach Warschau. Erst nach sechs Jahren sahen die Eltern hier ihren Jüngsten wieder, der inzwischen 15 Jahre alt geworden war. Doch die Freude währte nicht lange, denn in genau diesem Frühjahr erkrankte Marianne schwer und starb am 18. Mai 1762. Verzweifelt suchten die Geschwister zusammen mit dem Vater ihres Unglücks Herr zu werden.

Nach dem Tod der Mutter ging Hans Moritz zum Studium nach Paris. 1766 trat er in die französische Armee ein und wurde mit seinem Regiment 1769 auf Korsika stationiert. Bei einem Erholungsurlaub im elsässischen Bad Niederbronn lernte er 1771 Christina von

Hans Moritz Graf von Brühl (1746-1811),
gemalt 1796 von Anton Graff

Schleyerweber kennen, die Tochter eines französischen Offiziers, die beiden verliebten sich und heirateten.

Nun hielt Hans nichts mehr in der Fremde. Er nahm seinen Abschied bei den Franzosen und wollte mit Christina nach Sachsen zurückziehen und sich in Zschepplin ansiedeln. Doch da das Gut nicht recht bewohnbar, die wirtschaftliche Lage undurchsichtig war und Christina zudem ein Kind erwartete, lud Alois das junge Paar ein, übergangsweise in Pförten zu residieren. Dort kam am 18. Mai 1772 – kurioserweise während einer der Theaterproben, die Alois regelmäßig veranstaltete – Sohn Karl zur Welt, genannt Lolot.

Die Eltern waren überglücklich. Sie ließen das Kind katholisch taufen und blieben noch ein Jahr bei Bruder und Schwager, um im September 1773 endlich in ihr eigenes Gut einzuziehen. Doch das Leben in Zschepplin erwies sich als schwierig. Das Anwesen war zu groß, um es dauerhaft bewirtschaften zu können, und zwei Jahre später entschloss sich Hans, es gegen Seifersdorf zu tauschen. Der Brühlsche Besitz nordöstlich von Dresden war kleiner und weniger einträglich als Zschepplin, aber schuldenfrei und augenblicklich noch nicht verkauft. Auch hier fehlten die Mittel für die Renovierung des Schlosses, doch die Familie konnte in ein Verwalterhaus auf dem benachbarten Gutshof ziehen.

Christina nahm die zahlreichen Umzüge mit Humor. Nachdem sie sich endlich in Seifersdorf niedergelassen hatten, notierte sie vergnügt, vorn fiele ihr Blick auf ein herrschaftliches Schloss mit Park, Teich und alten Bäumen, während hinten »pickende Hühner auf dem Misthaufen« zu sehen seien. Sie fand das sehr romantisch.

Schon bald hatten sich die Brühls in Seifersdorf gut eingewöhnt. Als Christinas Vater wenige Jahre nach ihrer Hochzeit plötzlich starb, nahm sie Mutter Marguerite bei sich auf. Auch Christinas Bruder Louis war zu ihnen nach Sachsen gezogen. Er wurde wie der Vater Offizier und auf Vermittlung von Schwager Alois 1775 in die polnische Armee aufgenommen.

Christina und Hans führten in Seifersdorf ein höchst illustres Leben. Sie scharten anregende Gesprächspartner um sich, wie den Komponist Johann Gottlieb Naumann (1741–1801), Kapellmeister an der Dresdner Oper, und Kammermusiker Adolf Weiß, der regelmäßig ins Haus kam, um die Hausherrin in Lautenspiel und Gesang zu unterrichten. Zu ihrem Kreis gehörte ebenso der Oberkriegskommissär Johann Leopold Neumann (1748–1813), der Szenen und Gedichte zu verfassen sowie Texte zu vertonen wusste. Auch Lolot erhielt bald einen kundigen Hauslehrer.

Untereinander blieb sich das Paar aufmerksam zugetan, und die beiden wuchsen immer stärker zusammen. Die Briefe, die Hans Moritz seiner Frau schrieb, waren von ähnlicher Liebenswürdigkeit und Zugewandtheit wie die Zeilen, die er einst von seinen Eltern erhielt: »Mit alledem ist doch kein Leben, wo Du nicht bist. Du bist die Sonne meiner kleinen Welt, und Deine Abwesenheit versetzt uns in die lappländische sechsmonatliche Nacht, bei der alle Gegenstände zu erkennen aber die lieblichen Mischungen der Naturfarben verloren gehen.«[113]

Mit Verve machte sich Christina daran, in Seifersdorf die Wirtschaft zu führen und den Besitz zu verwalten. Jede Ausgabe unterzog sie einer eindringlichen Prüfung, und jede Investition wurde gründlich überdacht. Hans Moritz überließ ihr gerne dieses Terrain. Seine Brüder mussten sich erst an den Umstand gewöhnen, dass Seifersdorf von einem weiblichen Mitglied der Familie verwaltet wurde, doch ihr Mann zollte ihr Respekt und Wohlwollen. Dank Christinas erfolgreicher Leitung konnte sich das Anwesen über die Jahre selbst erhalten und entwickelte sich zu einem stabilen Betrieb. Auf dieser Basis konnte Sohn Karl später das Schloss umbauen lassen und dort mit seiner Familie einziehen. Für die architektonischen Veränderungen gewann er keinen Geringeren als den Universalkünstler Karl Friedrich Schinkel (1781–1841).

Das Seifersdorfer Tal

Nicht zuletzt machte sich Christina als engagierte Landschaftsarchitektin verdient. Schon bald hatte sie die eigentümliche Schönheit des Tals erkannt, durch das sich unweit vom Schloss die Röder schlängelt, ein Fluss, der bei Arnsdorf entspringt, um dann in engen Windungen nordwärts über Radeberg Richtung Radeburg das Hochplateau scharf zu durchschneiden. Dadurch hatten sich auf Seifersdorfer Gebiet steil aufsteigende, meist felsige Ränder gebildet, sprudelnde Wasser über Steingeröll mit steilem Gefälle – die perfekte Vorlage für Maler der Romantik wie Caspar David Friedrich (1774–1840) und Carl Gustav Carus (1789–1869). Dichter Baumbestand rundete das Ensemble ab, öffnete sich streckenweise zu helleren Lichtungen und machte es über die Jahre zu einem beliebten Wanderziel. Unweit davon entsprang eine gesundheitsfördernde Stahlquelle, um die sich das sogenannte Augustus-Bad ansiedelte und zum anerkannten Kurort gekürt wurde.

Christina ließ in dem Tal Wege anlegen und Sichtachsen frei schlagen, Brücken und Stege bauen, vor allem aber schmückte sie den Garten mit Parkarchitekturen, gut vierzig an der Zahl, kleinen Tempeln und Skulpturen, gravierten Stelen und Steintafeln mit romantischen Zeilen. Jede Neuheit wurde mit kleineren und größeren Festen gefeiert.

Für ihre Verzierungen nutzte sie Zitate ausgewählter Philosophen und Musiker, Schriftsteller und Poeten und brachte damit ihre Verehrung für sie zum Ausdruck. Die Texte beschwören bleibende Werte wie Treue, Freundschaft und Liebe, Familienglück, Eintracht, Frieden. Sie legen Zeugnis ab für eine gefühlsbetonte Sicht auf die Dinge, für den Ehrgeiz, Empfindung und Emotionen in den Mittelpunkt der Wahrnehmung zu rücken. Frei nach Friedrich Schillers Credo sollte der Betrachter Bildung durch Kunst erlangen, Erkenntnis durch Anschauung. Damit war die junge Frau ihrer Zeit voraus. Ihre Parkarchitekturen sind ein Zeichen für bürgerlichen Protest gegen barocken Absolutismus, für echtes Gefühl statt vergoldeter Putten, ein Hauch von Freiheit und Aufklärung.

Ihr Engagement blieb nicht unbeachtet. Bei Besuchen in Weimar und Begegnungen am Hof von Großherzog Karl August (1757–1828) und seiner Mutter Anna Amalia (1739–1807) erzählten die Brühls von ihrem Tal und luden zu den Festlichkeiten nach Seifersdorf ein. Christoph Martin Wieland (1733–1813) nannte Christina »seine Zauberin«, Johann Gottfried Herder (1744–1803) schrieb ihr schwärmerische Briefe und besuchte sie mehrfach. Jean Paul (1763–1825) fand das Tal »himmlisch«, Theodor Körner (1791–1813) sprach von »mannigfaltigen Seiltänzereien der Empfindsamkeit«. Naumann komponierte für den Landschaftsgarten und seine Meisterin Lieder und Sequenzen, Landschaftsmaler Friedrich fühlte sich inspiriert, der Schriftsteller Zacharias Werner (1768–1823) schrieb Christina zu Ehren das Stück *Die Söhne des Tals* (1803/04).

Allein Johann Wolfgang Goethe verhielt sich widersprüchlich. Einerseits korrespondierte er fleißig mit Christina und widmete ihr Gedichte: »Sehen Sie, reizende Tina, wie ich anfange Wort zu halten, trotzdem ich nicht weiß, ob ich es werde durchführen können. Es gibt Augenblicke im Leben, so reich an Hoffnungen und Verheißungen, daß eine Ewigkeit kaum lang genug erscheint, sie zu erfüllen [...].«[114] Andererseits lästerte er in Briefen an Charlotte von Stein (1742–1827), so zum Beispiel am 31. März 1782: »Mit der Gräfin B[rühl] nimmt's ein böses Ende. Gib acht, sie prostituiert sich am offenen Tage, daß kein Mensch einen Zweifel über ihre Hirnlosigkeit behält.«[115] Auch gegenüber Schiller äußerte er sich despektierlich über sie. Am 26. Dezember 1795 schreibt er dem Freund: »Die Abbildungen des Seifersdorfer Anwesens kenne ich, Sie kennen ja wohl auch die Drude, die es bewohnt und die es so ausgeschmückt hat.«[116]

Da die Familie von den Erträgen aus Seiferdorf allein nicht leben konnte, bemühte sich Hans Moritz um eine besoldete Anstellung, und 1791 gelang es ihm, ähnlich wie seinen Brüdern, am preußischen Hof unterzukommen. Der König berief ihn zum Generalinspecteur der preußischen Chausseen in der Kurmark und in Pommern. Ein Porträt von Anton Graff (1736–1813), dem wohl bekanntesten sächsischen Hofmaler jener Zeit, zeigt Hans sitzend, in hochschaftigen Stiefeln, hellen Reithosen und eng geknöpfter Weste. Er ist kräftig gebaut, hat nur mehr spärliches Haar und schaut freundlich-verlegen zur Seite. Während er den Kopf nachdenklich in die Rechte stützt, hält er in der Linken einen Straßenbauplan.

Zwanzig Jahre lang blieb Hans Moritz Chausseedirektor sowohl für Friedrich Wilhelm II. als auch später für Friedrich Wilhelm III., nahm aufmerksam Anteil am technischen Fortschritt des Landes und prägte nachdrücklich den preußischen Straßenbau. Seine Frau und er lebten während dieser Zeit, abwechselnd gemeinsam oder getrennt, sowohl in Seifersdorf als auch in Berlin und waren ähnlich eng mit der Gesellschaft um den preußischen Hof verbunden wie Charles und seine Familie. Hans' erste Aufgabe bestand im Frühjahr 1792 im Errichten der Chaussee von Berlin über Zehlendorf nach Potsdam, der heutigen Bundesstraße 1.

In den Briefen nach Seifersdorf spiegelte Hans Moritz die Mühen, die der Hof mit dem unorthodoxen Regime Friedrich Wilhelms II. hatte. »Was den König betrifft, ist auch schrecklich; er tut nichts, beschäftigt sich fast nur mit seinem Vergnügen, es herrscht eine unbeschreibliche Konfusion in allen Geschäftssachen. Einmal erscheinen Befehle aus der Hand des Kammerdieners, ein andermal aus der des Leibjägers […], ohne Ordnung, ohne Folge. Großer Gott, was soll das werden!«[117]

Später schrieb Hans Moritz erleichtert, wie sich unter Friedrich Wilhelm III. vieles zum Guten wendete. Insbesondere Königin Luise verzauberte ihn mit ihrem Charme: »Sie sprach gestern von der Beschreibung unseres Tales, die sie gelesen und ihr sehr gefallen hat. Sie meinte wegen der Kapelle ›zum guten Moritz‹: ob ich der gute Moritz sein sollte? Ich sagte, ich wäre es, wenn sie mich dafür halten wollte. Sie antwortete, sie glaube daran.«[118]

Auch Karl (sein Name wird oft auch mit C geschrieben), in den Briefen der Eltern weiterhin Lolot genannt, trat in preußische Dienste. Nach einer umfassenden Grundausbildung durch private Erzieher, den örtlichen Geistlichen und Hauslehrer, bei denen er zusätzlich Französisch lernte und in Kunst und Musik gefördert wurde, entschloss er sich, Forstwissenschaften zu studieren. Einige Jahre lang folgte er diszipliniert diesem Vorhaben, absolvierte als preußischer Jagdjunker die theoretische Ausbildung in Berlin und praktizierte in verschiedenen königlichen Forsten, so auch im Harz. 1794 ging er abschließend bei Oberforstmeister Georg August Freiherr von Hünerbein (1720–1796) in Thale in die Lehre und erlangte 1796 die Ernennung zum Forstreferendar.

Gleichzeitig prägte der Umgang, den Karls Eltern mit Künstlern und Intellektuellen um den herzoglichen Hof in Weimar pflegten, seine Entwicklung. Es entstanden bedeutsame Freundschaften, so mit Herder und Wieland, die sein Interesse an Literatur, Theater und Sprache förderten, während Goethe ihn in Mineralogie unterrichtete. Ein Ölbild von Anton Graff zeigt ihn im Gewand des preußischen Jagdjunkers. Zwar hat er die Patronentasche geschultert und hält in der Rechten sein Gewehr, doch der Blick geht träumerisch in die Ferne. Blonde Locken verstärken den schwärmerischen Gesichtsausdruck.

Als der junge Graf im Frühjahr 1800 gebeten wurde, in Schloss Rheinsberg, nördlich von Berlin, Kammerherr des Prinzen Heinrich (1726–1802) zu werden, eines Bruders von Friedrich II., folgte er, ohne zu zögern, diesem Ruf. Am Hof des feinsinnigen und kunstinteressierten Prinzen konnte er seine Begabung für Theater, Regie und Musik und seine überdurchschnittliche Kenntnis zeitgenössischer deutschsprachiger Texte einbringen.

Gleichzeitig vermittelte ihm die Entourage des alten Mannes noch einmal in aller Deutlichkeit die Bedeutung, die französische Kultur und Sprache und nicht zuletzt Philosophie an den Höfen Europas im 18. Jahrhundert hatten. Karls Dienst am Rheinsberger Hof veranlasste Prinz Heinrich im Juli 1801, auf seinem Weg

Karl Graf von Brühl (1772-1837),
gemalt 1796 von Anton Graff

zur Kur in Teplitz die Brühls in Seifersdorf zu besuchen. Er wurde feierlich empfangen, blieb zwei Nächte und besichtigte ausführlich Christinas sentimentalen Landschaftsgarten. Über Prinz Heinrich finden sich in der Geschichtsschreibung wiederholt Hinweise, dass er die

Feindschaft seines Bruders gegenüber der Familie Brühl ausdrücklich nicht teilte.

Zwei Jahre später starb der Prinz, und Karl wurde ähnlich wie seine sieben Jahre ältere Cousine Marie in den Dienst von Friederike Luise von Preußen berufen. Er begleitete die wenig attraktive, aber überaus liebenswürdige Königin, die zeit ihres Lebens die Maitressenwirtschaft ihres Gatten ertragen musste, auf der zweitlängsten Reise ihres Lebens. Die erste hatte sie zurückgelegt, als sie sich zwecks Trauung an den preußischen Hof begab.

Längst hatte die alte Dame die dauerhaften Zurücksetzungen überwunden und sich mit Schloss Freienwalde am Rande des Oderbruchs ein ganz eigenes Refugium geschaffen. Mit den handgemalten Blumentapeten und bodentiefen Fenstern wirkten die Räume ihres Anwesens wie eine Fortsetzung des englischen Landschaftsgartens, der auf ihre Anweisungen hin angelegt worden war und das Haus direkt umgab. Ihr Interesse an der Gestaltung herrschaftlicher Gärten konnte sie nun auf der Reise gen Westen vertiefen. Mit Karl an ihrer Seite besuchte die Königin die Parks von Wörlitz und Lauchstädt, Wilhelmsbad und Karlsruhe. Nachdem sie Baden-Baden, ihr eigentliches Fernziel, erreicht hatte, widmete sie sich intensiv ihrer Kur und kehrte erst viele Monate später zurück nach Preußen. Kaum in Berlin angelangt, starb sie und wurde standesgemäß im königlichen Dom bestattet.

Während Clausewitz in der Schlacht von Jena und Auersberg an vorderster Front im Einsatz war und anschließend in französische Kriegsgefangenschaft geriet, begab sich Karl zum Schutz seiner Mutter nach Sachsen und begleitete sie nach Prag. Dort fanden sie Aufnahme bei den Kolowrat-Krakowskys, Mariannes böhmischen Verwandten.

Hans Moritz bemühte sich hingegen, dem Königspaar auf seiner langen Flucht vor Napoleon Richtung Königsberg zu folgen. Auf Umwegen über Breslau und Kalisch holte er den Hof schließlich in Graudenz ein. Friedrich Wilhelm III. freute sich über seine Anhänglichkeit und wies ihm die Leitung über den Haushalt seiner Kinder zu. Fünf Töchter und Söhne waren inzwischen geboren, zwei weitere würden im Exil noch folgen.

Eine Zeit langer Trennung hatte Hans Moritz auf sich genommen, denn der Krieg gegen Napoleon hielt an, und er konnte Frau und Sohn drei Jahre lang nicht wiedersehen. Ende Oktober 1809 beschloss Karl, in Begleitung eines Kuriers kurzerhand nach Königsberg zu reisen. Endlich konnten Vater und Sohn sich wieder in die Arme schließen.

Während Hans Moritz nach Rückkehr des Hofes seine Stellung als »Chaussee-Brühl« aus Altersgründen aufgeben musste, wurde Karl zum Kammerherrn der Königin berufen, doch auch dieser Dienst war nicht von langer Dauer. Am 19. Juli 1810 starb Luise gänzlich unerwartet während eines Besuchs bei ihrem Vater auf Schloss Hohenzieritz. Bei dem nun folgenden dramatischen Abschiedszeremoniell, das sich wegen der Beliebtheit der Königin über Tage hinzog, wich Karl nicht von seinem Platz. Er gehörte zur Totenwache an ihrem im Berliner Schloss aufgestellten Sarg, an dem der Hof und ausgewählte Bürger des Landes ihr feierlich Reverenz erwiesen.

Nicht nur Karl, auch sein Vater suchte den König in seinem Kummer zu trösten. Eigens reiste er am 3. August 1810 aus Seifersdorf an und besuchte ihn auf der

Pfaueninsel, dem beliebten Ausflugsziel der königlichen Familie inmitten des Jungfernsees bei Potsdam. Dort feierte Friedrich Wilhelm III. im engsten Kreis mit den Kindern seinen Geburtstag. Die Freude über das Wiedersehen mit seinem treuen »Chaussee-Brühl« war groß. Als der König auf ihn zuging, sagte er: »Sie finden hier alles in Zerstörung; es hat sich viel, viel geändert.«[119] Hans Moritz war über seinen Zustand erschüttert. Viele Jahre lang würde Friedrich Wilhelm III. keinen Trost finden. In den Briefen von Hans Moritz an seine Frau spiegelt sich die Anteilnahme, die den Hof und das gesamte Land in dieser Zeit ergriffen hatte.

Während Karl der Anordnung des Königs folgte, der nach dem Tod seiner Frau an ihrem Hofstaat vorerst nichts ändern wollte, und das ganze Jahr über am preußischen Hof blieb, musste sein Vater nach Seifersdorf zurückkehren. Er fühlte sich nicht wohl, kränkelte, war pflegebedürftig. Im Januar 1811 erlitt er einen Schlaganfall, an dem er Ende des Monats starb. Karl traf gerade noch rechtzeitig aus Berlin ein, um sich von ihm zu verabschieden.

Gemeinsam mit seiner Mutter trug er ihn zu Grabe, den nunmehr letzten unmittelbaren Nachkommen des kurfürstlich-sächsischen, königlich-polnischen Premierministers Heinrich Graf von Brühl. Er wurde in der kleinen Seifersdorfer Dorfkirche beigesetzt, einem evangelischen Gotteshaus, denn Christina war gebürtige Protestantin, und auch ihr Sohn hatte sich als junger Mann konfirmieren lassen. Hans Moritz' Grab befindet sich bis heute an dieser Stelle.

Heinrichs Enkel Karl

Karl suchte das Erbe seiner Eltern in Ehren zu halten. Er kümmerte sich um Christina bis zu ihrem Tod am 3. Juli 1816, pflegte ihren Garten im Seifersdorfer Tal und ließ den Besitz umsichtig verwalten. Gleichzeitig blieb er seinem Dienst im preußischen Herrscherhaus treu. Die Befreiungskriege verschlugen ihn nach Frankreich, der König hatte ihn zum Leutnant im Hauptquartier unter Staatskanzler Karl August Fürst von Hardenberg (1750–1822) berufen, und nach dem Sieg über Napoleon in der Schlacht von Waterloo vertraute er ihm den Posten des Statthalters von Neuchâtel an, einem Fürstentum, das jetzt wieder in preußischen Besitz gelangt war.

Zurück in Berlin, wurde er von Friedrich Wilhelm III. 1815 zum Generaldirektor des königlichen Theaters ernannt, das heißt, ihm wurde die Leitung des Schauspielhauses am Berliner Gendarmenmarkt sowie der Königlichen Staatsoper am Boulevard Unter den Linden anvertraut. Karls neues Amt war insofern eine besondere Auszeichnung, weil der König das Theater liebte und es nach Möglichkeit jeden Abend besuchte. Er zog es jedem anderen Vergnügen vor.

Gleichzeitig aber war es eine umfassende Verpflichtung, denn Karl übernahm nicht nur einen ehrenvollen Posten, sondern auch sämtliche Entscheidungen zum Repertoire, die Leitung des gesamten Ensembles sowie die volle Verantwortung für das Budget beider Häuser. Doch ging er in seiner neuen Aufgabe vollkommen auf. Er wählte selbst die Stücke aus, organisierte ihre Inszenierung, führte Regie, bestimmte Kostüme, Musik und Beleuchtung. Endlich konnte er sein Wissen um Kunst und Literatur einbringen, das er sich von Kindheit an, teils dank seiner Erziehung und der Künstler im Haus seiner Eltern oder in Weimar, teils bewusst und selbstbestimmt angeeignet hatte: »[...] denn ich habe es mir zum Gesetz gemacht, alles selbst zu untersuchen, auszuarbeiten und anzuordnen, damit die Herren erst merken, daß ich es verstehe. Sie haben auch schon von mir gesagt, ich wäre sehr höflich, scheine es aber doch hinter den Ohren zu haben«, schrieb er seiner Mutter begeistert am 23. Februar 1815.[120]

Mit seinen Inszenierungen, insbesondere der *Zauberflöte* von Wolfgang Amadeus Mozart, zu der Schinkel das Bühnenbild schuf, schrieb Karl Theatergeschichte. Unter seiner Ägide kamen endlich auch die Werke Heinrich von Kleists in Berlin zur Aufführung. Während sein Vorgänger August Wilhelm Iffland (1759–1814) die Stücke rigoros abgelehnt hatte, wurden unter seiner Intendanz sowohl *Käthchen von Heilbronn* (1807/08) als auch *Prinz Friedrich von Homburg* (1809–1811), *Der zerbrochne Krug* (1803–1806) und *Familie Schroffenstein* (1802) am Gendarmenmarkt auf die Bühne gebracht. Karl suchte sich damit über die tradierten Erwartungen an das Theater hinwegzusetzen und selbstverständlich deutschsprachige Inszenierungen zu realisieren. Dank seines persönlichen Engagements konnte so *Der Freischütz* von Carl Maria von Weber 1821 in Berlin uraufgeführt werden. Karl hatte den Komponisten zu dessen Dresdner Zeiten als dortigen Kapellmeister schätzen gelernt und später nach Seifersdorf eingeladen, um ihn zur Fertigstellung seiner Oper zu ermutigen.

Auch machte sich Karl um die Verbesserung des Ensembles verdient. Er konnte Ludwig Devrient (1784 bis 1832) für das Schauspielhaus gewinnen, einen der bekanntesten Mimen Preußens, der, als Sohn eines Seidenwarenhändlers in Berlin geboren, sich seine Sporen mühsam auf Wanderbühnen hatte verdienen müssen. Ähnlich lud er bekannte Künstlerinnen und Künstler zu Gastspielen an die Spree ein wie die damals international bekannte Sängerin Angelika Catalani (1780–1849).

Dank seiner Weimarer Kontakte gelang es Karl, das Schauspielerehepaar Pius Alexander Wolff (1782–1828) und Amalie Wolff-Malcolmi (1780–1851) nach Berlin zu holen. Der Applaus, den die beiden am Schauspielhaus ernteten, galt indirekt auch ihm. Allein Goethe beklagte sich in einem Brief an Karl Friedrich Zelter darüber, dass Weimar nun auf seine Spitzenkräfte verzichten müsse: »Es ist zwar nichts dagegen zu sagen, wenn man gebildete Künstler sich zuzueignen sucht, aber besser und vorteilhafter ist es, sie selbst zu bilden. Wäre ich so jung wie Brühl, so sollte mir kein Huhn aufs Theater, das ich nicht selbst ausgebrütet hätte [...].«[121]

Karl wusste sich des Angriffs geschickt zu erwehren. Er machte sich Goethes Eitelkeit zunutze und schrieb ihm am 3. Januar 1816 in vollendeter Höflichkeit: »Daß ich Ihnen die beiden würdigen Priester Melpomenes, Wolff genannt, aus Weimars Musentempel entführe [...], ist wohl bös von mir, aber indem ich mich so an Ihnen versündige, befolge ich treulich die Lehre meines hochverehrten Meisters, denn ich suche das Gute im Osten und im Westen und versammle es um mich. [...] Auch ist es ja wohl gebräuchlich, wenn Studenten eine Zeitlang auf der hohen Schule gewesen, sie von da wegzunehmen und ihnen wichtige Stellen im Staate anzuvertrauen. Weimar ist nun einmal unsere hohe dramatische deklamatorische Schule, solange Ihr Geist dort waltet, und so können Sie uns auch nicht zürnen, wenn wir einige Funken dieses Geistes an uns zu ziehen wünschen.«[122]

Schließlich konnte der Weimarer Altmeister mit dem jungen Schauspieldirektor rechnen, brachte dieser doch mehrere Werke von ihm in Berlin zur Aufführung, so *Des Epimenides Erwachen* (1815) oder *Faust* (1819) und *Iphigenie* (1821). Dafür dankte ihm der Dichter ausdrücklich: »Das hätte Paläophron wohl nicht denken sollen, daß er nach so langen Jahren abermals ein Festspiel seines Dichters durch persönlichen Einfluß begünstigen und ihm einen entschiedenen Beifall erringen werde.«[123]

Im Jahr 1800 kurzzeitig zu Besuch in Weimar, hatte Karl spontan eine der beiden Hauptrollen in *Paläophron und Neoterpe* übernommen, einem Stück, das Goethe seiner hochverehrten Herzogin Anna Amalia zum Geburtstag geschrieben hatte.

Doch auch privat machte Karl endlich sein Glück. In Neuchâtel hatte er Jenny von Pourtalès (1795–1884) kennengelernt, die Nichte eines der Ratsherren der Stadt, er verliebte sich in sie, und die beiden heirateten am 19. Oktober 1814 in St. Aubin. Jenny hatte eine hervorragende Ausbildung genossen, sprach fließend Deutsch und Französisch und wusste mit der Stellung ihres Mannes gut umzugehen. Die beiden hatten fünf Kinder, drei Söhne und zwei Töchter, und wohnten abwechselnd in Seifersdorf und Berlin. Besonders an seinem ältesten Sohn, Moritz, hing der Vater mit jeder Faser seines Herzens.

In dieser Zeit ließ Karl mithilfe von Schinkels Unterstützung das überschaubare Familienschloss in Seifersdorf zu einem eleganten Herrensitz in hellem Weiß umbauen. Er versah das Gebäude mit einer klassizistischen Fassade, die ihm stärker den Charakter einer Burg verlieh. Anmutig spiegelte es sich in der Teichanlage, die den Park mit seinen verschlungenen Pfaden schmückte. An der Südfront ließ Karl eine Steintafel einmeißeln, die dort heute noch zu sehen ist. Sie trägt die Worte: »Eine veste Burg ist unser Gott.«

Jenny schätzte die Theaterkunst ähnlich wie ihr Mann und unterstützte ihn sowohl bei der Ausübung seines Amtes als auch bei entsprechenden gesellschaftlichen Anlässen. Bei Laienspiel oder Kostümfesten, die unter Karls Leitung am Königlichen Hof stattfanden, übernahm sie bereitwillig eine Rolle. Als zur mehrtägigen Feier des Besuchs von Charlotte von Preußen (1798 bis 1860), Friedrich Wilhelms III. geliebter ältester Tochter, die Zar Nikolaus von Russland (1796–1855) geheiratet hatte, im Januar 1821 *Lalla Rookh* aufgeführt wurde, eine Lieblingserzählung der Zariza, die Königin Luise ihren Kindern oft vorgelesen hatte, wirkten beide Brühls als Darsteller mit. Selbst ihre Kleinen zogen sie zu derlei Anlässen bisweilen hinzu, und sie traten verkleidet als Pagen auf.

Karls Karriere verlief indes nicht ohne Hürden. Am 29. Juli 1817 brannte in einer einzigen Nacht das Schauspielhaus ab, und er sah seine Tätigkeit ganz auf die Räume des Opernhauses reduziert. Das wäre zu verkraften gewesen, zumal der König Schinkel umgehend den Auftrag zum Wiederaufbau des Theaters erteilte, doch 1819 wurde Gaspare Spontini zum Musikdirektor der königlichen Oper berufen, ein überaus schwieriger und eigensinniger Charakter. Vom ersten Tag an agierte er in Opposition zu Karl und suchte in erster Linie die Aufführungen italienischer und französischer, nicht zuletzt seiner eigenen Stücke durchzusetzen. Karl mühte sich redlich, doch er war emotional keineswegs in der Lage, über Jahre Anfechtungen dieser Art standzuhalten.

Obwohl ihm vielerlei Zuspruch von Schauspielern und Mitgliedern des Hofes zuteil wurde, die von dem Konflikt mit Spontini wussten – Karl von Mecklenburg-Strelitz (1785–1837) zum Beispiel, der Bruder von Königin Luise, stellte sich besonders eng an seine Seite –, konnte er die Disharmonie auf Dauer nicht ertragen. Schon der Tod seiner Mutter im Juli 1816 hatte ihm stark zugesetzt, und auch für den Brand des Schauspielhauses fühlte er sich gewissermaßen verantwortlich, obwohl ihn keinerlei Schuld traf.

Schließlich galt es, Anfang September 1828 mit der Familie, den Dorfbewohnern und zahlreichen Gästen von nah und fern das Erntefest im Tina-Tal zu begehen, eine Tradition, die Christina begründet hatte und die ihre Nachkommen über ihren Tod hinaus treu befolgten. Überschattet wurde dieses Ereignis davon, dass alle fünf Kinder an Scharlach erkrankten und wegen der hohen Ansteckungsgefahr in getrennten Zimmern gesund gepflegt werden mussten. Viele aus der Nachbarschaft halfen den Brühls, diese Krise zu bewältigen, doch während die Geschwister das gefährliche Fieber überstanden, konnte sich der Älteste, der zwölfjährige Moritz, nicht wieder erholen. Wenige Wochen später starb er. Noch heute erinnert ein Grabstein unweit der Dorfkirche an das traurige Ereignis.

Karl erlitt einen Zusammenbruch, ein Nervenfieber hielt ihn wochenlang im Bett. Immer neue Rückfälle verhinderten, dass er nicht in seine altgewohnte Stellung zurückkehren konnte. Anfang Dezember reichte er das Abschiedsgesuch ein und zog sich endgültig nach Seifersdorf zurück.

Der König nahm das Gesuch an, doch Karls Freunde ließen in ihren Bestrebungen, ihn nach Berlin zurückzuholen, nicht nach. Karl von Mecklenburg-Strelitz hielt regelmäßig Kontakt zu ihm und berichtete Neuigkeiten aus Berlin. Auch Erbprinz Karl Friedrich von Weimar (1783–1853) ermutigte ihn in seinen Schreiben. Am 18. Mai 1829 stifteten die Mitglieder der Königlichen Schauspiele Karl eine Gedenkmünze. Anlässlich der Hochzeit Prinz Wilhelms von Preußen mit Augusta von Weimar am 11. Juni 1829 erschien er erstmals wieder am preußischen Hof.

Prompt machte ihm der König ein neues Angebot und bat ihn, die Generalintendanz der Berliner Museen zu übernehmen. Karl ließ sich nicht lange bitten und sagte ihm schließlich im Herbst zu. Weitere acht Jahre diente er auf diesem Posten dem preußischen Königshaus, ging zwischenzeitlich zur Kur nach Bad Pyrmont und Bern und erholte sich sichtlich.

Später kümmerte er sich um seine Cousine Marie von Clausewitz. Ab Herbst 1835 hatte sich ihr Zustand zunehmend verschlechtert, sie war dauerhaft erschöpft, überarbeitet, tief deprimiert. Anfang 1836 nahm Karl sie zu sich nach Seifersdorf und gab ihr hier in ihren letzten Tagen ein Zuhause. Kurze Zeit später starb sie im Alter von 56 Jahren. Anfangs in der Familiengruft beigesetzt, wurde ihr Sarg später nach Breslau überführt, wo ihr Mann bestattet worden war. Heute befinden sich die sterblichen Überreste der beiden in Burg bei Magdeburg, der Geburtsstadt von Clausewitz.

Bis zum 20. Juli 1837 führte Karl präzise Buch über seine Termine und war bemüht, trotz Unwohlsein und Magenleiden sämtlichen Verpflichtungen am Hof nachzukommen. In seinen letzten Lebenstagen waren nicht nur seine Frau und die Kinder zugegen, sondern auch sein Vetter Friedrich, Sohn von Charles und Bruder von Marie, der eigens aus Breslau hergekommen war, um ihm beizustehen. Am 9. August starb der Generalintendant des Königs und wurde am 18. August 1837 in der elterlichen Gruft in der Seifersdorfer Kirche bestattet. Viele Mitglieder der engeren und weiteren Familie waren zugegen und erwiesen ihm die letzte Ehre.

Quartier bezogen hatte Karl in seinen letzten Berliner Jahren im Magnus-Haus direkt am Kupfergraben, gegenüber der Museumsinsel. Das elegante Palais mit der doppelseitig geschwungenen Eingangstreppe aus dem 18. Jahrhundert und dem innerstädtischen Garten, das bis heute makellos erhalten ist, war ein Geschenk Friedrichs II. an den Geheimen Kriegsrat Johann Friedrich Westphal. 1822 erstanden es der Direktor der Oberbaudeputation August Adolf Günther und seine Frau Marie, bei denen Karl mit seiner Familie zur Miete wohnte.

Später war der Physiker Gustav Magnus (1802–1870) Eigentümer des Hauses, dessen Familie es bis ins 20. Jahrhundert bewohnte, und hielt es für ein ausgewähltes Publikum offen. Studenten konnten hier wissenschaftliche Untersuchungen durchführen und die Bibliothek nutzen, wie es zu Magnus' Zeiten Usus gewesen war. Junge Naturwissenschaftler aus verschiedenen Wissensgebieten verkehrten dort, wie zum Beispiel der Physiker Hermann von Helmholtz (1821–1894), um gemeinsam nach Lösungen für Probleme zu suchen, auf die sie in ihren Forschungen gestoßen waren. Aus diesen Zusammenkünften erwuchs 1845 die »Physikalische Gesellschaft zu Berlin«, die Vorgängerin der Deutschen Physikalischen Gesellschaft (DPG), der ältesten nationalen und größten physikalischen Fachgesellschaft der Welt. Eine ihrer Abteilungen residiert heute weiter und wieder am Kupfergraben im Magnus-Haus zu Berlin.

Familienleben in Pförten

Diesen Schatz gilt es wohl zu verwahren

1791–1882

Rückzug in die Niederlausitz

Obwohl Berlin und der königliche Hof für Heinrichs Nachkommen Ende des 18. Jahrhunderts ein starker Bezugspunkt geworden waren, entwickelte sich Pförten zu ihrem eigentlichen Familienzentrum. Regelmäßig versammelten sie sich hier, begingen gemeinsam Familienfeste, verbrachten Feiertage und Ferien miteinander, machten Kutschfahrten durch die Wälder oder gingen auf die Jagd. Während Heinrich kein überzeugter Jäger gewesen war, widmeten sich die nachfolgenden Generationen durchaus dieser Gepflogenheit und entwickelten dafür eine nachhaltige Passion.

Höhepunkte der Aufenthalte in Pförten waren Alois' Theateraufführungen, zu denen selbstverständlich immer alle Familienmitglieder eingeladen wurden. Wäh-

Seit dem 18. Jahrhundert Mittelpunkt des familiären Lebens: Schloss Pförten in der Niederlausitz, Aufnahme vor 1945

Familienleben in Pförten

rend einer der Proben kam, wie erwähnt, Karl zur Welt, Sohn von Hans Moritz und Christina. Das war eine kleine Sensation, nicht nur wegen der Gleichzeitigkeit mit dem Theaterspiel, das sich bei ihm später zu einer respektablen Profession entwickeln würde, sondern weil er der erste Brühl überhaupt war, der in Pförten geboren wurde. Es sollte keineswegs der letzte gewesen sein.

Bei den zahlreichen Zusammenkünften lernten sich die angeheirateten Ehefrauen und die folgenden Generationen näher kennen und entwickelten untereinander ein starkes Beziehungsgeflecht. Sie empfanden mit der Zeit nicht nur einfach Verwandtschaft, sondern auch innige Freundschaft füreinander. Die Zurücksetzung, die die Familie nach Heinrichs Tod erfahren hatte, führte in Verbindung mit einer starken Emotionalität zu enger Verbundenheit.

Dieses Gefühl von Zusammengehörigkeit verband sich nicht nur mit Pförten, sondern auch mit seiner Umgebung. Das Lausitzer Anwesen wurde in der persönlichen Wahrnehmung allumfassend, es wurde weitläufig und bedeutend, vermittelte einen Eindruck von Großzügigkeit und Gastfreundschaft. Gerade durch die Einheit des Schlosses mit der stadtarchitektonischen Bebauung, die Knöffel im Auftrag Heinrichs vorgenommen hatte, der »Stadt unter einem Dach«, wie Friedrich Wilhelm IV. Pförten auf der Durchreise einmal nannte, dem räumlichen Bezug zum Wirtschaftshof, dem Brühlschen Armenhaus, der Mariannenstadt und dem gleichnamigen Gutshaus, entstand ein Gefühl von Harmonie, Geschlossenheit und innerer Ordnung, das den Charakter von ganzheitlich gedachten Lebensräumen ausmacht.

Die weiteren Anwesen, die die Familie nach Heinrichs Tod nach und nach verloren hatte, verschwanden peu à peu aus dem Bewusstsein. Manche Häuser gerieten in den nachkommenden Generationen sogar gänzlich in Vergessenheit. Vielleicht hatte das mit den diffusen Gefühlen von Verantwortung und Schuld zu tun, die der Umgang des sächsischen Hofes mit Heinrich und seinen Nachkommen nach dem Tod Augusts III. hinterlassen hatte.

Selbst Dresden versank im Nebel. Die Stadt erinnerte schließlich am vordergründigsten an die Stellung, die Heinrich innegehabt, die Repräsentationspflichten, die er dort ausgefüllt hatte, an seinen augenscheinlichen Reichtum. Was einst »Brühlsche Herrlichkeiten« gewesen waren, verwandelte sich ins Gegenteil, wurde Vorwurf und Anklage, war schließlich nur noch Geschichte. Dresden behielt lediglich den Charakter einer einzelnen Wirkungsstätte. Sogar mein Vater beharrte darauf – immerhin sechs Generationen später –, seine Familie stamme weder aus Sachsen noch aus Thüringen, Preußen oder Polen, sondern aus der Niederlausitz.

Pförten entwickelte sich zum zentralen Bezugspunkt, den man ganz selbstverständlich annahm und liebte, zu einem Ort, über den sich niemand beklagte, und sei es aufgrund des Wetters, der Abgeschiedenheit oder der mangelhaften Qualität der Böden. Keiner aus der Familie fragte sich, warum er sich ausgerechnet hier aufhalten solle und nicht im sonnigen Italien oder auf den prächtigen Champs-Elysées, warum die Felder und Baumarten so und nicht anders waren, keine Feigen oder Datteln im Garten gediehen. Die Familie nahm sich der Region vielmehr an und wertschätzte sie, der jeweilige Standesherr übernahm Verantwortung dafür, engagierte sich in der Ständevertretung und ließ den Besitz bestmöglich bewirtschaften. Er wurde ein Platz, der ihm die Überzeugung gab, nicht nutzlos auf der Erde zu sein. Hier sah die Familie ihr spezifisches Aufgabenfeld und eine klare persönliche Bestimmung. Pförten erfüllte sämtliche Bedürfnisse und wurde mit der Zeit das, was man gemeinhin Heimat nennt.

Heinrichs Enkel Friedrich August Adalbert

Friedrich August Adalbert, Alois' ältester Sohn, wuchs hier auf, wurde Gutsbesitzer, widmete sich der damit verbundenen Verantwortung und folgte ihr zeitlebens. Teil dieser Tradition wurde sein Vorname. Der jeweils Älteste der Familie wurde immer auf den Namen Friedrich getauft.

Nachdem Alois' Ältester erwachsen geworden war, heiratete er die zwei Jahre jüngere Augusta Franziska von Sternberg-Manderscheid (1793–1820) und hatte drei Kinder mit ihr: Christine (1817–1902), Franziska (1818–1844) und Friedrich-Stephan (1819–1893). Tragischerweise starb seine Frau mit 27 Jahren, das Schicksal von Heinrichs Vater schien sich bei Friedrich August zu wiederholen. Auch er heiratete kurz darauf ein zweites Mal, seine Jüngste war beim Tod ihrer Mutter erst drei Jahre alt. Seine zweite Gattin, Elisabeth von Kerpen zu Illingen (1786–1865), war fünf Jahre älter als er und überlebte ihn um fast zehn Jahre.

Unter Friedrich August konnte die Standesherrschaft auf Vorwerke in Oegeln, Kümmelitz und Mehlen ausgedehnt werden. Auch Gangloffsömmern, das erste Brühlsche Anwesen in Thüringen, gehörte bis in die Neuzeit zu diesem Besitz. Infolge der Neuordnungen nach dem Wiener Kongress kam die Niederlausitz 1815 zu Brandenburg und die Oberlausitz zur Provinz Schlesien. Die Vertreter der Stammlinie der Familie waren fortan auch geographisch dem preußischen Königshaus zugeordnet.

Friedrich August übernahm keine Hofämter, engagierte sich aber in der Politik entsprechend seinen Möglichkeiten als freier Standesherr. Er wurde 1818 Mitglied des Vereinigten Landtags und 1850 der Ersten Kammer. 1854 nahm er den erblichen Sitz der Familie im Preußischen Herrenhaus an, der nach seinem Tod 1856 an die nächste Generation weitergegeben wurde.

Im Alter von 64 Jahren stürzte er bei einem Ausritt zur Schäferei Neusorge, in der Nähe von Kohlo (Koło), vom Pferd und starb einige Tage später im Mai 1856 an seinen Verletzungen. Die Familie war untröstlich. An der Stelle, an der sich der Unfall ereignet hatte, wurde am Wegrand im Schatten einer Linde das »Grafenkreuz« errichtet, ein hoffnungspendendes Kreuz aus geschmiedetem Eisen, das sich aus einem Felsblock erhob. Solange Brühls in der Lausitz lebten, kümmerten sie sich um den Gedenkstein, doch nach dem Krieg verschwand die Stätte allmählich aus dem Bewusstsein. Das Metallkreuz ging verloren, und der Findling wuchs mit dem Lindenaustrieb vollkommen zu. Engagierte Bürger diesseits und jenseits der polnisch-deutschen Grenze machten die Stelle 2016 wieder ausfindig, legten den Stein frei und versahen ihn mit einem neuen, schlichten Kreuz und einer zweisprachigen Gedenktafel.

Heinrichs Urenkel Friedrich-Stephan

Als sein Vater starb, war Friedrich-Stephan 36 Jahre alt und konnte die Grafschaft problemlos übernehmen. Er war mit Paula Gräfin von Spee (1826–1889) verheiratet, die zu dem Zeitpunkt schon fünf Kinder geboren hatte. Vier Tage nach dem Tod Friedrich Augusts kam am 29. Mai 1856 ein weiterer Sohn zur Welt: Leopold (1856–1920). Elf Kinder gingen aus dieser Ehe hervor, vier Töchter und sieben Söhne, von denen sieben das Erwachsenenalter erreichten.

Friedrich-Stephan war mit 32 Jahren dem Kommunallandtag der Niederlausitz beigetreten und wurde 1879 sein Vorsitzender. Gleichzeitig war er 1851–1876 Mitglied des alten und danach des neuen Landtages der Provinz Brandenburg und Vorsitzender der Niederlausitzer Stände. Nach dem Tod seines Vaters nahm er traditionsgemäß den Sitz der Familie im Preußischen Herrenhaus ein und übte auch dort zeitweise das Amt des Vorsitzenden aus. Er erreicht ein Alter von 74 Jahren und wurde wie sein Vater an dem Ort beerdigt, an dem er zu Welt gekommen war – in Pförten.

Urgroßvater Friedrich-Franz

Bei der Fülle an Nachkommen, deren sich seine Familie glücklich schätzte, gab es keine Sorge, einen würdigen Erben zu finden. Friedrich-Franz (1848–1911) war 45 Jahre alt, als sein Vater starb. Er hatte längst selbst geheiratet, seine Frau war Bertha Prinzessin von Lobkowitz (1851–1887), und die beiden hatten neun Kinder, darunter sechs Söhne. Bis auf zwei erreichten alle

1 | Leuchter, Terrine, Flaschenhalter, Wärmeglocke, Teller, 1740

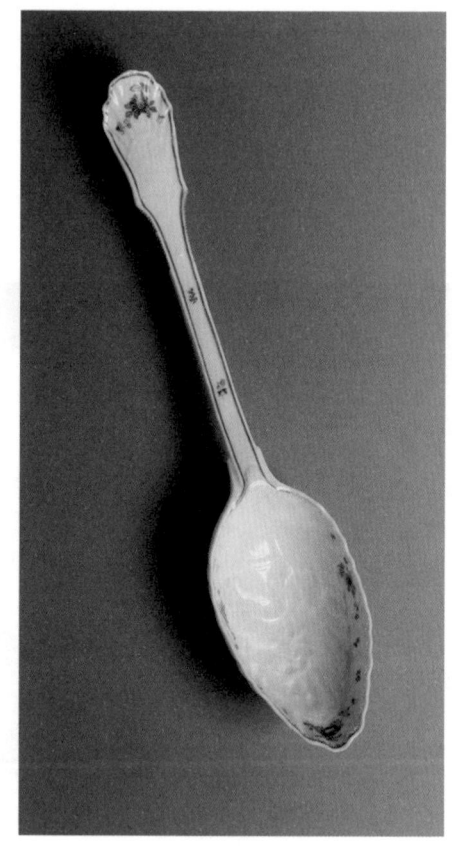

2 | Servierlöffel, 1738

3 | Wermutbecher, um 1740

4 | Schokoladentasse, 1737/42

5 | Butterdose, 1737/42

6 | Gewürzständer, um 1737/42

7 | Sauciere, um 1737/42

8 | Gewürzdose in Muschelform mit Muskatreibe, um 1737/42

9 | Gläserkühler, um 1737/42

10 | Teller, 1736 (Ausformung 1738/39)

11 | Deckelterrine mit Galatea im Wagen, 1739

12 | Deckelterrine mit Galatea unter Schwungtuch, 1738

13 | Deckelterrine mit Nymphe auf Delphin (Detailansicht), 1737/42

14 | Nereide mit Konfektschale, 1738

15 | Zentraler Tafelaufsatz, originalgetreue Nachbildung, 2020

16 | Tafel mit dem Brühlschen Schwanenservice:
Ausstellung in der Porzellanmanufaktur Meissen

Georg von Brühl (links) und sechs seiner Geschwister, um 1892

das Erwachsenenalter und überlebten, was noch erstaunlicher ist, beide Weltkriege. Das sechste Kind in der Reihe war mein Großvater Georg, der Vater meines Vaters. Er wurde am 18. Oktober 1882 geboren.

In Pförten herrschte in diesen Jahren ein wahrer Kindersegen. Es scheint, als sei immerzu eine der Frauen schwanger oder stillend gewesen und ständig ein Neugeborenes auf die Welt gekommen. Nur drei Jahre vor Friedrich-Franz' Hochzeit hatte seine Mutter ihr letztes Kind geboren. Ein Dreivierteljahr nachdem er seine Braut nach Pförten geführt hatte, bekam sie ihren ersten Sohn, Friedrich-Joseph (1875–1949), den nächsten Erben des Hauses. Es lebten demnach in dieser Zeit wesentlich mehr Minderjährige im Haus als Erwachsene, mehr junge als alte Menschen. Während zu Friedrich Augusts Zeiten maximal sechs Personen in Pförten zu Hause waren, lebten dort zur Zeit von Friedrich-Stephan rund

Familienleben in Pförten

zehn und von Friedrich-Franz fünfzehn, fast aus jeder Altersstufe eine.

Dennoch war die Mütter- und Kindersterblichkeit groß, jede Geburt eine lebensbedrohliche Situation. Krankheiten wie die Cholera, die 1817 auch Deutschland erreichte und an der Clausewitz starb, konnten sich mangels wirksamer Gegenmittel rasch zu Epidemien auswachsen. Erst 1855 fand der Londoner Arzt John Snow (1813–1858) heraus, dass die schnelle Verbreitung dieser Krankheit mit verschmutztem Trinkwasser einherging, und Robert Koch (1843–1910) konnte sich Jahrzehnte später mit den von ihm entwickelten Gegenmaßnahmen durchsetzen.

In Pförten erkrankte Friedrich-Franz' Ehefrau Bertha, die Mutter meines Großvaters, 1887 an Diphtherie und starb zu aller Entsetzen mit nur 36 Jahren. Ihre jüngste Tochter Maria Sidonia (1887–1963) war zu diesem Zeitpunkt noch kein Jahr alt und wurde von der Mutter ferngehalten, sobald die Krankheit festgestellt worden war, denn sie galt als extrem ansteckend. Für Joseph Ferdinand (1876–1887), den Zweitgeborenen, kam jegliche Vorsichtsmaßnahme zu spät. Er starb im selben Jahr wie seine Mutter. In einem herzergreifenden Grußblatt mit Selbstporträt hatte Bertha von ihren Kindern Abschied genommen: »Gern hätte ich Euch noch einmal wieder gesehen auf dieser Welt [...]. Ich beschwöre Euch, lebt immer so, dass ihr den Tod nicht zu fürchten braucht. Um Euch stets daran zu erinnern, bittet den Papa, dass er Euch diese meine letzten Worte drucken lässt, so dass Ihr sie immer auf Eurem Schreibtisch vor Augen haben könnt.«[124]

Die Sorge für die Kinder übernahmen zwei Schwestern von Friedrich-Franz, die beide unverheiratet geblieben waren und weiter in Pförten lebten; eine hatte eigentlich, so hieß es, ins Kloster gehen wollen. Christine (1860–1924) übernahm den Haushalt, und Elisabeth (1858–1911) kümmerte sich um die vier Söhne und die zwei Töchter, immer besorgt, eines der Kinder könnte sich verletzen oder erkranken. Entsprechend reguliert wuchsen die Geschwister auf: »Ein Beispiel dafür war die große Angst vor irgendwelchen Bakterien und Krankheiten, die sich breitmachen konnten, deshalb bekamen die Kinder niemals rohes Obst oder Gemüse zu essen«, schrieb eine der Nachfahren in ihren Memoiren.[125]

Schloss und Park Pförten

Das Schloss selbst, der monumentale dreistöckige Mittelbau der Anlage, blieb im 19. Jahrhundert weitgehend unbewohnbar. Bis 1852 wurde es als Strohmagazin verwendet. Erst unter Friedrich-Stephans Leitung kam es ab 1858 zu ersten Renovierungsarbeiten. Einige Räume wurden instand gesetzt. Weitere Umbauten fanden 1912 statt, doch erst zwischen den Kriegen, von 1919 bis 1924, bot sich die Gelegenheit, sie abzuschließen und auch die nur noch in Resten vorhandene perspektivische Scheinarchitektur im Mittelbau wiederherzustellen. Allein der Festsaal wurde nicht restauriert, obwohl von dem reich stuckierten Muschelwerk nur mehr rußgeschwärzte Reste erhalten geblieben waren. Stand ein Familienfest mit vielen Gästen an, behalf man sich mit frischem Laubwerk und Tannenzweigen und hängte damit die rohen Wände zu. Außergewöhnlich prächtig und gut erhalten war ein einzelnes Bad im Erdgeschoss, das mit Grotten- und Muschelwerk verziert und mit Meissener Flie-

Familienleben in Pförten

sen ausgestattet war. Nach der Instandsetzung blieb das Schloss Gästetrakt und repräsentativer Empfangsbereich, die sogenannte »Kalte Pracht«. Geheizt wurde, wenn Besuch kam oder an hohen Feiertagen wie Weihnachten. In den großzügigen Esszimmern und Salons konnten Hochzeiten und runde Geburtstage gefeiert werden, Feste, auf denen getanzt wurde und die daher umfassender Räumlichkeiten bedurften. Das Schloss wurde zunehmend wohnlicher, wirkte familiär und anheimelnd, nicht mehr derart anspruchsvoll wie ursprünglich konzipiert. Es war keine königliche Residenz mehr, kein Zwischenaufenthalt für den Hof, sondern ein Ort, der dauerhaft von der Großfamilie genutzt wurde und ihr Zuhause war.

Dabei büßte es nichts an seiner Großzügigkeit, seiner Eleganz und imposanten Form ein. Da die Fassaden sowohl nach vorn als auch zur Gartenseite mit zahlreichen Fenstern ausgestattet waren, fiel zu bestimmten Tageszeiten Licht durch das ganze Haus. Der weite Himmel, der sich über Park und See wölbte, war schon bei der Anfahrt zu erahnen und vermittelte den Eindruck, das Schloss würde von innen leuchten oder sei aus Glas.

Hatten Pferd und Wagen das Rondell vor der Frontseite umfahren und vor dem Eingang haltgemacht, fiel der Blick zuerst auf die mächtigen Mattielli-Skulpturen aus Sandstein, die gleich Atlanten den Balkon oberhalb der Freitreppe über ihre Köpfe stemmten. Sie standen für die vier Jahreszeiten – Tücher hielten die kraftvollen Körper nur spärlich bedeckt – und erinnerten an ihren Stammvater Atlas, der das Himmelsgewölbe auf seinen Schultern trägt. Das Ensemble krönte hoch droben an der Dachkante eine riesenhafte Uhr, auch sie in Sandstein gefasst, mit weithin sichtbarem Ziffernblatt. Die Familie bewohnte weiterhin die Seitenflügel. Im Erdgeschoss befanden sich Entrée und Bureaus, im ersten Stockwerk der Salon, die Bibliothek, das kleine Speise-, sowie die eleganteren Schlafzimmer und das Arbeitszimmer meines Urgroßvaters Friedrich-Franz. Gemauerte Brückenbauten, die er eigens anlegen ließ, ermöglichten es, trockenen Fußes ins Schloss zu kommen.

Dank ihres ebenerdigen Zugangs waren die Seitenflügel für das Leben mit Kindern ideal. So hielt man im südlichen Teil der Anlage eine Wohnung für den jeweils ältesten Sohn des Majoratsherrn bereit, die er mit seiner zukünftigen Ehefrau bewohnen konnte.

Im nördlichen Flügel ließen Brühls Mitte des 19. Jahrhunderts eine Schlosskapelle einweihen und schmückten sie mit Porzellanen aus Kändlers Werkstatt. Eine monochrome Kreuzigungsszene in Schneeweiß zierte den Altar. Die Kapelle war der Familie schon deshalb wichtig, weil sie sich in der vorwiegend protestantisch geprägten Umgebung einen Ort wünschte, in dem sie jeden Morgen ihre katholische Messe abhalten konnte.

Großvater Georg

Wie einem Artikel aus dem Nachlass meines Großvaters zu entnehmen, lag Pförten zu dieser Zeit sehr abgeschieden, gewissermaßen am Ende der Welt. Das umtriebige Tuch- und Handelsstädtchen Forst war zwar nur sieben Kilometer entfernt, doch die Verbindungsstraße lediglich mit Lehm und Kies schwach befestigt. Dreimal die Woche kam der Posthalter nach Pförten, Pusch mit Namen, auf dessen einspänniger Kutsche maximal sechs Personen Platz hatten. Wegen der schlechten Straßenverhältnisse dauerte die Fahrt stundenlang.

Familienleben in Pförten

Erst in den 1870er Jahren wurde eine Chaussee gebaut. Ab 1880 gab es endlich regelmäßigen Postverkehr, zweimal am Tag. Mit dem Aufkommen des Autos einerseits und der Wanderbewegung andererseits veränderte sich alles schlagartig. Auf einmal wurden Pförten und seine Umgebung ein beliebtes Ausflugsziel. An Sonn- und Feiertagen pilgerten bis zu tausend Besucher in die waldreiche Gegend. Die wenigen Gaststätten waren dem Ansturm kaum gewachsen.

Besondere Freude hatten Brühls an ihrem Park. Der prächtige Barockgarten verwandelte sich im 19. Jahrhundert allmählich und ganz nach der Mode der Zeit in einen romantischen Landschaftspark. Das verspielte Parterre mit den filigranen Beeten, Pfaden, beschnittenen Buchsbäumen, Wasserspielen und Bosketten, das auf der Gartenseite unmittelbar an die doppelläufige Freitreppe mit ihrem zweiseitigen Altan angrenzte, wurde zugunsten von Baum- und Buschgruppen, Wiesen und sanft geschwungenen Wegen aufgegeben. Eine weite Rasenfläche breitete sich nun vor dem Betrachter aus, geschmückt mit solitären Gehölzen, darunter heimischem sowie künstlich kultiviertem Baumwerk.

Landschaftsarchitekt Claudius Wecke, der Ende des 20. Jahrhunderts seine Diplomarbeit darüber schrieb, stellte fest: »Die seitlich an die Schlosswiese angrenzenden Bereiche wurden ebenso mit landschaftlichen Gehölzpflanzungen versehen. Hierbei kamen Gehölze wie Stiel-Eiche, Rot-Buche, Winter-Linde, Platane, Silber-Pappel, Gelbe Rosskastanie, Hänge-Buche, Tulpenbaum, Gold-Esche, Flügelnuss, Pyramidenpappel und Geschlitztblättrige Buche zum Einsatz.«[126]

Allein die zentrale, scheinbar ins Unendliche verlaufende Achse, die im Sinne absolutistischer Selbstdarstel-

»Stadt unter einem Dach« nannte Friedrich Wilhelm IV. Pförten samt seiner weitläufigen See- und Parkanlage, aufgenommen 2010

lung die Landschaft überformt hatte, blieb zumindest als Anmutung erhalten. Ihr folgte der Blick vom Altan hinter dem Haus bis über den See gut anderthalb Kilometer weit, nahm auch die künstlich aufgeschüttete Liebesinsel mit auf und ließ die Fasanerie und den Kanal erahnen, die die Achse am jenseitigen Ufer einst fortgesetzt hatten.

Sie erklärte ebenfalls die rechtwinkligen Wege im Nordboskett zur Rechten, das beibehalten worden war, um die Orangerie systematisch im Park zu verorten. Man pflegte die Allee, die dorthin führte, und bepflanzte sie 1860 neu mit Linden. Die Leidenschaft für Zitruspflanzen, wesentliches Motiv für den Bau der Orangerie, hatte ihren Ausgangspunkt im 16. Jahrhundert. Schon damals entwickelte sich an europäischen Höfen eine besondere Vorliebe für die Früchte dieser Bäume.

Familienleben in Pförten

Eigens von Heinrich in Italien bestellt, hatten die Bäume eine weite Reise hinter sich, als sie Mitte des 18. Jahrhunderts in der Lausitz ankamen. Den Winter verbrachten sie im Schutz der Orangerie, im Sommer schmückten sie den Park und verbreiteten dort ihren Duft. Die Pförtener Gärtner wussten sie so gut zu pflegen, dass sie noch 1909 in der Gartenliteratur lobend erwähnt wurden. Selbst mein Großvater geriet bei der Beschreibung dieser Besonderheit ins Schwärmen: »Wenn im Sommer die dort aufgestellten 200jährigen Orangenbäume ihren betäubenden Blütenduft ausströmten, fehlten nur noch die degenverzierten Rokoko-Kavaliere des 18. Jahrhunderts in ihren bunten Seidenröcken und Zopfperücken mit ihren schönen Begleiterinnen in bodenlangen Reifröcken.«[127]

Auch die Aussichtsplattform, zu der ein schmaler Pfad entlang des Sees führte, erinnerte an die hochherrschaftlichen Zeiten. Sie war mit flachen Buchsbaumhecken und Beeten geschmückt. Treppen führten zum Wasser hinunter, wo einst bunt beflaggte Boote bereitstanden, die August III. und seine Entourage ans andere Ufer brachten. Dort wurde er von einer Szenerie, 1741–1749 von Knöffel angelegt, willkommen geheißen, die ihren ganz speziellen Zauber hatte. Sie bestand aus Fasanerie, Fasanen- und Allee-Garten, befand sich allerdings auf feuchtem Grund und war, um sie trockenen Fußes abschreiten zu können, von zahllosen Gräben durchzogen, die ihrerseits mit über sechzig Brücken überspannt worden waren – ein Venedig im Kleinen. Der König liebte das mit den hübschen Vögeln bestückte Ausflugsziel.

Gleichzeitig hatte sich Heinrich bemüht, mithilfe einer monumentalen Anlage zehn Kilometer südöstlich vom Park der Vorliebe Augusts III. für die Parforcejagd zu entsprechen. Er ließ acht kilometerlange Schneisen in den Wald schlagen, die an einem Punkt in der Mitte zusammenliefen. An diesem Treff- und Angelpunkt, »Stern« genannt, konnte sich die Jagdgesellschaft mit ihren Pferden und Hunden zu Beginn des Treibens versammeln und ihr Vorgehen absprechen. Andererseits fand jeder Jäger oder Treiber mühelos dorthin zurück, sollte er sich im Dickicht des Waldes verirrt haben.

Auch diese Schneisen blieben über die Jahrhunderte erhalten und sind dank der Pflege der polnischen Forstverwaltung bis heute zu erkennen. So ist es noch in unseren Tagen möglich, den Anspruch nachzuvollziehen, den Herrscher im 18. Jahrhundert im Sinn hatten. Eine der Achsen läuft direkt auf Forst zu. Auf diese Weise ist mitten im Wald, vom »Stern« aus, der zwölf Kilometer entfernte Turm der Stadtkirche St. Nikolai zu sehen.

Die einfühlsame Konzeption des Schlossparks unterstrich Pförtens malerische Lage zwischen Wasserflächen, Feldern und Wäldern unweit der Oder. Auf einem Höhenzug vierzig Meter über dem südlichen Seeufer ließ Heinrich einen hölzernen Pavillon errichten, der als Einsiedelei oder Eremitage bezeichnet wurde. Von hier aus geht der Blick weit über den See, das Schloss, die barocke Stadtanlage und die Kirche in die nähere und ferne Umgebung. Ermessen lässt sich von dieser Stelle aus der Ursprung der Ansiedlung. Selbst der Name Pförten geht zurück auf die Furt, die hier über Jahrhunderte sichere Passage durch sumpfiges Gelände bot. Seit dem Mittelalter, so Marina Heilmeyer in ihrem Aufsatz *Schlosspark Brody. Eine Spurensuche*, habe über den festen Grund ein wichtiger Handelsweg zwischen Ost und West geführt: »Diese Furt macht die eigentliche Bedeutung des Ortes aus.«[128]

Familienleben in Pförten

Zwischen 1815 und 1865 griffen Friedrich August Adalbert und seine Nachkommen in die Landschaftsgestaltung rund um die Einsiedelei ein. Sie pflanzten Koniferen und andere seltene Nadelbäume zwischen die heimischen Kiefern und unterbauten den Hang mit den verschiedensten Arten von Rhododendren und Azaleen, die im Frühjahr und Sommer farbenprächtig blühten.

Die temporäre Gartenarchitektur, vergleichbar mit den Borkenhäuschen und moosbedeckten Holzbauten, die im 18. Jahrhundert Mode waren, machte einem kreisrunden Teehaus Platz, das seitwärts mit einem hohen holländischen Kamin geschmückt und von Säulen aus gebündelten Rundstäben umgeben war. Unten führte eine nur mit einem familieneigenen Schlüssel zu öffnende Holztür ins Haus, durch die man die Treppe in das höhere Stockwerk erreichte. Oben konnte der Besucher auf eine Terrasse hinaustreten und die atemberaubende Aussicht genießen.

Die Familie liebte dieses Ausflugsziel. Es hieß »Christinsruh«, benannt nach der ersten Tochter Friedrich Augusts, und war vom Schloss aus leicht zu Fuß zu erreichen. Geradezu kindliche Freude bereitete es Christine, wenn sie in Begleitung von Verwandten und Freunden dort angelangt war, den Schlüssel ins Schloss stecken, die Tür aufsperren, die Stufen hinaufsteigen und ihren Gästen dann zeigen konnte, wie sich das Land zu ihren Füßen in majestätischer Ruhe ausbreitete. Bei gutem Wetter reichte der Blick bis über die Flussniederungen der Neiße.

Mit Vergnügen notierte mein Großvater die Anekdote über einen Dauergast des Hauses namens Gottlieb von Bomsdorf, der bei der Aufforstung dieses Lieblingsortes mitgeholfen hatte. Wie sein Diener Gottlieb Krügel, später Parkwächter in Pförten, den Kindern erzählte, habe sich sein Herr regelmäßig über die Fremden geärgert, die sich ans Teehaus heranschlichen, um ihre Namen oder ein Herz in die Fensterläden oder die Tür zu kerben. Bomsdorf habe sich daraufhin auf einer Bank im Gebüsch versteckt, um den Ahnungslosen mit der Flinte aufzulauern. Zum Beweis für den Erfolg seines Unterfangens zeigte Krügel den Kindern regelmäßig ein kreisrundes Loch, das sich in der Tür des Teehäuschens befand. Das habe Bomsdorf hinterlassen, nachdem er einem Schmierfink sein Werkzeug aus der Hand geschossen hatte.

In den Aufzeichnungen meines Großvaters befindet sich dazu ein handschriftlicher Vermerk. Er ist sorgfältig in blauer Tinte verfasst, alle Buchstaben in Versalien: »Nicht erzählt wurde dabei natürlich, dass das kleine kreisrunde Loch in Wirklichkeit ein einfaches kleines – vom Tischler übersehenes – Astloch war.«[129]

Schon Alois hatte in dem Park persönliche Spuren hinterlassen. Auf ihn ist die Aufstellung des Sarkophags zwischen Schloss und Orangerie zurückzuführen, der sich heute wieder in Brody (Pförten) befindet. Das Steinmonument hat Ähnlichkeit mit einem Sarg, ruht auf vier Kugeln und ist von zwei Obelisken flankiert. Die Inschrift »Piis manibus amicorum« (Durch die treuen Hände der Freunde) ist eine Hymne auf die Freundschaft.

Der Sarkophag war dem Andenken an Josef von Gablenz gewidmet, einen guten Bekannten der Familie. Gestalt und Aufschrift der Parkarchitektur zeugen davon, dass Alois wie andere Brühls Freimaurer war. Heilmeyer fand noch mehr darüber heraus: »Verfolgt man die Spur der Gedenksteine und ihrer Inschriften weiter, stößt man auf interessante Zusammenhänge. Denn auch in der Gruft des Freimaurers Karl Gotthelf von Hund und Altengrotkau in Kittlitz, in der auch Mitglieder der Familie von Gablenz bestattet wurden, standen Obelisken. Einer von ihnen ist ein Erinnerungsmal an den Grafen Joseph Leopold von Daun, der 1766 starb. Graf Daun ist der Sieger der Schlacht von Hochkirch, in der Friedrich II. am 14. Oktober 1758 erstmals im Siebenjährigen Krieg geschlagen wurde; nur einen Monat, nachdem er das Schloss in Pförten hatte abbrennen lassen. Vielleicht sollte der Obelisk im Garten an das Trauma der Brühls und die Rache der Geschichte erinnern.«[130]

Der Sarkophag verweist auf die Nähe, die zwischen den Brüdern bestanden haben muss, denn eine vergleichbare Inschrift, »Manibus patris«, zierte eine Steintafel im Seifersdorfer Tal. Die dort 1781 von Christina errichtete Gartenskulptur sollte Vater und Schwiegervater Heinrich ehren. Alois muss die Idee aufgegriffen und mit seinem Sarkophag darauf Bezug genommen haben. Sein Vorgehen zeugt von Anerkennung und Respekt gegenüber seinem jüngsten Bruder sowie Christinas Gartenkunst. In Anbetracht dessen, dass Alois das Oberhaupt der Familie war, hatte das seine ganz eigene, spezielle Liebenswürdigkeit.

Mit dem Sarkophag verband die Familie ähnlich persönliche Erinnerungen wie mit »Christinsruh«. Der Hinweis auf Tod und Vergänglichkeit verursachte bei den Kindern ein gewisses Gruseln. Rechts und links hingen von dem Monument zwei eiserne Griffe herab. Wenn man sie bewegte, verursachte das helle, pfeifende Töne, wie bei einer Tür, die in den Angeln quietscht. War es Nacht geworden und der Wind rauschte durch die alten Bäume, drang bisweilen dieses leise Quietschen aus dem stockdunklen Park und löste bei den Kindern blankes Entsetzen aus. War es der Sarkophag, der zu ihnen sprach, oder gar ein Geist, der ihm innewohnte?

Die Erinnerungen zeugen von der starken Verbundenheit der Brühls zu ihrem Park. Insbesondere der Baumbestand bereitete ihnen Freude, denn er war nicht nur besonders abwechslungsreich, sondern wurde mit zunehmendem Alter der Gehölze immer wertvoller. Einige aus der Familie wurden Mitglied im Deutschen Dendrologen-Verband, so auch mein Großvater. Er trat ihm Anfang des 20. Jahrhunderts bei und hielt bis an sein Lebensende und über alle zeithistorischen Veränderungen hinweg daran fest. Gerne korrespondierte er mit anderen Baumspezialisten, tauschte sich mit ihnen aus oder traf sie in namhaften Parks und Gärten.

Im Zusammenhang damit beschäftigte sich mein Großvater mit dem Verlauf unterirdischer Wasseradern und rätselhaften Magnetismen. Er war überzeugter Wünschelrutengänger und glaubte den Verlauf solcher Adern eindeutig nachweisen zu können. Seinen Beobachtungen nach waren Bäume in der Lage, auf die unterirdischen Strömungen zu reagieren. Das zeige sich etwa an bestimmten Auswüchsen und Oberflächenveränderungen in der Rinde. Vielerorts ging er seinen Theorien nach und suchte dafür Bestätigung: »So stand auch – bis sie 1967 von einem Gewittersturm völlig zerstört wurde – vor dem fürstlich zu Waldburgischen Wasserschloß in Bad Waldsee (Süd-Württemberg) eine uralte Linde, die in zwei auseinanderklaffende Hälften gespalten, immer durch dicke, breite Eisenbänder zusammengehalten werden sollte, die aber diese Eisenbänder immer wieder auseinandersprengte. Mit der [Wünschel-]Rute konnte ich feststellen, daß sich genau unter dem Spaltriß eine starke Wasserader hindurchzog, die

Familienleben in Pförten

in der Schloßgräfte mündete. Daß der Baum trotzdem einen Durchmesser von etwa 120 cm erreicht und über ein Jahrhundert allen Stürmen widerstanden hat, ist bezeichnend für die Zähigkeit und Wachstumsfreudigkeit der Linde, dieser geduldigste aller europäischen Bäume. Deshalb ist er wohl auch der beliebteste Allee- und Straßenbaum geworden.«[131]

Die Aufzeichnungen meines Großvaters klingen in der Rückschau ein wenig umständlich, aber sie zeigen, wie ernst ihm das Wesen der Bäume war. Er sah genau hin, zog seine Schlüsse und verhielt sich danach. Zu »Christinsruh« notierte er: »Der jüngere durch Auto und Kraftrad des Gehens noch nicht ganz entwöhnte Spaziergänger, besonders jeder Forstmann, Dendrologe und Waldfreund aber wandte sich auf den breiten, nach Süden führenden Fahrweg in den Teil von Christinsruh, der erst vom Großvater und Vater des Verfassers in den Jahren von 1870 bis 1911 auf durchweg ärmstem Sandboden angelegt und von seinem Bruder ab 1911 [...] sorgfältig weitergepflegt und verbessert worden war. Staunend konnte er gleich zu Beginn des Weges sehen, wie prächtig dort gemischt mit Akazie, Lärche, Birke, Weißbuche, Roteiche und allen Arten von Sträuchern 1880 auf weißem, kaum noch lupinefähigem Sand gepflanzter Buchenbestand gediehen war. Etwas weiter schon konnte er feststellen, dass [sich] gleichzeitig – aber auf einer zu Tage tretenden Lehmader – gepflanzte amerikanische 20 bis 25 m hohe Eichen (quercus rubra, palustris, imbricaria und coccinea) in der kurzen Zeit von 50 Jahren bereits beachtliche Stämme mit einem Durchmesser von 40 bis 50 cm in Brusthöhe gebildet hatten. [...] Durch diese hochinteressante Anbauversuche war hier der deutliche Beweis erbracht, daß die bis dahin allgemein verbreitetet Ansicht, auf Sandboden könne nur die Kiefer gedeihen, nach diesen Erkenntnissen offenkundig revisionsreif war.«[132]

Aus der Liebe zu Bäumen und Parks erwuchs auch die Freundschaft der Brühls zur Familie Pückler in Branitz und Bad Muskau, nördlich von Pförten gelegen. Sie reichte weit über eine gewöhnliche Nachbarschaft unter Standesherren hinaus und stiftete Verbindungen bis in die Neuzeit. 1817 arbeitete Jacob Heinrich Rehder (1790–1852) in Pförten, der später Obergärtner bei Hermann von Pückler (1785–1871) wurde und den Park von Muskau entschieden mitgestaltete. Landschaftsarchitekt Wecke qualifizierte sich dank seiner Recherchen über Brody zum Parkdirektor von Branitz. Knapp zweihundert Jahre nach Rehders Fortgang stiftete Cottbus der Gemeinde Brody einen Schössling der Rotbuche, die ihre tiefroten Blätter und ausladenden Äste gleich neben dem Pückler-Schloss in Branitz ausbreitet.

Auch zum Forster Rosengarten, eröffnet 1913 anlässlich des 25-jährigen Thronjubilaums Wilhelms II. (1859–1941), bestanden enge Verbindungen. Zwecks Vergrößerung der Gartenanlage hatte die Stadt das dafür notwendige Areal von der Familie gepachtet, später kaufte sie es ihr ab, und ab 1913 schmückte ein Schalenbrunnen aus dem Rosengarten die Wiese vor der Freitreppe im Pförtner Schlosspark. In den Fontänen spiegelte sich das Sonnenlicht und erinnerte an die barocken Wasserspiele, die Heinrich und sein Gartenarchitekt einst an dieser Stelle für den König hatten erstehen lassen.

Ähnlich wie das ganze Anwesen hüteten Friedrich August Adalbert und seine Nachkommen das bewegliche Gut, das Heinrich der Familie in Pförten hinterlassen hatte, so auch seinen persönlichen Schreibtisch, ein schmales barockes Möbelstück mit schlanken geschwungenen Beinen. Arthur von Strachwitz (1833 bis 1895), ein Nachbar aus Oberschlesien, der mit der Familie entfernt verwandt war, schrieb in seinen Erinnerungen: »Das Haus quoll über von prachtvollen französischen Möbeln, herrlichen Gobelins und vor allem von Meißner Porzellan.«[133]

Das Schwanenservice kommt ins Museum

Zentrales Augenmerk lag auf dem Schwanenservice, das über die Jahrzehnte in unverminderter hoher Stückzahl in Pförten aufbewahrt wurde. Einzelne Prachtstücke wie Terrinen, Leuchter oder Appliken schmückten die Pförtner Wohnräume. Wer die Familie besuchte, sah sie aufgestellt in Vitrinen, in Fensterschränken oder auf Konsolen. Instinktiv fühlte man das Bedürfnis, die Hände um die hübschen Gegenstände zu legen, sie nicht nur anzuschauen, sondern gleichzeitig zu beschützen, als habe man es mit lebenden Wesen zu tun, derart zerbrechlich wirkten sie. Ähnlich hätte man die Kultur bewahren wollen, in der sie entstanden waren, die Zeit festhalten, die sie repräsentierten.

Der Großteil des Porzellans war sorgsam verwahrt worden, in geschlossene Schränke geräumt oder, in Papier oder Karton verpackt, im Keller eingelagert. Bei großen Festen – runden Geburtstagen, Hochzeiten, Taufen – wurden auch diese Teile hervorgeholt, die Teller und Tassen, die Kannen, Fruchtschalen und Servierlöffel einzeln gesäubert und abgerieben, die Tische mit dem kostbaren Service gedeckt. Allein die Comtessen durften es reinigen.

Dann lebten die alten Zeiten wieder auf, zahlreiche Gäste waren zugegen, die das Porzellan zu schätzen wussten und sich daran erfreuten. Jeder Anwesende, die Verwandten, Nachbarn und Freunde, durfte gleichermaßen daran teilhaben, wurde dadurch geehrt und mit einbezogen. Diese Feste stellten Höhepunkte im Leben der Familie dar, Zeiten, auf die sie sich gebührend vorbereitete und die sie nie wieder vergaß. Sie waren mit starken Emotionen verbunden, dienten dem Zusammenhalt und waren letztlich Ausdruck der eigenen Identität. Kein Wunder, dass sich das Porzellan, das an solchen Tagen genutzt wurde, unauslöschlich mit dem Selbstverständnis der Brühls verband. Sie betrachteten es als ihre ureigenste Aufgabe, der Nachwelt diesen Schatz zu bewahren.

Spezialisten und Fachleute aus dem Museum behielten das Schwanenservice in Erinnerung, wussten um seine Bedeutung, kannten den Ort, wo es verwahrt wurde, und berichteten den folgenden Generationen davon. Anfang des 19. Jahrhunderts büßte es jedoch an kunsthistorischer Bedeutung ein. Das lag am spezifischen Zeitgeschmack. Porzellan galt plötzlich als kitschig, unseriös und beliebig. Wer sich damit umgab, bewies mangelnden Stil. Bereits 1755 hatte Winckelmann befunden, »das mehrste Porcellain ist in lächerliche Puppen« geformt.[134]

Das prägte auch die Kunstsammlungen in Dresden, insbesondere die Bestände des Japanischen Palais. Die Porzellane wurden in die Keller gebracht, eingelagert und die Ausstellungsräume mit Antikenskulpturen, Münzkabinetten und Bibliotheken bestückt. Ende des 19. Jahrhunderts änderte sich der Geschmack wieder, und im April 1876 erhielt die Dresdner Porzellansammlung feierlich neue Räume zugewiesen. Sie lagen

Familienleben in Pförten

im Obergeschoss des Johanneums, eines Galeriegebäudes, das sich auf derselben Elbseite wie das Schloss befindet, sich zum Neumarkt hin öffnet, mit direkter Sicht auf die Frauenkirche.

Dank Augusts II. Leidenschaft und der immensen Auswahl an Porzellanen aus sämtlichen Jahrhunderten konnte sich das neue Museum in Kürze einen hervorragenden Ruf erwerben. Nicht nur die geographische Nähe zu Meißen und das enorme Wissen über die Herstellung, sondern auch die Informationen und Kenntnisse zur Provenienz einzelner Kunstwerke machten die Dresdner Wissenschaftlern zu Spezialisten ihres Fachs. Hier war schließlich von Beginn an nahezu lückenlos Porzellan gesammelt und sämtliche Erwerbungen dokumentiert worden. In solch einem Umfeld konnten grundlegende Werke zu den unterschiedlichsten Porzellan- und Fayencemarken entstehen, zu japanischen und chinesischen sowie Meissener Porzellanen.

1899 wurde die Fachwelt auf das Schwanenservice neu aufmerksam. Dresden fragte in Pförten an, ob es in der Deutschen Kunstausstellung an der Elbe gezeigt werden könne. Friedrich-Joseph, Majoratsherr und ältester Bruder meines Großvaters, reagierte entgegenkommend. Er war gerne bereit, der Öffentlichkeit einzelne Teile zugänglich zu machen, und erstmals verließen dreißig Exemplare das Haus. Formvollendet präsentiert, schmückten sie ein eigens hergestelltes Ausstellungsmöbel sowie einen mit einem bodenlangen Tuch bedeckten Tisch. Plötzlich besann man sich wieder auf die Kunstfertigkeiten, die im augusteischen Zeitalter in Sachsen entwickelt und gepflegt worden waren, und empfand Stolz auf ihre Resultate. Keine Kritik am Premierminister wurde laut, keine üble Nachrede.

Das Brühlsche Schwanenservice stand für die Anmut und Vielfalt der sächsischen Kultur, der Name Brühl für ihre Beförderung. Die Familie dankte es dem Land und stellte dem Museum 1907 ein halbes Jahr lang zwölf Exemplare zur Verfügung. Auch wurden weitere Stücke auf einer Ausstellung zu Heraldik in Berlin und im Kunstgewerbemuseum gezeigt.

Gut zehn Jahre später regte sich in Dresden der Wunsch, das Brühlsche Schwanenservice dauerhaft in die Porzellansammlung zu integrieren. 1920 machte sich Karl Berling (1857–1940), der Gründer des Kunstgewerbemuseums, schließlich auf den Weg nach Pförten, um eigenhändig weitere Teile des Service auszuwählen und nach Sachsen mitzunehmen. Wieder fand er offene Ohren. Mein Großonkel wusste, wie bedeutend das Schwanenservice für die Welt der Porzellankenner war, schließlich stand es für eine lange Tradition künstlerischer Kennerschaft, angefangen bei Erfindern wie Böttger und Tschirnhaus bis zu Meistern wie Kändler, Eberlein oder Höroldt. Es ging um die bedeutendsten Kunstler des Landes in einer für Dresden und Meißen historisch wichtigen Zeit, in der ihre Manufaktur weit über die Grenzen hinweg Bekanntheit erlangte. Mein Großonkel wollte und konnte der Öffentlichkeit den Zugang zu diesen Kostbarkeiten nicht verwehren. Er gestattete, zusätzlich 25 Stücke zu entnehmen und als Dauerleihgabe innerhalb der ständigen Sammlung des Museums zu zeigen.

Diesmal drang die Familie allerdings darauf, die Einzelteile zu versichern und in der Ausstellung ausdrücklich als Eigentum des Gräflich-Brühlschen Familienfideikomisses zu kennzeichnen. »Um die Sicherheit der Porzellane zu erhöhen, wurde beim Reichsministerium des Innern beantragt, sie in das Verzeichnis national wertvoller Kunstwerke aufzunehmen, was am 10. September 1920 erfolgte. Damit war die Ausfuhr verboten.«[135] Brühls waren bereit, das Service auszustellen, aber die Stücke durften weder beschädigt noch verkauft und die Sammlung keinesfalls auseinandergerissen werden. Das Schwanenservice war unveräußerlicher Bestandteil des gemeinschaftlichen Eigentums. Es musste vollständig im Besitz einer einzelnen Person verbleiben, des jeweiligen Ältesten und Oberhaupts der Familie und damit des direkten Nachfolgers des Premierministers und Erben des Majorats.

Berling ging auf alle Forderungen ein. Er hatte verstanden, dass dieses Service für die Familie mehr als einen Vermögenswert darstellte. Bei dem Transport von Pförten nach Dresden war er persönlich zugegen. Während der Direktor vorn auf dem Kutschbock Platz nahm, saß ein Museumsaufseher mit geladener Pistole hinten bei den Kisten. Ein weiterer Mitarbeiter soll einen einzelnen Tafelschmuck per Bahn im Offizierskoffer transportiert haben.[136]

Friedrich-Joseph muss sich durchaus Sorgen gemacht haben, als der Wagen mit den Einzelteilen des kostbaren Service vom Hof rollte. In einem Brief vom März 1920 bat er Berling eindringlich, er möge Sorge tragen, dass niemand erfahre, dass sich weitere Teile in Pförten befänden. Er wollte vermeiden, dass die Familie überfallen und ausgeplündert würde. Brühls wären dem hilflos ausgesetzt gewesen, schließlich waren sie keine wehrhaften Charaktere und Pförten keine Ritterburg.

Auch hingen sie an ihrem Porzellan, mehr als ein Jahrhundert war es nun in ihrem Besitz. Jeder Nachkomme kannte es und fühlte sich ihm persönlich verbunden. Wenn eine Brühl heiratete, wurde vom Schwanenservice gegessen, so gebot es die Tradition. Hunderte von Gästen sollten sich an ihm erfreuen wie zu Heinrich und Mariannes Zeiten.

So schmückten Galathea und Acis auch die Tafel bei den Hochzeiten meiner Tanten Anna Berta mit Otto Graf von und zu Westerholt am 25. Oktober 1904 sowie von Maria Sidonia mit Heribert Graf von Spee am 23. Juni 1920. Ebenso stand es bei den beiden denkwürdigen Trauungen am 3. September 1935 und am 9. April 1940 auf dem Tisch, als zwei Schwestern Brühl zwei Brüder heirateten: Sophie und Maria de Victoria, die Männer stammten aus der Familie von Nostitz-Rieneck. Die Schwäne verhießen den jungen Paaren Frieden und Beständigkeit, die Nereide stand für Glück und Harmonie. Es wurde Orangenblüteneis in den »Pomme-de-sine-Bechern« serviert, die Blüten stammten aus der Orangerie im Schlosspark.

Bei Familienfeiern wie Hochzeiten schmückte das Schwanenservice die festlich gedeckte Tafel

Industrialisierung und Kaiserzeit

Brühls in Ostpreußen, Bayern
und Baden-Württemberg

1882–1939

Glück in der Ferne

Jede Pförtner Hochzeit, noch so schön ausgerichtet mit Trauung in der Schlosskapelle, festlichem Diner samt Schwanenservice und Ball im Saal, enthielt auch einen Wermutstropfen: Nach Abschluss der Feierlichkeit verließ die Braut für immer das Haus. Wenn sie zurückkehrte, war sie nur noch zu Gast, wurde mit einem Handkuss empfangen, selbst von den allernächsten Neffen, und konnte nicht für immer bleiben. Manche verabschiedete sich nach ihrer Hochzeit unter Tränen von den Eltern. Trotz der Liebe zum Ehemann fiel die Trennung von zu Hause schwer.

Doch die Verbindung zur Heimat riss nicht ab. Die Familien schrieben sich eifrig Briefe, besonders Mütter und Töchter, und kam erst einmal der Sommer mit seinen ländlichen Freuden, kehrten einige der jungen Familien zurück. Später schickten sie ihre Kinder in die Lausitz, damit sie bei der Großmutter, den unverheirateten Tanten und Onkeln beziehungsweise Vettern und Cousinen die Ferien verbrachten. Von solchen Zeiten künden die Fotos, die im Freien, oftmals auf den Treppenstufen vor oder hinter dem Haus, aufgenommen wurden, alle Kinder der Größe nach aufgereiht.

Auf der Rückseite sind diese Fotografien sorgfältig beschriftet, mit Datum der Aufnahme und Namen der Abgebildeten, im besten Fall sogar mit ihren Geburtstagen, denn schon wenige Monate später waren die Kinder wieder gewachsen und hatten sich derart verändert, dass man sie nicht mehr zuordnen konnte. Hinzu kam

Industrialisierung und Kaiserzeit

In der warmen Jahreszeit trafen sich Cousinen und Vettern in Pförten und verbrachten gemeinsam den Sommer, Aufnahme um 1927

die Familienähnlichkeit, die sich bei allen Verwandten durchsetzte, beim einen mehr, beim anderen weniger. Wie leicht wurde da Tante mit Cousine verwechselt, eine Jugendaufnahme der Mutter mit dem Bild einer Nichte. Ähnlich war es bei den Vettern und Onkeln. Ließ einer der Heranwachsenden sich einen Bart wachsen, sah er plötzlich aus wie der eigene Großvater.

Die Söhne absolvierten traditionell nach Abschluss der Schule eine Militärausbildung. Die meisten von ihnen wurden Offiziere. Später studierten sie Betriebswirtschaft oder Jura oder absolvierten eine Ausbildung in der Forst- beziehungsweise Landwirtschaft. In alle vier Winde verschlug es die Nachgeborenen, sie gründeten selbst Familien, machten ihr Glück. Allein der jeweils Älteste blieb in Pförten, übernahm das Erbe und war bemüht, die nähere und weitere Verwandtschaft zusammenzuhalten. Bezugsrahmen blieben dabei Deutschland und Polen, Österreich, Böhmen und Tschechien, die Metropolen Europas. Jeder suchte sich dort zu engagieren, wo er konnte und lebte.

Urgroßonkel Franz und Alfred

So studierte Franz (1852–1928), einer der zahlreichen Onkel meines Großvaters, Jura in Bonn, Straßburg, Leipzig und Berlin, heiratete am 10. November 1897 ins Schwäbische, wurde nach Einsätzen in Forst, Trier und Koblenz Regierungspräsident der Hohenzollerschen Lande und starb in Freiburg. Eine seiner beiden Töchter wurde Ärztin und gehörte zu den wenigen Brühls, die promoviert wurden.

Franz' jüngerer Bruder Alfred (1862–1922) hatte das künstlerische Talent geerbt, das sich über die Generationen regelmäßig bei dem einen oder anderen Brühl zeigte, und wurde am 1. Oktober 1916 zum Direktor der Kunstakademie Königsberg berufen. Er hatte zuvor in Karlsruhe Kunst studiert, war dann an die Akademie nach Düsseldorf gewechselt und hatte sich dort der Künstlervereinigung »Malkasten« angeschlossen. Deren Mitglieder sahen sich als Nachfolger der Märzrevolutionäre von 1848 und ihr Ziel darin, Künstler jeglicher Couleur aufzunehmen. Hier durften auch Kreative Mitglied sein, die ihr Geld hauptamtlich als Lehrer oder Richter verdienten. Der »Malkasten« machte Furore in Stadt und Land, war diskussionsfreudiger Versammlungsort und Stätte unbeschwerten Vergnügens. Hier wurden kritische Texte verlesen, das Theaterformat »Lebende Bilder« gepflegt und zeitgenössische Arbeiten ausgestellt. Es war ein Hort der Freiheit und Selbstbestimmtheit.

Industrialisierung und Kaiserzeit

Alfred heiratete 1908 in Prag Therese von Lobkowicz (1876–1958) und hatte mit ihr vier Kinder: Georg-Alfred (1910–1919), Maria Anna (1912–2000), Ferdinand (1913 bis 1944) und Maria Paula (1915–2003). Alle bis auf Paula wurden in Düsseldorf geboren. Im Ersten Weltkrieg zog sich die Mutter mit den Kindern vor den heranrückenden Truppen zu Verwandten nach Süddeutschland zurück. Während Anna Fürsorgerin wurde und sich nach dem Zweiten Weltkrieg für alleinerziehende Mütter im Raum München engagierte, besonders für die verfemten Frauen, die Kinder von ausländischen Besatzungsoffizieren bekommen hatten, erbte ihre Schwester Paula das Talent des Vaters und wurde Malerin.

Alfred war ein sogenannter Jagdmaler. Seine Bilder schmücken heute das Ostpreußische Landesmuseum in Lüneburg. Künstler dieser Stilrichtung fanden ihre Motive in der freien Natur oder im Gehege. Ihre Bilder leben von der präzisen Darstellung von Rehen, Füchsen, Fasanen oder Enten, Ansichten von Wildschweinrotten oder Hirschrudeln sowie von dramatischen Licht-, Landschafts- und Himmelsszenerien. Ihre Vorlagen fanden sie in dünn besiedelten Regionen, in Feldern, Sumpfgebieten oder eben mitten im Wald. In Königsberg begründete Alfred eine regelrechte Stilrichtung dieser Art. Namhafte Künstler gingen aus seiner Schule hervor und stehen heute für die Bedeutung jener Region und Epoche.

In der Zeit zwischen den Kriegen änderte sich die Stimmung an der Königsberger Akademie und führte zu politischen Konflikten. Unter dem Druck von Studenten, die nach der Novemberrevolution 1918 aus dem Militärdienst zurückgekehrt waren, forderte eine Vollversammlung der Lehrer und Schüler am 20. Januar

1919 selbstkritisch eine Neukonstituierung der Einrichtung. Alfred wusste damit nicht umzugehen. Als engagiertes Mitglied des »Malkastens« hatte er sich eigentlich immer als kritischer Künstler verstanden. Irritiert reichte er seinen Rücktritt ein.

Die Kollegen waren entsetzt und wollten ihn nicht ziehen lassen. Es war keineswegs ihr Ziel gewesen, ihn aus seiner Position zu vertreiben. Enerviert ließ er sich daraufhin im Mai aus Gesundheitsgründen beurlauben und zog sich nach Niederschlesien zurück. In Weizenroda fand die Familie Aufnahme bei Verwandten seiner Frau. Am 1. Juli 1920 wurde ihm der Rücktritt genehmigt, doch die Situation muss ihm stark zugesetzt haben. Zwei Jahre später starb er in Schlesien.

Alfreds Frau überlebte ihn um sechsunddreißig Jahre und musste die Kinder unter schwierigen Bedingungen allein aufziehen. Von einem nennenswerten Erlös aus dem Verkauf der Bilder ihres Mannes konnte zweifellos keine Rede sein. Hinzu kamen die allgemeine wirtschaftliche Lage, die schweren Nachkriegsjahre, die Inflation. Meine Tante Anna erzählte mir, sie und ihre Geschwister seien als Kinder ganz ärmlich aufgewachsen.

Großonkel Vincenz

Der jüngste Bruder meines Großvaters hieß Vincenz (1885–1970) und war künstlerisch ähnlich begabt wie sein Onkel. Er wollte Architekt werden und verließ Pförten, um in Berlin-Charlottenburg an der Technischen Hochschule Hochbau zu studieren. Seine Frau Henriette von Spreti (1893–1970) stammte aus Bayern, dort wurden die beiden ansässig und zogen in die Nähe von Bad Aibling. Sie bekamen vier Kinder, zwei Töchter und zwei Söhne. Die zweite in der Reihe, Christine (1921–2018), wurde im Zweiten Weltkrieg Nachrichtenhelferin und Krankenschwester. Nach dem Krieg heiratete sie einen Witwer, Sylvester Griek, mit drei Kindern.

Ihre Erinnerungen *Ein Ahornblatt* (2018), die Christine Griek erst in ihren allerletzten Lebensjahren aufgeschrieben hat, enthalten zahlreiche Geschichten und Anekdoten, die um Pförten in der Zeit vor dem Zweiten Weltkrieg kreisen, wo sie als Kind und junges Mädchen häufig die Ferien verbrachte. »Mein Vater fuhr jeden Sommer in seine Niederlausitzer Heimat, und immer nahm er eines von uns Kindern mit. Früher ging's mit der Bahn, später dann mit dem Auto. […] Als kleineres Kind war mir das große Haus, die vielen Menschen und die ausgestopften Tiere an den Wänden unheimlich gewesen. Jetzt aber gefiel es mit dort sehr gut, es waren immer junge Leute da, und wir gingen oft zum Schwimmen im nahen Teich.«[137]

Die Fotos, die in dem Buch abgebildet sind, zeigen Christine im Kreis ihrer Geschwister, Vettern und Cousinen am Rand des Schalenbrunnens im Park sitzend oder auf den Stufen, die vom Schloss in den Park führten. Im Hintergrund sind die hölzernen Aufbauten über dem beidseitigen Altan zu erkennen, an denen sich schattenspendender Wein oder Efeu emporrankte. Schloss und Garten waren zu dieser Zeit noch vollkommen intakt, das Leben verlief in geruhsamen Bahnen. Christines Erinnerungen wirken, als werde sich daran nie etwas ändern.

Allenstein

Auch mein Großvater verließ zwecks Ausbildung und beruflicher Weiterentwicklung die Lausitz. Er studierte Jura in Berlin, erhielt eine Stelle als Landrat in Allenstein, zuständig für den Landkreis Ermland, und zog nach Ostpreußen, ging also ähnlich wie seine Vorfahren in den preußischen Staatsdienst. Die Region, in der er zum Einsatz kam, galt als abgelegen, durchweg traditionell und ländlich. Sie galt als Jagdparadies. Hier wurde Pferdezucht großgeschrieben.

In der Tat besaß Ostpreußen kaum Bodenschätze oder Industrie, Königsberg war die einzige Großstadt. Die Bevölkerungsdichte betrug 64 Einwohner pro Quadratkilometer. Das Land wurde zu siebzig Prozent land- und forstwirtschaftlich genutzt, es verfügte ferner über ein nicht zu unterschätzendes Maß an militärischer Präsenz. In exponierter Grenzlage am östlichsten Rand Preußens gelegen, waren hier stets erhebliche Truppenkontingente stationiert. Die Armee war allgegenwärtig, Königsberg im Kaiserreich neben Berlin und dem in Lothringen liegenden Metz drittgrößte Garnisonsstadt. Sie beherbergte einige der traditionsreichsten Einheiten der preußischen Armee.

Mit der Reichsgründung 1871 hatte eine Woge nationaler Begeisterung die Bevölkerung erfasst. Ost- und Westpreußen wurden zur »Provinz Preußen« zusammengelegt und gehörten auf einmal zum Deutschen Reich. Ein neues Selbstbewusstsein machte sich in der Region breit und mündete in eine stark patriotische, kaisertreue Grundhaltung.

Diese Gemengelage schreckte meinen Großvater anfangs nicht. Schließlich kam er selbst aus konservativem Haus, fühlte sich dem Kaiser traditionell verpflichtet. Seine Brüder und er hatten in den Kavallerieregimentern der preußischen Armee gedient, waren alle in den Ersten Weltkrieg gezogen, er als Offizier bei den Potsdamer Garde-Ulanen, sein ältester Bruder bei den Garde-Dragonern. Zwei weitere Brüder waren aktive Offiziere bei den 5. Ulanen in Düsseldorf. Die Abgeschiedenheit der Region konnte ihn, geboren und aufgewachsen in Pförten, erst recht nicht erschüttern.

Während des Krieges änderte sich die Stimmung in Ostpreußen allerdings dramatisch. Gleich zu Beginn überschritten russische Soldaten die Grenze, zerstörten Städte, Dörfer und Höfe. Ostpreußen war faktisch die einzige Region in Deutschland, die zum Kriegsschauplatz wurde und Übergriffe, Besatzung sowie Zerstörung und Flucht der Zivilbevölkerung erlitt. Der rasche Sieg Paul von Hindenburgs (1847–1934) bei Tannenberg ermöglichte bereits nach wenigen Wochen eine Rückkehr, doch die Verwüstungen in den östlichen und südlichen Landesteilen waren erheblich.

Auch die Folgen der Niederlage waren für diese Region 1918 von einschneidender Wirkung. 1920 trat der Versailler Friedensvertrag in Kraft, und Westpreußen fiel zu weiten Teilen an das wiedererstandene Polen. In Ostpreußen betraf dies das Gebiet um Soldau bei Neidenburg. Im Norden wurde das Memelland dem Völkerbund unterstellt, 1923 dann von Litauen annektiert. Durch den »Polnischen Korridor« wurde die Region vom Deutschen Reich abgetrennt. Aufgrund dieser Isolation wirkten sich Wirtschaftskrise, Arbeitslosigkeit und Hyperinflation der 1920er Jahre auf Ostpreußen besonders gravierend aus und belasteten das Vertrauen in die neue Staatsform.

Die Provinz litt zudem unter einer Absatzkrise: Der Vertrieb in das abgetrennte Reich durch Polen war kompliziert, während der Transport über die Ostsee die Wege und Lieferzeiten verlängerte. Das verteuerte ostpreußische Exportwaren wie beispielsweise Butter und Tilsiter Käse, die zuvor in Berlin und anderen deutschen Städten beliebt und gefragt waren.

Eine Volksabstimmung am 11. Juli 1920 in weiten Teilen Masurens und des Ermlands sowie im östlichen Westpreußen sollte über den Anschluss an Polen Klarheit verschaffen. Mit überwältigender Mehrheit votierte Ostpreußen für Deutschland. Im Abstimmungsgebiet Allenstein stimmten 97,9 Prozent für einen Verbleib im Reich. Gleichzeitig herrschte auf beiden Seiten eine national aufgeheizte Stimmung. Das Verhältnis zu den neuen Nachbarn war nachdrücklich belastet.

Mein Großvater blieb seinem Vorhaben weiterhin treu. Er war glücklich über seine Festanstellung in Allenstein als preußischer Beamter. Zeit seines Lebens kränkelnd und von zarter Statur, war er von Natur aus zurückhaltend und verband seine Zukunftspläne nicht mit übergroßen Ansprüchen an die Realität. Seine Position war für ihn im Grunde genommen eine Auszeichnung, eine Bestätigung für das erfolgreich abgeschlossene Studium. Die Abgeordneten und Landräte Ostpreußens rekrutierten sich ausschließlich aus dem preußischen Adel und großbürgerlichen Kreisen. Sie waren quasi dorthin delegiert worden. Er hatte das Gefühl, angekommen zu sein.

Hinzu kam, dass er auch persönlich sein Glück machte. Er verliebte sich in eine waschechte Ostpreußin, Jeanne von Stockhausen (1885–1957). Sie war in Gumbinnen geboren, kurz vor der litauischen Grenze, hatte drei Schwestern, und ihr Vater, Klemens von Stockhausen (1845–1895), war Landesdirektor der Provinzialverwaltung Ostpreußen.

Die eigentliche Ostpreußin in der Familie war Jeannes Mutter, Jeanette Wien, denn auch ihr Gatte Klemens, geboren im Rheinland, war 1877 aus dem Reich in den Osten gekommen und zunächst Landrat für den Kreis Preußisch Holland geworden. Jeanettes Vater hingegen hatte in Königsberg gelebt, sein Geld mit Getreidehandel gemacht und war ein vermögender Mann geworden. Die Stadt an der Pregel war sowohl ein Zentrum der Wissenschaft und Forschung mit eigener Sternwarte und namhaften Gelehrten fast jeder Disziplin, allen voran der Philosoph Immanuel Kant (1724–1804), als auch bis zum Ende des 19. Jahrhunderts ein bedeutendes Wirtschaftszentrum zwischen Ost und West. Das hatte sich Wien zunutze gemacht und seine Handelsverbindungen nach Russland erfolgreich ausgebaut. Dank seiner Umsätze konnte er Güter in Ostpreußen erstehen, so in Gumbinnen und in Bansen bei Allenstein. Im Wesentlichen jedoch, so wurde mein Vater nicht müde herauszustreichen, hätte er seinen Reichtum der Preußischen Klassenlotterie verdankt, bei der sein Bruder und er zweimal das große Los gezogen hätten. So unwahrscheinlich diese Geschichte klingen mag, sie veranlasste meinen Vater – obwohl ein durchaus rationaler Mensch –, bis ins hohe Alter regelmäßig Lotto zu spielen.

Meine Großeltern waren glücklich, einander gefunden zu haben. Beide nicht mehr die Jüngsten, bei der Eheschließung war sie 39 und er 42 Jahre, bekamen sie kurz hintereinander vier gesunde Kinder, darunter eine Tochter, und hingen zeitlebens sehr aneinander.

Meine Großmutter verfügte über Unerschrockenheit

und Pragmatismus und hatte gleichzeitig, passend zu ihrer ostpreußischen Herkunft, ein weiches Herz und jederzeit Verständnis für das zarte Gemüt meines Großvaters. Die beiden heirateten 1924 in Groß-Köllen, und während mein Vater als Ältester in einem Königsberger Krankenhaus geboren wurde, dem Katholischen Elisabeth-Krankenhaus der Grauen Schwestern in der Ziegelstraße, das Jeannes Vater mitbegründet hatte, kamen seine drei jüngeren Geschwister allesamt zu Hause auf die Welt.

In Allenstein bewohnte die Familie das Landratsamt, unten befanden sich die Büros und der Saal, in dem sich der Kreistag versammelte, oben die privaten Zimmer und hinter dem Haus ein innerstädtischer Garten, den

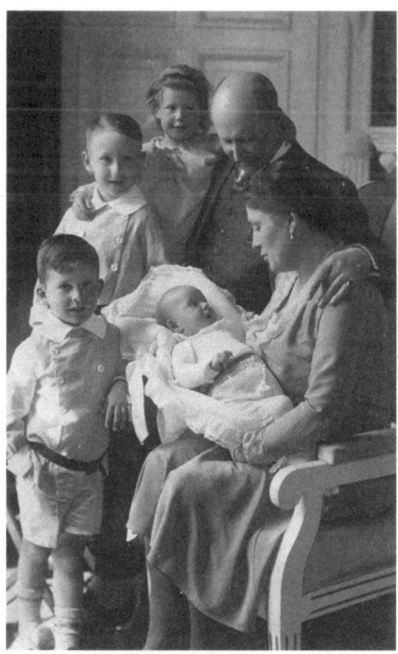

Großvater Georg mit Frau und
Kindern in Allenstein, um 1931

die Kinder besonders liebten. Da bei meinem Großvater Berufs- und Familienleben nah beisammenlagen, wurden sie frühzeitig Zeugen aktueller politischer Ereignisse. So erinnerte sich mein Vater – er muss etwa neun Jahre alt gewesen sein –, wie sich eine größere Anzahl von Honoratioren im Saal versammelte, um 1935 gemeinsam die Übertragung zur Wiederangliederung des Saarlandes anzuhören. Die wenigsten besaßen damals ein eigenes Radio.

Bisweilen durfte er den Vater auf seinen Dienstfahrten durch den Kreis begleiten in einem, wie er sich in seinen Memoiren erinnerte, »kastenartigen Mercedes«. Die ganze unberührte Schönheit Masurens rollte dann vor beider Augen vorüber, die dichten Wälder und verschwiegenen Dörfer, weite Seen, die im Winter monatelang zugefroren waren. Unvergessen blieb meinem Vater ein Spiel in der Dämmerung an der Maranse, bei dem er mit Freude und gewaltigem Lärm Eisschollen ins Wasser warf, die er an der Uferböschung gefunden hatte. Oder er erinnerte sich an einen Marsch mit dem Vater quer über einen zugefrorenen See zu einer Insel mit Gaststätte, die im Winter allerdings geschlossen war. Die Stille wurde von dem unheimlichen Geräusch unterbrochen, das über den See raste, wenn das meterdicke Eis plötzlich riss und das eindringende Wasser sofort wieder gefror. Die Angst, die mein Vater dabei empfand, verfolgte ihn noch, als er selbst Kinder hatte. Seine Panik vor Glatteis war sprichwörtlich.

Am besten gefielen ihm die Ausflüge in den Wald, den mein Großvater für den Landkreis nach und nach aufgekauft hatte. Es handelte sich um Landstriche, die von masurischen Bauern aufgegeben worden waren, wenn diese aus wirtschaftlicher Not ins Ruhrgebiet auswanderten. Dann fiel es dem Großvater nicht schwer, seinen Sohn für die Besonderheiten dieser Gegend zu begeistern: »So stand ich einmal auf einem Hügel oberhalb der Maranse, einem kleinen Flüsschen im Kreiswald, wo mein Vater mir die südlichste Spitze des Landkreises Allenstein zeigte, die mit der südlichsten Spitze des ehemaligen Bistums Ermland zusammenfiel.«

Das Ermland hatte als geschlossene katholische Region innerhalb Ostpreußens eine lange, eigenständige Geschichte. Im Zuge der Eroberung des Prußenlandes durch den Deutschen Orden waren 1243 vier Bistümer entstanden: Kulm, Pomesanien, Samland und Ermland. Während einer Krise widersetzte sich das Ermland dem Orden und gehörte von 1466 bis 1772 zur Krone Polens. Bei Einführung der Reformation im Herzogtum Preußen blieb es daher katholisch. Auch im Folgenden entwickelten sich seine politischen und kirchlichen Verhältnisse eigenständig, was auch für bestimmte Formen der Volkskultur wie ländliche Bauten und Trachten galt. Besonders in Allenstein gab es noch im 20. Jahrhundert eine größere polnischsprachige Minderheit.

Als gläubige Katholiken waren mein Großvater und seine Frau im Ermland gut aufgenommen worden und erfreuten sich allgemeiner Beliebtheit. Manchmal schimpfte die Großmutter, wenn ihr Mann von seinen Dienstfahrten zurück war, er habe »Spatzendreck« am Kopf. Wie die Kinder erst später begriffen, meinte sie damit, dass er unterwegs bei einem der Großbauern, die er zu besuchen pflegte, Schnaps hatte trinken müssen. Ähnlich erinnerte sich mein Vater an die Stintsuppe, eine regionaltypische Speise, mit der sie bei solchen Besuchen großzügig bedacht wurden. Sie bestand aus lange gekochten kleinen Fischen, abgeschmeckt mit süßer Sahne.

Industrialisierung und Kaiserzeit

Gut Bansen

Höhepunkt für die Familie war, wenn es nach Bansen ging, dem Gut, das Jeanette von ihrem Vater geerbt hatte. Bis zu ihrem Tod im Jahr 1929 lebte sie dort mit der allgemein beliebten Baltin Frau Sengebusch. Schon die Anreise zu seiner Großmutter war für meinen Vater eine einzige Freude. Sie führte über Wartenburg, das noch zum Landkreis Allenstein gehörte, und Bischofsburg, das schon im Landkreis Rößel lag. Dahinter bog der Wagen in eine lange Allee ein, die zum staatlichen Forstamt führte. Dort habe der Förster mit seiner Frau gewohnt, die eine besondere Schönheit gewesen sei, mit prachtvollem schwarzem Haar, von dem aber geflüstert wurde, es sei eine Perücke.

In der Ferne war Wengoyen zu sehen und dann, durch einen See von der Straße getrennt, Stockhausen, eine Ortschaft, die die Dorfbevölkerung nach der Familie meiner Großmutter benannt hatte. Nach einem weiteren Waldstück tauchte der Bansener See auf und dann auch schon das Gutshaus, ein zweistöckiger Bau vom Ende des 18. Jahrhunderts, dem die Familie auf beiden Seiten kleinere Trakte für die Küche und für Wohnungen der helfenden Kräfte hinzugefügt hatte.

Besondere Bedeutung hatte »der Blick«, die Aussicht von der Gartenterrasse. Er prägte sich meinem Vater unauslöschlich ein. In seinen Memoiren schrieb er: »Die sanft abfallende Wiese, rechts von einigen Eichen, links von einem großen Gebüsch eingerahmt. Dahinter lag der Teich, ein mit Entengrieß und grünen Pflänzchen bedeckter Tümpel, und jenseits der Wiese, fast schon in der Ferne, weil ein wenig tiefer gelegen, erkannte man eine Spiegelfläche. Das war der See. Er war von dichtem

Christine von Brühl mit ihrer Tochter auf
Gut Bansen, heute Bęsia, Polen, 2008

Schilf umgeben, ferner einer Weide, auf der die Kühe grasten. Den Horizont bildete der Seewald. Auch er gehörte zu Bansen. Ich erinnere mich noch einer Ankunft, bei der ich – noch ein kleiner Junge – die Treppe von der Vorfahrt hinauf rannte, die Eingangstür aufriss, um den großen Marmortisch herumlief, die nächste Tür öffnete, um dann durch die nächste offene Tür in den Garten zu rennen. Ich stoppte abrupt. Die Sehnsucht nach dem ›Blick‹ war groß gewesen.«

In Bansen verbrachte die Familie Wochenenden und Ferienzeiten. Die Erinnerungen meines Vaters sind voll mit Erlebnissen aus dieser Zeit. Im Sommer gehörte das Schwimmen im See zum täglichen Ritual, im Park durften die Jungen ihre Luftgewehre ausprobieren, schossen ihre ersten Eichhörnchen. »Die Sommer waren lang. Nach dem Mittagessen saß ich auf den sonnendurchglühten Granitsteinen, die die Terrasse an der Treppe begrenzten, und hörte dem Summen der Fliegen zu, – Momente reinen Glücks.«

Das ehemalige Rittergut bestand aus etwa tausend Hektar Wald und Feldern, die Landwirtschaft war verpachtet. Obwohl der Besitz über die Frauen in die Familie gekommen war – auch meine Großmutter war sogenannte Mithrin, also Mitinhaberin von Bansen –, wurde er von dem älteren Schwager verwaltet, Onkel Sarasin, genannt Kuckuck, der mit seiner Frau Franziska das wenige Kilometer von Bansen entfernte Schloss Bergenthal bewohnte, wo sich die nächste Bahn- und Poststation befand. Sarasin stammte aus einer Schweizer Familie, die ihren Besitz im 19. Jahrhundert erworben hatte. Der Besitz soll wenig ertragreich und schwierig zu bewirtschaften gewesen sein.

Tante Fränzchen, wie die Schwester meiner Großmutter in der Familie genannt wurde, war hübsch, fröhlich und gescheit, alles, was man sich von einer nahen Verwandten wünschen konnte. Häufig machten mein Vater und seine Geschwister bei ihr Visite: »Der Besuch in Bergenthal galt vor allem der über alles geliebten Tante Fränzchen, der älteren Schwester meiner Mutter. Sie war unsere liebste Tante und nahm in der Verwandtschaft die einsame Spitze unserer kindlichen Liebe ein. Während der Onkel, versehen mit einem Spitzbart wie Napoleon III., eher nur Respekt einflößte, erzählte sie uns Geschichten, spielte mit uns Spiele, bei denen wir Schokoladenplätzchen gewinnen konnten, und galt als sehr klug, weil sie belletristische, deutsche Literatur kannte und stets auf dem Laufenden war, worüber in intellektuellen Kreisen geredet wurde.« Sie habe die richtigen Bücher empfohlen, den Blick geweitet und auch ostpreußische Dichter gelesen wie Hermann Sudermann und Ernst Wiechert. Gerhart Hauptmann gehörte ihrer Ansicht nach zum Kanon.

Der Kreis um meine Großmutter, ihre Mutter und ihre Schwestern vermittelte meinem Vater das, woran er dachte, wenn später von preußischem Großbürgertum die Rede war. Diese Menschen hielten große Stücke auf Kaiser Wilhelm I. (1797–1888) und verehrten Bismarck, während sie die von Wilhelm II. (1859–1941) geprägte Berliner Großmannssucht ablehnten. Für den »bramarbasierenden« Kaiser und den neobarocken Stil, in dem das neue Berlin entstanden war, hatten sie nichts übrig.

Das Großbürgertum verstand sich als gebildet und stabil. Es hielt auf geordnete Finanzen und strebte nach allmählich wachsenden wirtschaftlichen Erfolgen. Beteiligt an der Gründung des neuen Reiches, war es stolz auf Fortschritt und Entwicklung und hielt gleichzeitig an seiner Schlichtheit fest. Die Auswirkungen des Versailler Vertrags, so erinnerte sich mein Vater, hätten mental schwer auf diesen Menschen gelastet.

Ähnlich wie seinen Bruder Vinzenz zog es auch meinen Großvater im Sommer immer wieder in die Lausitzer Heimat. Dann reiste die Familie quer durch das ganze Land von Ostpreußen bis nach Pförten. Auch die polnische Grenze galt es dann zweimal zu passieren. Deutlich war hier zu spüren, wie isoliert ihr Zuhause geworden war.

In Pförten umgab sie die altgewohnt-familiäre Atmosphäre. Im Salon saß man trotz der herrschaftlichen Umgebung unbefangen beisammen. Die Schwägerinnen

Industrialisierung und Kaiserzeit

liebten die Konversation, mein Großvater unterhielt sich mit seinem Bruder Friedrich-Joseph über gesellschaftliche und politische Fragen. Die Familien trafen sich in ihrer Überzeugung, dass der letzte Kaiser zu nichts nutze gewesen, die Hohlheit der Epoche damals schon spürbar gewesen sei. Jetzt fühlten sie sich wie die Kavaliere in Selma Lagerlöfs *Gösta Berling* (1891) und mussten zusehen, wo sie weiter Verwendung finden könnten.

Die Kinder ahnten nichts von den schwerwiegenden Gesprächen. Mein Vater fühlte sich in Pförten angenommen und zugehörig. Allein das große Haus flößte ihm Respekt ein: »Pförten – da war alles Ehrfurcht gebietend: Das riesige Schloss mit Vorbauten und großer Vorfahrt vor der Treppe, wir wurden mit Pferdekutschen von der Bahn abgeholt, dann die gestrenge Tante und der gewaltige Onkel.«

Aus dem gestrengen Umfeld befreite ihn die zahlreiche Pförtener Cousinage in Gestalt der fünf Töchter des »gewaltigen« Onkels, außerdem der verehrte Vetter Friedrich-August, der einzige männliche Nachkomme der Familie. Obwohl viel älter, denn Friedrich-Joseph war schließlich der Älteste, und mein Großvater hatte, wie erwähnt, spät geheiratet, nahmen die Cousinen die jüngere ostpreußische Verwandtschaft liebevoll auf. »In Pförten lebten wir als kleine Kinder im zweiten Stock, wo wir ein eigenes Appartement mit Bad für uns hatten. Unsere Kusinen sorgten für uns. Sie brachten uns Frühstück und die anderen Mahlzeiten und gingen mit uns spazieren.«

Mein Vater erzählte von Ruderpartien und Spaziergängen und von Kutschfahrten mit dem Pferdewagen durch die unendlich weiten Wälder, die Räder seien nahezu geräuschlos über den festen Sandboden gerollt. Gemeinsam wanderten sie nachmittags hinauf zu »Christinsruh«. War der deutlich ältere Vetter zugegen – zwölf Jahre trennten meinen Vater von Friedrich-August –, durften mein Vater und sein jüngerer Bruder abends mit ihm auf die Pirsch gehen. Dann erlebten sie Überraschungen, die der Förster am »Stern« für die Jagdgesellschaft bereithielt: »Am Abend füllte er eine Schubkarre mit Kartoffeln, verteilte sie einige hundert Meter entfernt auf dem breiten Weg und begann mit der Schaufel auf die umgedrehte Karre zu schlagen. Plötzlich wurde der Wald lebendig, und es erschienen aus allen Richtungen Wildschweine, die sich mit lautem Grunzen auf die Kartoffeln stürzten.«

Bei den sommerlichen Aufenthalten in Pförten sah mein Vater zum ersten Mal einzelne Teile des Schwanenservice, was bei ihm einen tiefen Eindruck hinterließ. Als er älter war, wurde er zu den Hochzeiten seiner Cousinen eingeladen und stand staunend vor der meterlangen Tafel, vollständig eingedeckt mit dem prächtigen Porzellan.

Anfang der dreißiger Jahre wurde die Luft für meinen Großvater in Ostpreußen zunehmend dünner. Er weigerte sich, in die Partei einzutreten, was ihn prompt zur Persona non grata machte. Berlin wünschte nach dem Regimewechsel keine Landräte, die nicht überzeugte Nationalsozialisten waren. Großvater wurde in den einstweiligen Ruhestand und am 2. Februar 1935 nach Schneidemühl versetzt, einem Ort in Pommern, zwölf Kilometer von der polnischen Grenze entfernt. Die Familie empfand das als harte Bestrafung. Als Großvater seiner Frau davon berichtete, hörten die Kinder aus dem Elternschlafzimmer leises Schluchzen. Sechzehn Jahre lang hatten sich beide in der Region engagiert, viele

Freunde und Vertraute gewonnen, sie hatten dazugehört und waren akzeptiert worden. Bei der Verabschiedung brachten Nachbarn, Mitarbeiter und Vertreter von Vereinen, in denen sie ehrenamtlich tätig waren, in überaus emotionalen Reden ihr Bedauern über die Versetzung zum Ausdruck.

Schneidemühl

Schneidemühl war kein unwichtiger Posten. Nach Abschluss des Versailler Vertrags zur Kreisstadt der neu gegründeten Provinz Grenzmark Posen-Westpreußen ernannt, wurden dort die Verantwortlichkeiten für Bromberg und Posen gebündelt, die Deutschland an Polen hatte abgeben müssen. Nicht zuletzt blieb mein Großvater fest angestellt, bekam weiterhin sein Gehalt, so dass keine wirtschaftliche Not herrschte. Untergebracht war die Familie in einem ansehnlichen Wohnhaus.

Doch die Ortschaft war von Ostpreußen abgetrennt. Die Familie konnte nicht mehr über das Wochenende nach Bansen fahren, jede Reise dorthin bereitete Umstände. Vor allem meine Großmutter war es, die sich von ihrem Zuhause abgeschnitten fühlte. Noch zweimal geschah es – die Familie war längst umgezogen –, dass die Kinder beim Mittagessen miterlebten, wie sehr ihr Vater unter den veränderten Bedingungen litt. Einmal erinnerten sich die Eltern während des gemeinsamen Mittagessens an einen der regionalen Höhepunkte ihres früheren Landkreises, an dem sie traditionsgemäß teilgenommen hatten. »Plötzlich schluchzte er auf, meine Mutter sprang hoch und nahm ihn in die Arme. Die Erinnerung an die schönsten Zeiten als preußischer Landrat hatte ihn überwältigt.«

Mein Großvater war kein Widerständler, dazu fehlte ihm der Mut. Doch er hatte am Rande seiner Tätigkeit Beobachtungen gemacht, die ihn und seine Frau zu der Einsicht brachten, dass man sich mit diesem Regime nicht gemeinmachen dürfe.

Sicher spielte bei ihrer grundlegend ablehnenden Haltung gegenüber dem neuen Regime auch ihre religiöse Überzeugung eine Rolle. Christine Griek absolvierte im Rahmen ihre Ausbildung ein praktisches Pflichtjahr in der Familie meines Vaters und schrieb in ihren Erinnerungen: »Ich ging nach Schneidemühl in Ostpommern zu unserem Onkel Georg […] und Tante Jeannie. Er war dort Oberregierungsrat. Vorher war er Landrat von Allenstein gewesen, aber als praktizierenden Katholiken duldete ihn der dortige Parteiapparat nicht.«[138]

In Schneidemühl hatte mein Vater das Glück, dass er ein ausgezeichnetes Gymnasium besuchen konnte. Umso leichter fiel es meinem Großvater, die beiden Söhne nicht auf eine der Nationalpolitischen Erziehungsanstalten (Napola) zu schicken, obwohl sie von ihren Lehrern dafür vorgeschlagen werden sollten. Auch als es in der Schule darum ging, dass sie selbst in die Partei eintreten sollten, hielt sie mein Großvater davon ab. »Das werdet ihr nicht tun«, war seine ruhige, aber klare Ansage. Als er mit ihnen darüber sprach, lagen mein Vater und sein Bruder schon in den Betten. Großvater war spät von der Arbeit nach Hause gekommen. Das Zimmer war dunkel, nur durch die halb geöffnete Tür drang ein Lichtstreifen. Mein Großvater hatte Ischiasbeschwerden und hielt sich am Kopfende eines der beiden Betten

Industrialisierung und Kaiserzeit

fest. Er verfügte inzwischen über genug Informationen, um zu wissen, dass es über die Ziele und Absichten der Nationalsozialisten nicht mehr den geringsten Zweifel geben konnte.

Aber selbst in dieser schon deutlich unguten Zeit gab es noch positive Erlebnisse, Eindrücke, die sich für meinen Vater unauslöschlich mit seiner Kindheit in Ostpreußen verbanden. Viermal hintereinander verbrachte die Familie die Sommerferien in Nidden, einem beliebten Ostseebad, wo sie Abwechslung und Erholung fand. Auf einer der Reisen begleitete sie Cousine Christine: »Mit Ferienanfang ging es nach Nidden auf der Kurischen Nehrung, ein herrliches Erlebnis! Wir wohnten dort in einem Fischerhaus, direkt am Haff [...]. Zum Baden in der Ostsee liefen wir täglich ungefähr drei Kilometer durch den Wald. Da gab es Blaubeeren in großen Mengen und die Fischer brachten Aale, Barsche und Flundern, die auf dem Dorfplatz, auf Schnüre gehängt, geräuchert wurden. Wir durften dafür Reisig und Kienäpel sammeln. [...] Auf einer Kutschfahrt durch den Wald bekamen wir auch Elche zu sehen, die phlegmatisch und gar nicht scheu waren. Tante Jeannie zeigte sich als unverwüstliche Schwimmerin, kein Wetter war ihr zu schlecht, kein Seegang zu wild, um im Meer schwimmen zu gehen.«[139]

1938 brannte in Schneidemühl die Synagoge. Allmählich wurde der Ton rauer, alles wurde politischer. Mein Vater musste mit der ganzen Schule eine Rede Adolf Hitlers in der Aula anhören, die im Radio übertragen wurde. Am 1. September 1939 marschierten die Deutschen in Polen ein. Die Brühls waren verzweifelt. Sie bangten um ihre Freunde und Bekannten. 1942 starb Sarasin, Tante Fränzchen war allein in Bergenthal, und mein Großvater musste die Verwaltung von Bansen übernehmen. Zu diesem Zwecke versuchte er, sich nach Allenstein zurückversetzen zu lassen, was ihm gelang, doch nach wenigen Monaten wieder rückgängig gemacht wurde. Als Erich Koch (1896–1986), seit 1928 Gauleiter von Ostpreußen, von dem Antrag erfuhr, soll er einen Wutanfall bekommen haben. In einem Brief aus dem Innenministerium Berlin vom 21. November 1942 heißt es dazu: »Mit Rücksicht auf die der Gauleitung bekannte Kirchenhörigkeit Brühl's wünsche Gauleiter Koch eine Versetzung Brühl's in den Gau Ostpreussen überhaupt nicht. Brühl habe sich während seiner kurzen Anwesenheit in Allenstein schon wieder Unschicklichkeiten geleistet, indem er versucht habe, seine beiden Söhne bei einem katholischen Erzpriester, der in früherer Zeit als ausserordentlich polenfreundlich bekannt gewesen sei, in Pension zu geben. Brühl selbst sei offenbar im übrigen charakterlich einwandfrei. Der schlimmere Teil sei wohl die Ehefrau, die seinerzeit, als Brühl noch Landrat in Allenstein war (bis 1935), bei der Frage der Überleitung der konfessionellen Kindergärten pp. in die NSV die grössten Schwierigkeiten gemacht habe.«[140] Mein Großvater wurde ins Regierungspräsidium nach Potsdam versetzt, wohl die letzte Möglichkeit, als parteiloser Beamter in diesem Regime noch Verwendung zu finden.

Seine beiden Ältesten wurden gegen Ende des Krieges eingezogen. Mein Vater hatte das Glück, 1943 in ein Regiment aufgenommen zu werden, in dem sein Pförtner Vetter Friedrich-August Abteilungskommandeur war. So konnte er vor weiteren Drangsalierungen durch die Nationalsozialisten in Bezug auf Parteimitgliedschaft oder SS-Musterungsbefehle bewahrt werden. Auch in dieser Hinsicht hatte Großvater alles getan, was ihm an Einflussnahme möglich war.

Freundschaftlich wurde mein Vater in Frankreich in Empfang genommen. Sein Vetter hatte inzwischen an fast sämtlichen Fronten gekämpft und wusste, wohin dieser Krieg führen würde. Gleich zu Beginn hatte er am Polen- und am Westfeldzug teilnehmen müssen, war später am Schwarzen Meer und in der Schlacht um Stalingrad beteiligt. Weitere Einsatzbefehle führten ihn nach Italien, in die Normandie und die Ardennen, bis er im April 1945 im Ruhrkessel eingeschlossen wurde. Dass er am Leben blieb, ja nicht einmal verwundet wurde, mag im Nachhinein so wirken, als habe ihn, den einzigen männlichen Nachkommen seiner Familie, ein unsichtbarer Schutzschild umgeben.

Meinem Großvater hielt der Krieg weitere Schrecken bereit: Die Sommermonate verbrachte meine Großmutter mit ihren beiden Jüngsten in Bansen. Viele Ostpreußen hatten inzwischen Frauen und Kinder aufgenommen, die in Berlin ausgebombt worden waren. Auch in Bansen hatte es Einquartierungen gegeben. Vor diesen Berliner Flüchtlingen muss sich meine Großmutter dahin gehend geäußert haben, Deutschland stünde über kurz oder lang eine Militärdiktatur wie in Italien bevor. Sie wurde verraten, vom Staatsanwalt vernommen und bekam eine Anzeige wegen Verstoß gegen das Heimtückegesetz.

Mein Großvater versuchte verzweifelt, bei den verschiedenen Stellen zu intervenieren, von denen er sich Einfluss und Hilfe versprach. Es gelang ihm zunächst, das Urteil hinauszuzögern, doch dann kam es zum Äußersten: Am 31. Dezember 1944 wurde meine Großmutter festgenommen und inhaftiert. Ausgerechnet in

Allenstein, der Stadt, in der sie und ihr Mann sich über Jahre engagiert hatten, befand sie sich plötzlich hinter Gittern.

Die Familie befürchtete das Schlimmste, sie musste damit rechnen, dass meine Großmutter zum Tode verurteilt wurde. Nach dem Hitler-Attentat vom 20. Juli 1944 stand Ostpreußen unter Generalverdacht. Mein Großvater begab sich eigens zu einer Sitzung des Volksgerichtshofs in Berlin, um herauszufinden, wie solche Fälle im Allgemeinen behandelt wurden. Im Vertrauen konsultierte er einen Anwalt, der schon an mehreren Prozessen dieser Art teilgenommen hatte, doch der konnte ihm keine Hoffnungen machen.

Krieg und Flucht

Das Porzellan, zerstreut in alle Winde

1939–1950

Zurück nach Gangloffsömmern

Bei Kriegsende befand sich mein Vater in dem sudetendeutschen Städtchen Haida (Nowý Bor) im Norden der Tschechoslowakei. Nachdem er sich mit den anderen Soldaten seines Regiments die Rede des neuen deutschen Außenministers Johann Ludwig Schwerin von Krosigk angehört hatte, die am 8. Mai 1945 im Radio ausgestrahlt worden war, wurden sie auf den Marktplatz vor der Kirche gerufen und mussten ein letztes Mal antreten. Ein Aufklärungsoffizier erklärte ihnen, ihre Einheit werde bis Mitternacht aufgelöst.

Mein Vater machte sich auf den Heimweg, quer durch Tschechien, zu Fuß über die Grenze und durch das Erzgebirge bis nach Thüringen. Hier hoffte er, seine Verwandten zu finden. Sein Ziel war Gangloffsömmern, das Brühlsche Gut in Mitteldeutschland, wo die Familiengeschichte gewissermaßen ihren Anfang nahm. 1571 als Lehen erhalten, war es nach dem Tod von Hans Moritz verkauft worden, doch sein Sohn Heinrich hatte es, als er Premierminister geworden war, zurückerworben. Seitdem war es all die Jahrhunderte im Besitz der Familie geblieben.

Der Weg war weit, 338 Kilometer lang, wie dem Tagebuch zu entnehmen ist, das mein Vater in dieser Zeit geführt hat. Jeder Aufenthaltsort, die Länge jeder Etappe, jedes benutzte Fortbewegungsmittel sind vermerkt.

Meist war er zu Fuß unterwegs, bisweilen in Begleitung anderer Soldaten, manchmal allein, streckenweise lief er im Strom der übrigen Flüchtenden mit. Elf Tage lang war er unterwegs.

Die Strecke führte ihn mitten durch eine der Kernregionen Europas. Breslau war von hier nicht weit, Prag lag wenige Kilometer südlich, Dresden nördlich – alles direkte Bezugsorte. In Dresden hatte Heinrich gewirkt, in Prag und Umgebung war die Familie seiner Frau beheimatet gewesen, in Breslau Carl von Clausewitz gestorben. Auch in den Jahren danach blieben es Städte, in denen nahe Verwandte studierten, wohnten oder arbeiteten. Während seiner Kriegseinsätze hatte mein Vater einige von ihnen besucht. Das würde bald nicht mehr möglich sein, diese Region und viele andere Teile Europas, die sich östlich des Eisernen Vorhangs befanden, als Ergebnis des Zweiten Weltkrieges für Jahrzehnte vom Westen getrennt werden. Ganz Deutschland wurde dadurch in zwei Teile zerschnitten.

Mein Vater ging, so schnell er konnte. Er hatte Hunger, ihm war heiß, es regnete in Strömen, oder seine Füße versagten ihm den Dienst. Als es ab der Elbe ins Gebirge und steil bergauf ging, ermüdete er schneller und kam nicht mehr so zügig voran. In seinem Tagebuch hielt er fest, er habe bis dato keine Berge gekannt. Gerade einmal 19 Jahre alt, hatte er nach Kindheit und Schulzeit nichts anderes erlebt als Krieg und Soldatendasein. Er war erleichtert, dass nun alles vorüber war, und hatte nur ein Ziel: zurück zu den Eltern.

Unterwegs sah er Tote in Uniform am Straßenrand liegen, musste sich nachts verstecken und fürchtete ständig, in die Hände von Russen, Tschechen oder Amerikanern zu fallen. Sein Land hatte den Krieg verloren, er stand jetzt auf der falschen Seite. »Auf der Weiterfahrt trafen wir auf ein gesprengtes, noch brennendes deutsches Flakgeschütz. Bald danach hielten uns russische Soldaten an, nahmen uns die Waffen ab und schickten uns weiter. In Schlan (Slaný) war die Reise zu Ende. Der Lkw wollte nicht mehr. Ein Haufen finsterer Tschechen holte uns vom Lkw runter und führte uns mit viel Geschrei in eine Schule. Russen kamen vorbei und teilten uns mit, dass wir alle erschossen würden. Erneut wurden wir ›gefilzt‹, jetzt aber von tschechischen Zivilisten, die nicht unfreundlich waren. Einer schenkte mir sogar einen Brotbeutel, damit ich eine irgendwo gerettete Wurst tragen konnte. Am nächsten Tag ging es zu Fuß gen Westen. Ein endloser Zug von Soldaten, Flüchtlingen, Rotkreuz-Schwestern mit ihren Verwundeten bewegte sich auf der Straße Richtung Postelberg. Ihm kam ein endloser Zug von Russen auf Lkws, Kutschen und sonstigen Fahrzeugen entgegen, der die andere Straßenseite einnahm.«

Mein Vater wusste zu diesem Zeitpunkt noch nichts von den Verbrechen, die Deutsche in den Konzentrationslagern angerichtet hatten, wusste nichts von den Millionen Juden, die ermordet worden waren, den Leiden, die Angehörige der Wehrmacht Menschen in den besetzten Ländern zugefügt hatten. »Die Leichenberge im Konzentrationslager von Bergen-Belsen sah ich erst später im Kino«, schrieb er in seinen Erinnerungen. Auch vom Tod seines Bruders hatte er noch nicht erfahren. Clemens, Zweitgeborener der Familie, fiel in den letzten Kriegsmonaten unweit von Bansen. Mein Vater verfolgte weiterhin sein Ziel: nach Hause, zu den Eltern: »Abmarsch nach Laun (28 km), Postelberg (35 km), Saaz (14 km), Kaaden (20 km), Kupferberg (23 km). Ab jetzt alleine weiter. 13.5. Schmiedeberg (8 km); von dort mit Bahn nach Weipert (6 km) (über Schwarzenberg). Dann nach Kunersdorf (8 km), Aue, Oberschlema (bei Groddecks), 16.5. Bärenwalde (15 km), fünf Tage Aufenthalt: Abtransport nach Hause abwarten, da Amy niemand durchläßt. Verpflegungsfrage wieder dringender denn je. 30.5. Obercrinitz – Stangengrün – Pechtelsgrün – Irfersgrün – Waldkirchen – Schönbrunn – Schneidenbach – Lauschgrün – Brockau. (28 km) In Brockau lud uns eine nette Bäckersfrau zu Kaffee und Kuchen ein. Kl. Gera – Döhlau – Caselwitz – Morchswitz – Wellsdorf – Pöllwitz – Leitlitz (24 km). In Leitlitz gutes organisiertes Unterkommen und Essen. Ganzer Tag bei strömendem Regen! 1.6. Marsch über Leitlitz – Weckersdorf – Förthen – Göschitz – Rödersdorf – Dittersdorf – Linda – Arnshaugk. 2.6. Marsch über Kahla – Lengefelde – Hochdorf – (40 km). In Gumperda sehr nette Leute, die uns sogar Wurst zum Mittag gaben! In Wittersroda dann Kaffee und Kuchen, Tannroda – Kranichfeld – Klettbach – Mönchenholzhausen – Vieselbach – Udestedt – Kleinrudelstett. 8 Uhr: Abmarsch nach Kranichborn – Werningerhausen – Vehra – Straußfurt.«

Obwohl mein Vater jung und ahnungslos war, hat sich ihm dieser Marsch tief eingeprägt. Immer wieder hat er später davon erzählt, ist ihn in Gedanken erneut gelaufen, ist die Strecke später selbst abgefahren, als es wieder möglich war, und hat mehr als einmal die Elbe genau an der Stelle gequert, an der er es damals getan hatte, über die Brücke von Mělník. Was er in diesen Tagen erlebte und wie er es verarbeitete, bestimmte sein Wissen und sein Verhalten ein ganzes Leben lang. Dank solcher Eindrücke ging er davon aus, dass die Sowjetunion ein Land war, deren Machthaber man ernst nehmen musste, und die Amerikaner freundlich, aber auch ein wenig leichtfertig waren, und zeit seines Lebens schwärmte er von Thüringen, denn hier hatte ihn eine freundliche Bäckersfrau mit Kaffee und Kuchen bewirtet.

Wie zufällig oder einseitig das Gesehene auch war, Erlebnisse wie diese müssen bei ihm und anderen engagierten Menschen in Ost und West das tiefe Bedürfnis geweckt haben, diesen Weg wieder frei zugänglich zu machen, die Mauern einzureißen und zu solch einem Marsch quer durch europäische Lande mit all ihren Geschichten und historischen Zusammenhängen wieder ungehindert aufbrechen zu können. Wie müssen diese Männer und Frauen Trauer oder Schuldgefühle oder Zorn empfunden haben, wenn es in all den folgenden Jahrzehnten unmöglich erschien.

Typischerweise enthält der Bericht kaum Emotionen. Nur indirekt ist zu erkennen, wie viel Angst der junge Flüchtende in diesen Tagen gehabt haben muss, wie viele Unsicherheiten ihn quälten oder welche Freuden und positive Überraschungen ihm widerfahren sind. Er enthält auch keinerlei Schilderungen darüber, wie unendlich groß seine Erleichterung gewesen sein muss, als er sein Ziel erreicht hatte und seine Eltern endlich wiedersah. Der Bericht endet mit den gleichmütigen Worten: »Auf Nebenwegen lief ich über die Felder nach Gangloffsömmern, fragte nach den Eltern. Die Mama sei, so hieß es, im Garten. Ich ging hin und fiel ihr in die Arme. Endlich war ich wieder zu Hause.«

Meine Großeltern müssen unendlich glücklich gewesen sein, ihn wiederzusehen. Möglicherweise machte man damals keine großen Worte um derlei Ereignisse, doch ausgerechnet ihren Ältesten wieder in die Arme schließen und spüren zu können, dass er noch lebte und gesund und munter war, muss bei ihnen eine tiefe Freude ausgelöst haben. Von ihrem zweiten Sohn hatten sie keine Nachricht, den jüngsten hatten sie während des Krieges zur Sicherheit zu Verwandten nach Bayern geschickt, wo er Hunger litt und von entsetzlichem Heimweh geplagt wurde. Allein ihre Tochter konnten sie die meiste Zeit bei sich behalten. Sie befand sich gleichfalls in Gangloffsömmern.

Zwischen zwei Einsätzen hatte mein Vater bereits erfahren, dass Großmutter nicht mehr im Gefängnis saß. Über ihre Flucht im Einzelnen ist wenig bekannt, nur so viel, dass sie beim Einmarsch der Roten Armee in Allenstein im Winter 1945 freigelassen wurde und es ihr gelang, zu entkommen. Die dreißig Kilometer bis Königsberg muss sie bei Schnee und Kälte zu Fuß zurückgelegt haben. Dort fand sie bei den Grauen Schwestern Aufnahme, und zwar genau in dem Krankenhaus, das ihr Vater gegründet hatte und in dem mein Vater geboren worden war. Allmählich kam sie wieder zu Kräften.

Schließlich begab sie sich auf die Flucht gen Westen. Dazu wählte sie den Seeweg, nutzte kleinere Boote oder Fähren und hatte Glück. Unversehrt erreichte sie über Pillau und die Halbinsel Hela schließlich Swinemünde, bestieg den Zug Richtung Gangloffsömmern und fand in Erfurt zu ihrem Mann und den Kindern zurück. Das Schiff, auf dem sich ihre Schwester Emmy und deren Mann befanden, wurde vor Kolberg torpediert, und die beiden ertranken wie Tausende andere in der Ostsee.

Meine Großmutter war auf ihrer Flucht gut sechzig Jahre alt, die strapaziöse Reise schien kaum bezwingbar, doch ihre Unverwüstlichkeit hatte die alte Ostpreußin nicht verloren. Mein Vater erzählte oft die folgende Anekdote – den Schreck darüber spürte er noch ein Leben lang: Kurz nach ihrem Wiedersehen seien sie im Erfurter Hotel Kossenhaschen, gleich gegenüber vom

Bahnhof, zusammen essen gegangen. Nachdem sie an einem der Tische Platz genommen hatten, erklangen die Fanfaren aus den Lautsprechern, die gewöhnlich den Wehrmachtsbericht ankündigten. Sofort seien die Gespräche der Männer in braunen Uniformen, SS-Leute und Offiziere ringsum im Speisesaal verstummt, und alle konzentrierten sich auf die Rundfunkübertragung, doch meine Großmutter habe sich nicht einschüchtern lassen wollen. Mitten in die Stille hinein habe sie laut und vernehmlich gefragt: »Hört das hier noch jemand?« Mein Großvater sei ganz fahl geworden und habe entsetzt nach ihrer Hand gegriffen, um sie zum Schweigen zu bringen. Wenn einer der Anwesenden sie angezeigt hätte, wäre sie gleich wieder im Gefängnis gelandet.

Flucht nach Westfalen

Nach der Ankunft meines Vaters in Gangloffsömmern zeigte das Leben vorerst seine heitere Seite. Alle waren froh, dass der Krieg vorüber war. Die amerikanischen Besatzungsoffiziere setzten meinen Großvater als Landrat des Kreises Weißensee ein, und er fuhr jeden Tag mit dem Pferdewagen in die wenige Kilometer entfernte Stadt. Die übrige Familie half bei der Ernte. Auch Friedrich-Joseph, die Tante und die Cousinen waren aus Pförten zu ihnen gestoßen, der sogenannte »gewaltige« Onkel mit seiner Frau, zwei seiner zahlreichen Töchter und der einzigen Schwiegertochter, Marie Elisabeth (1917–2011), der designierten Herrin des Hauses. Sie hatte ihre beiden Kinder dabei, ein Mädchen und einen zehn Monate alten Jungen, dazu ihre Mutter aus Breslau.

Krieg und Flucht

Eines Tages überbrachte der Onkel, der inzwischen siebzig Jahre alt war, beim Mittagessen die Nachricht, sein Verwaltungschef sei in Pförten gewesen und habe berichtet, das Schloss liege in Trümmern. Das Gebiet jenseits der Neiße werde im Übrigen polnisch und die Familie nie mehr nach Pförten zurückkehren können. Mein Vater konnte und wollte das nicht glauben und empfand diese Äußerung als übertrieben pessimistisch. Ohne Abschied waren sie von Bansen abgereist, hatten alle ihre Sachen zurückgelassen. Doch der Verwalter sollte recht behalten. Am 24. Juni 1945 verschoben sich die Grenzen, und Gangloffsömmern gehörte nun mehr zur Sowjetische Besatzungszone (SBZ). Adlige oder großbürgerliche Familien, die auf ihren Gütern ausgeharrt hatten, gerieten jetzt persönlich in Gefahr. Das neue Regime duldete keinen Privatbesitz.[141] Die Landwirtschaft von Gangloffsömmern wurde beschlagnahmt, und Brühls mussten Unterschlupf bei den Nachbarn im Dorf suchen. Mein Großvater wurde abgesetzt und geriet in Weißensee auch noch in Gewahrsam der Gossudarstwennoje Polititscheskoje Uprawlenije (GPU), der sowjetischen Geheimpolizei, gefürchtet und gehasst für ihre Grausamkeit und Unberechenbarkeit.

Die Familie bekam Angst, dass bald weitere Namensträger festgenommen werden würden, doch meine Großmutter wollte sich das nicht bieten lassen. Auch sie war keine Widerständlerin, aber ihr wohnte ein gewisser Eigensinn inne, eine Unbeugsamkeit, die ihr wiederholt den Mut gab, sich zu wehren. Kaum hatte sie von der Festnahme meines Großvaters erfahren, fuhr sie mit meinem Vater nach Erfurt und ließ sich beim Ministerpräsidenten melden. Dieses Amt bekleidete ein Mann namens Rudolf Paul. Er war Mitglied der Sozialistischen

Einheitspartei Deutschlands (SED) und überzeugter Befürworter der Bodenreform. Selbstredend wusste er, wie es um meinen Großvater stand, doch er wollte sich dazu nicht äußern. Erst nach stundenlangem Warten, mein Vater hätte, wie er schreibt, aus purer Angst um seinen Vater längst aufgegeben, wurden die beiden vorgelassen. Paul wartete ihnen mit der Nachricht auf, er habe inzwischen einen neuen Landrat eingesetzt. Für meinen Großvater könne er leider nichts tun.

Doch wenige Tage nachdem die beiden aus Erfurt wieder zu Hause eingetroffen waren, kehrte auch mein Großvater plötzlich aus Weißensee zurück. Ohne nähere Angaben sei er aus dem Gefängniskeller entlassen worden, berichtete er. Ab sofort war er als Landrat wieder im Einsatz. Alle waren erleichtert, ihn wiederzusehen, immerhin war er, der 63-Jährige, nie sonderlich gesund oder körperlich stabil gewesen und die Angst groß, er hätte unter den Haftbedingungen zusammenbrechen können.

Jetzt wusste die Familie, wie es um sie stand. Ihr drohte akute Gefahr durch Festnahme, Deportation oder, im schlimmsten Fall, Erschießung. Auf Unterstützung durch die neue Regierung bestand in diesem Teil Deutschlands keinerlei Hoffnung. Den neuen Besatzungsoffizieren war es auch gleichgültig, dass keiner von der Familie Nationalsozialist gewesen war, geschweige denn das Regime in irgendeiner Weise unterstützt hatte. Was zählte, war allein der Nachname, der sie als Teil der feudalistischen Gesellschaft kennzeichnete, eines Systems, das sie nicht duldeten. Brühls mussten das Land auf kürzestem Weg verlassen.

Mein Vater machte sich eilig auf die Suche nach seinem Vetter Friedrich-August, doch weder dessen Eltern noch seine Frau hatten Nachricht von ihm, und sie wollten ihn unter diesen Bedingungen keinesfalls allein zurücklassen. Daraufhin fuhr mein Vater nach Aschersleben, und es gelang ihm, von dort über die Demarkationslinie in den Westen und zu Verwandten im Münsterland zu gelangen. Ungefährlich was das nicht. In seinen Erinnerungen schrieb er: »Der Grenzübertritt, das heißt das Eintreffen in der britischen Zone erwies sich als schwierig. Einmal wurde ich von einem russischen Soldaten zurückgeschickt, versteckte mich einige Zeit im Walde und ging dann einfach auf den Stacheldraht zu, der die Demarkationslinie auszeichnete. Mit Lastwagen und Eisenbahn fuhr ich über Göttingen nach Hameren und wurde dort wie ein Wundertier aus dem Osten empfangen und sehr freundlich gepflegt. An den Abenden mußte ich stundenlang erzählen. Überhaupt lebten die Deutschen damals alle von den Berichten ehemaliger Soldaten oder der Flüchtlinge.«

Im Laufe seiner Begegnungen und Gespräche fand mein Vater heraus, dass sein Vetter glücklicherweise in britische, nicht in sowjetische Gefangenschaft geraten war, sich also gewissermaßen in Sicherheit befand. Die jüngste Schwester meines Großvaters war bei Verwandten in Vischering untergekommen, einer Wasserburg in der Nähe von Münster. Dort besuchte sie mein Vater, sie feierten ihr glückliches Wiedersehen, und sie versprach, seinen Eltern ein ähnliches Quartier zu besorgen. Dann fuhr er zurück nach Thüringen.

Allen Verwandten und Freunden, denen er auf seiner kleinen Rundreise begegnete – jung, beweglich und unversehrt, wie er damals wirkte –, erschien er wie ein strahlender Held, der alles überstanden hatte, ein Hoffnungsträger und Glücksbote. Noch Jahrzehnte später erzählten unsere alten Tanten, wie viel Freude und Zuversicht er bei ihnen auslöste. Es gab zu diesem Zeitpunkt kaum Männer in seinem Alter und in vergleichbar guter physischer Verfassung. Wer im Krieg nicht gefallen war, befand sich entweder in Gefangenschaft oder war körperlich oder seelisch verwundet.

Richtung Osten war ein Durchkommen offenbar weniger kompliziert. »Die Überquerung der Demarkationslinie auf dem Rückweg nach Gangloffsömmern erwies sich als nicht sehr schwierig: Ich ging mit einigen anderen einfach auf den Stacheldraht zu, kletterte durch, wurde bald danach von Russen angehalten, zeigte einen Zettel vor, der belegte, daß ich auf dem Gut meines Onkels für die neuen Besatzer arbeiten würde, wurde gefilzt und dann weitergeschickt.«

Nun galt es, die Frauen, den alten Vater und vor allem die beiden kleinen Kinder über die Grenze zu bringen. Der Familie erschien das als ein Ding der Unmöglichkeit, aber es half nichts. Mein Großvater war zum zweiten Mal verhaftet, ein Nachbar, ebenfalls Gutsbesitzer, nach Rügen ins Lager gebracht worden. Friedrich-Joseph, der Gangloffsömmern eilig verlassen hatte, hielt sich an einem unbekannten Ort in Thüringen versteckt. Wieder wurde mein Großvater entlassen. Jetzt beschloss die Familie, das Unmögliche zu wagen. Einige Stunden lang, so hatte sie erfahren, sei die Demarkationslinie jeden Tag geöffnet, um einzelnen Evakuierten die Heimkehr in den Osten zu ermöglichen. So mussten sie versuchen, diese Stunden zu nutzen, um auf die andere Seite zu gelangen.

Wieder konnte nicht in Ruhe Abschied genommen werden, es gab keine Gelegenheit, ein letztes Mal durch die vertrauten Räume und Zimmer in Gangloffsömmern zu gehen, mit der Hand über eine Lieblingskommode zu streichen, ein altbekanntes Bild noch einmal zu betrachten oder eine Bank, einen Winkel im Garten aufzusuchen, an denen sie sich gerne aufgehalten hatten, geschweige denn etwas Wertvolles mitzunehmen. Der Aufbruch war überstürzt, der Fortgang heimlich. Es musste aussehen, als führen sie nur auf Besuch.

Viele, die ihre Heimat in dieser Zeit verließen, hofften, dass ihre Flucht nur von vorübergehender Dauer sein würde. Wenigstens nach Ostdeutschland, so glaubten die Brühls, könnten sie später zurückkehren, auch wenn das nicht ihre eigentliche Heimat war. Ja, sie fühlten sich dazu gewissermaßen verpflichtet, hatten doch Zugehörigkeit und Verantwortung jahrhundertelang zu ihrem Selbstverständnis gehört und konnten sich nicht von einem Tag auf den anderen in nichts auflösen. Schließlich waren sie seit mehreren Generationen in Thüringen ansässig beziehungsweise in der Lausitz und in Ostpreußen. Im Westen gab es für sie keine vergleichbare Aufgabe.

Mit viel Glück ergatterte mein Vater Zugfahrkarten, eigentlich hätte es dazu einer behördlichen Genehmigung bedurft, doch wieder einmal half ein freundlicher Thüringer, diesmal ein Bahnbeamter. Dann ging es los, zunächst nach Nordhausen. Dort stellte sich am Bahnhof heraus, dass der Zug überfüllt war. Die Gruppe musste sich trennen. Mein Vater blieb bei den Pförtener Verwandten, die keinerlei männliche Begleitung hatten, Eltern und Schwester schickte er allein voraus.

Um überhaupt weiterzukommen, kletterte mein Vater kurze Zeit später in einen Güterwagen, nahm die kleinen Kinder in Empfang, die Frauen kamen rasch hinterher und suchten sich kurzerhand Plätze auf dem Gepäck, das sich meterhoch in dem Waggon stapelte. Auf diese

Weise gelangten sie immerhin bis Herleshausen. Dann mussten sie zu Fuß weiter, das Gepäck unter sich aufgeteilt, die Kinder auf dem Arm. »Von dort begann ein recht langer Fußmarsch. Das Gepäck wurde auf kleine Leiterwagen der dortigen Einheimischen geladen, die hoch bezahlt werden mussten. Als wir über die Demarkationslinie gelangt waren, mussten die Leiterwagen natürlich umkehren. Die Koffer wurden im Straßengraben abgeladen, und wir harrten aus, weil wir die Sachen ja gar nicht alle schleppen konnten. Ein wild gewordener, wohl betrunkener britischer Leutnant schoß mehrfach in die Luft, um die träge Flüchtlingsmasse zu bewegen, aber das half am wenigsten. Alle Not hatte ein Ende, als große Erntewagen vom nächstgelegenen Gut eintrafen, die uns aufluden und zum nächsten Bahnhof brachten.«

Die Schilderungen klingen auch an dieser Stelle unbekümmert und sachlich, doch selbst dieser letzte Teil der Flucht muss von Angst und Sorge begleitet gewesen sein, von Mühsal und Unsicherheit. Ein Blick zurück verbot sich von selbst. Trauer war nicht angesagt. Jegliche Gefühlsausbrüche hätten die Familie in dieser Situation geschwächt und am Weiterkommen gehindert. Was galt, war, nach vorn zu schauen und zu handeln.

Ein zweites Mal ging es für meinen Vater über Göttingen und Niedersachsen in den Westen. Mit einigen Unterbrechungen führte er die Familie bis ins Rhein- und Münsterland. Meine Großeltern kamen tatsächlich in Vischering unter, die Pförtner bei anderen Verwandten. Damit waren die Brühls bis auf wenige Ausnahmen erst einmal in Sicherheit.

Krieg und Flucht

Die Seifersdorfer Brühls

Schon bald wurden Tatsachen geschaffen, die eine Rückkehr in die Heimat unmöglich machten. So einigte sich die Landesverwaltung Sachsen im September 1945 darauf, eine Bodenreform durchzuführen. »Dieser fiel nach dem Text der Verordnung die Aufgabe zu, ›die Liquidierung des feudal-junkerlichen Großgrundbesitzes‹ als ›Bastion der Reaktion und des Faschismus‹ zu verwirklichen sowie den ›jahrhundertealten Traum der landlosen und landarmen Bauern und Landarbeiter von der Übergabe des Großgrundbesitzes in ihre Hände‹ zu erfüllen.«[142]

In gleicher Weise erging es den Seifersdorfer Brühls. In der sorgfältig erarbeiteten Ortschronik von 2018 kann man nachlesen, wie es der Familie nach Karls Tod ergangen war. Sein zweiter Sohn, Karl Gebhard (1818 bis 1858), hatte 1837 den väterlichen Besitz übernommen und Ludmilla von Renard (1830–1894), Tochter einer wohlhabenden schlesischen Familie, geheiratet, die Ansprüche auf Schloss Groß Strehlitz, Fideikommiss ihrer Familie, mit in die Ehe einbrachte. Die beiden hatten drei Kinder, von denen eines Namensgeberin für die Marienmühle wurde, die den Eingang zum Seifersdorfer Tal bis heute schmückt. Deutlich ist das Brühl-Renardsche Allianzwappen zu erkennen, angebracht über der Eingangstür.

Sohn Karl Andreas (1853–1923) heiratete zweimal, und beide Ehen blieben kinderlos. Er war damit der letzte männliche Namensträger der Brühls in Schloss Seifersdorf. Da es auch in der Familie seiner Mutter keine männlichen Nachkommen gab, hatte er zusätzlich ihren Mädchennamen angenommen und nannte sich Brühl-Renard. Mein Großvater stieß sich an diesem Detail, er sah darin eine Aufweichung der Stammlinie, was zu einer gewissen Distanz zum Haus Seifersdorf führte, doch das ist nebensächlich.

Schloss Seifersdorf unweit von Dresden

Karl Andreas machte sich um den Erhalt des Landschaftsparks seiner Urgroßmutter verdient und ließ in den Jahren 1890 bis 1896 umfangreiche Baumaßnahmen im Schloss durchführen, wie in der Chronik nachzulesen ist: »[…] so wurden neue Decken eingezogen, der Theatersaal zu Bedienstetenwohnungen umgebaut und das Mansardengeschoss ausgemauert. Aus dieser Zeit sind beispielsweise noch drei Holzdecken erhalten.«[143]

Hervorzuheben ist auch sein vorbildliches sozial-gesellschaftliches und politisches Engagement. Neben seiner Mitgliedschaft im Sächsischen Landtag (1901 bis 1918) bemühte sich Karl Andreas um den Aufbau der

Krieg und Flucht

Rödertalanstalten des Landesvereins für Innere Mission in Sachsen. Dazu gehörten das Bethlehemstift in Augustusbad, die Epileptischen Anstalten Kleinwachau und das Frauenheim Tobiasmühle. Zeitzeugin Silke Teuerle erzählt: »Mit 34 Jahren wurde der Graf Leiter des ersten Kindererholungsheims Deutschlands, dem Bethlehemstift im Augustusbad. 1900 erweiterte er das Stift, indem er ein Landhaus und ein neues Kinderhaus, das nach seinem Tod in ›Graf Brühl-Haus‹ umbenannt wurde, errichten ließ. [...] Die Nähe seiner Besitzungen ermöglichte ihm häufig, die Anstalt zu besuchen, Entscheidungen vor Ort zu treffen und den Fortgang baulicher Arbeiten zu überwachen. Oft begleitete ihn dabei seine Frau. Das kinderlose Grafenpaar kannte alle Kinder mit Namen, und jedes erhielt zum Geburtstag ein Geschenk.«[144]

Im Juni 1894 wurde das Frauenheim in der Tobiasmühle eröffnet, die wie die Marien- und die weiter flussabwärts gelegene Grundmühle von der Röder gespeist wurde. Wieder engagierte sich Karl Andreas maßgeblich bei Ankauf und Umbau der Einrichtung. »Als Hausvorsteher kam der Graf 2–3 mal wöchentlich in die Einrichtung, um Besprechungen mit den Pfleglingen zu halten, über Aufnahme und Entlassung zu entscheiden und die laufenden Angelegenheiten mit der leitenden Diakonisse zu erledigen.«[145]

Nach seinem Tod setzte Karl Andreas' zweite Frau Agnes (1874–1952) das gemeinsame Engagement fort. Sie verwaltete die Brühlschen Anwesen, meldete sich couragiert zu Wort, als der Bau der nahe gelegenen Reichsautobahn die Seifersdorfer Ländereien einzuschränken drohte, und lud im Winter regelmäßig zu freiwilligen Mädchenabenden mit Kaffee und Kuchen ins Herrenhaus ein, bei denen Handarbeiten zugunsten der Bewohner der Epileptischen Anstalten angefertigt wurden. Als es im Herbst überraschend kalt wurde, habe sie den Frauen warme Socken aufs Feld gebracht, heißt es in der Chronik, bei einer Prügelei im Gasthaus vermittelt oder sich für den Sohn eines jungen Gefangenenpaars aus Polen eingesetzt.

Während des Krieges suchte Agnes die Wertgegenstände und Kunstschätze der Familie zu erhalten, darunter Porzellan »im Werte von mehreren hunderttausend Mark«[146], ferner sieben Truhen mit Silber und Gold, die sie teils im Keller einmauerte, teils im Park vergrub, doch es nützte nicht viel. Im September 1945 seien die Kisten auf Befehl von Kapitän Petroschewitsch, Befehshaber der sowjetischen Truppen, in ihrer Anwesenheit ausgegraben und abtransportiert worden. Über ihren Verbleib existieren keine Informationen. Agnes musste Seifersdorf verlassen. Sie geriet im September 1945 in ein Lager im nahe gelegenen Radeberg, in dem zahlreiche Landbesitzer, die von der Bodenreform betroffen waren, übergangsweise festgehalten und in der Folge mit anderen sächsischen Adligen auf die Insel Rügen verbannt wurden. Zu dem Zeitpunkt war sie 71 Jahre alt.

Besonders unerquicklich waren die Streitigkeiten, die nach dem Krieg um den Goethe-Briefwechsel der Familie entbrannten. Dabei handelte es sich um 23 Briefe und ein mehrstrophiges Gedicht, das Goethe anlässlich von Hans Moritz' Geburtstag am 26. Juli 1786 verfasst hatte, das sogenannte *Bänkelsängerlied*. Vor ihrer Verbannung hatte Agnes die Schriftstücke bei Pfarrer Karl Josef Friedrich hinterlegt, einem absolut vertrauenswürdigen Mann, und ihn gebeten, sie unter keinen Umständen herauszugeben. Doch im Zuge der Bodenreform ging

Krieg und Flucht

Seifersdorf auch dieser Kostbarkeit verlustig. Auf ausdrückliche Anweisung Kurt Fischers, der in Dresden für die Durchsetzung der Bodenreform zuständig und inzwischen als sächsischer Innenminister fungierte, musste ihm Pfarrer Friedrich am 29. November 1945 selbige Goetheana aushändigen. Die Briefe und das Gedicht sollten registriert und später der Goethe-Stiftung in Weimar übergeben werden. Die Schenkung galt als bedeutender Zuwachs für die dortige Sammlung.

Vorkommnisse im Umfeld Fischers ließen den Verdacht aufkommen, dass er sich im Zuge der Bodenreform persönlich bereichert habe. In einer Expertise des Dresdner Hannah-Arendt-Instituts, die Michael Richter und Mike Schmeitzner 1999 im Auftrag der Sächsischen Staatskanzlei erstellten, heißt es: »Nicht nur zwischen den bürgerlichen Parteien und Fischer sorgten dessen radikale Methoden der Enteignung von Grundbesitz, Immobilien und beweglichem Eigentum fernab von rechtsstaatlichen Grundsätzen von Anfang an für Reibereien.«[147] Zwischen Fischer und seinem Vorgesetzten Rudolf Friedrichs, Oberbürgermeister von Dresden und ab Juni 1946 Ministerpräsident Sachsens, kam es wiederholt zu Konflikten. Schließlich konnte Friedrichs 1947 herausfinden, dass Fischer die Goethe-Briefe zwar ausgehändigt, das *Bänkelsängerlied* aber zurückbehalten hatte. Er konfrontierte den Innenminister mit dem Tatbestand und zwang ihn zur Herausgabe des Schriftstücks. Bei der Übergabe in Weimar zeigte sich zu allem Überfluss, dass Fischer lediglich im Besitz einer Kopie des Gedichtes war, einer Abschrift, die möglicherweise ein Mitglied der Familie angefertigt hatte, um das kostbare Dokument zu schützen. Das Original befand sich längst in Weimar.

Agnes gelang es, die Insel Rügen zu verlassen, sie kehrte nach Sachsen zurück und fand vorübergehend Aufnahme bei Margarethe Tosca Kölbel in Radebeul, einer ehemaligen Mitarbeiterin aus der Tobiasmühle. Später erhielt sie ebendort ein Zimmer im Altenheim Neufriedstein. Seifersdorf durfte sie nicht mehr betreten. Agnes schrieb an Friedrichs und bat verzweifelt um die Rückgabe ihrer Briefe. Ob man ihr nicht wenigstens einen Ausgleich dafür zukommen lassen könne, denn sie habe sämtliches Eigentum verloren und sei mittellos. Doch die Bitte wurde ihr abgeschlagen.

Nach ihrem Tod baten Diakonissen aus dem Tobiasstift den Seifersdorfer Bürgermeister, dass sie in ihrem Heimatort beerdigt werden dürfe, was ihr letzter Wunsch gewesen sei. Zunächst lehnte der Bürgermeister die Bitte ab, doch dann sahen sich die Schwestern – laut Seifersdorfer Chronik – in seinem Arbeitszimmer um und entdeckten Einrichtungsgegenstände aus dem Schloss, eine Lampe und einen Sessel, den Schrank und den Schreibtisch. Als sie ihn darauf ansprachen, habe er sofort klein beigegeben: »Das hat dem Bürgermeister erst mal die Sprache verschlagen und dann Angst gemacht, denn das war nichts, was er öffentlich gemacht haben wollte, sah das doch auch nach persönlicher Bereicherung aus, und so hat er auf einmal ganz schnell die Genehmigung erteilt, dass die Frau Gräfin in Seifersdorf bestattet werden durfte.«[148]

Am 22. Oktober 1952 wurde Agnes unter großer Anteilnahme der Dorfbewohner neben ihrem Mann und seiner ersten Ehefrau auf dem Seifersdorfer Friedhof beerdigt. Noch heute kann man die Grabstätte besichtigen. Sie befindet sich in der Nähe des Chors der Kirche. Dichtes dunkelgrünes Efeu schmückt die alten Gedenksteine. Wenn die Sonne im Osten steht, fällt auf sie ein heller Schein.

Verlust und Zerstörung

Was Pförten angeht, lassen sich die Ereignisse nach Kriegsende nicht so umfassend belegen. Vor allem über den Verbleib des Schwanenservice gehen die Meinungen auseinander. Es gibt dazu laut Iris und Georg Kretschmann, die der Frage in den neunziger Jahren in ihrem Aufsatz *Das Schicksal des Schwanenservice*, enthalten im Katalog zum Schwanenservice, nachgegangen sind, unterschiedliche Informationen. Erschwert wurden die Nachforschungen durch die Tatsache, dass Pförten jenseits der Oder-Neiße-Linie lag. Schon vor dem Potsdamer Abkommen vom 2. August 1945 unterstellte die Sowjetunion das Gebiet der polnischen Verwaltung. Im Görlitzer Abkommen von 1950 wurde die Oder-Neiße-Linie abschließend als deutsch-polnische Staatsgrenze anerkannt.

Pförten war also nicht mehr die Verbindung zwischen Sachsen und Polen, stand nicht mehr für die Furt, die es als engsten Berührungspunkt zwischen den einstigen Unionsländern fast zwei Jahrhunderte lang gekennzeichnet hatte, sondern befand sich jetzt jenseits einer unüberwindlichen Grenze. Allein der neue Name, der dem Ort 1946 verliehen worden war, Brody, konnte Anlass zur Hoffnung geben, denn auch er steht für eine flache Stelle, an der man ein fließendes oder in Bezug auf seine Tiefe unübersichtliches Gewässer queren kann. Zudem war es keine neue Bezeichnung, sondern lediglich die slawische Übersetzung für »Pförten«. Der sorbische Teil der Bevölkerung hatte diesen Namen schon immer benutzt.

Kretschmanns ließen sich nicht von ihrer Spurensuche abbringen. Fest standen historische Daten, wie die Tatsache, dass die Rote Armee am 18. Januar 1945 Schlesien erreicht hatte. Mitte Februar rückten die Soldaten Richtung Neiße vor. Daraufhin sprengten die dort in Stellung liegenden Deutschen die Forster Brücke. Die russischen Truppenverbände lieferten sich mit ihnen erbitterte Kämpfe. Sechs Wochen lang sei Forst Austragungsort weiterer Auseinandersetzung gewesen, zwei Drittel aller Häuser und Fabriken wurden zerstört.

Obwohl Pförten nur wenige Kilometer von hier entfernt liegt, kamen Kretschmanns zu dem Schluss, es sei während dieser Zeit weder zerstört noch geplündert worden. »Der Brandanschlag auf das Schloss in Pförten und die Vernichtung großer Teile des Schwanenservice lagen nicht in einer Kriegshandlung begründet, wie man immer wieder hört, sondern ereigneten sich erst später. Es gibt Zeitzeugen, die das bestätigen können.«[149] In der Tat hatte Friedrich-Joseph, der Bruder meines Großvaters und Herr auf Pförten, mit einer seiner Töchter bis zuletzt ausgeharrt und das Haus erst im Februar 1945 Richtung Gangloffsömmern verlassen. Mein Vater traf sie am Tag ihres Aufbruchs abends in Alt-Döbern, wo er mit seiner Kompanie lag und wo die beiden im Schloss bei Familie Pourtalès kurzzeitig Aufnahme gefunden hatten. Das Service und viele weitere Kostbarkeiten hatten sie wohlverwahrt im Keller versteckt. Sämtliche Wertsachen hatten sie in Pförten zurückgelassen.

Brühls hatten zeitlebens in bestem Einvernehmen mit ihren Mitarbeitern, nicht zuletzt mit den zahlreichen polnischen Kriegsgefangenen zusammengelebt, die in der Pförtner Land- und Forstwirtschaft eingesetzt waren, und glaubten das Anwesen in Sicherheit. Auch sie waren in der Gewissheit abgereist, nach dem Krieg wieder zurückzukehren. Was das Schwanenservice anging, war Friedrich-Joseph davon überzeugt gewesen, es sei bei Kunsthistorikern und Porzellankennern als Brühlsches Eigentum viel zu bekannt, als dass sich jemand daran hätte vergreifen oder es gar verkaufen können. Noch 1935 hatte ihn ein Gebot aus Amerika erreicht. Der Käufer war bereit gewesen, zweieinhalb Millionen Dollar für das Service zu bezahlen. Friedrich-Joseph hatte selbstverständlich abgelehnt. Das Porzellan sollte nach wie vor zusammenbleiben und schon gar nicht das Land verlassen. Im Dezember 1944 bestätigte der Majoratsherr seine Absage gegenüber dem Hamburger Anwalt, der ihn in dieser Angelegenheit beriet.

Erste Augenzeugen, die im Mai von ihrer Flucht über die Neiße zurückkehrten, erzählten dem Ehepaar Kretschmann später, der Raum im Untergeschoss, in dem das Schwanenservice deponiert gewesen war, sei gewaltsam geöffnet worden. Große Teile des kostbaren Service seien in einen Scherbenhaufen verwandelt worden. Andere Zeitzeugen berichteten, Einzelteile seien, zerbrochen und kilometerweit verstreut, aufgefunden worden. Ähnliches erzählten Bekannte der Familie, die ihrerseits auf dem Besitz ihrer Vorfahren in Ostpreußen nach Spuren der Vergangenheit suchten. Auch ihr Porzellan war zerschlagen und im nahen und weiteren Umfeld des Hauses zerstreut worden.

Ein dritter Zeuge erzählte Kretschmanns die legendenhafte Version, Brühls hätten, bevor sie flüchteten, das Schwanenservice im Wald vergraben. Andere wiederum glaubten sich genau daran zu erinnern, es sei in den russischen Stellungen als Gebrauchsgeschirr verwendet worden. Auch polnischen Offizieren, die im Juni 1945 in Pförten stationiert waren, sei das Essen auf Schwanenservice serviert worden, wusste eine Zeitzeugin zu berichten.

Gleichzeitig haben sich die Anwohner und Nachbarn offenbar bemüht, möglichst viel zu retten oder mindestens zu verwahren. Einzelne Teile sind dadurch nach Forst ins Museum gekommen, andere in den Kunsthandel geraten. Ehepaar Kretschmann fand heraus, es seien nur wenige Jahre nach Kriegsende Händler aus Zentralpolen gekommen, die ansehnliche Stückzahlen von einzelnen Bewohnern Brodys aufgekauft hätten.[150] Auf diesem Weg sei das Porzellan aus Polen herausgeschmuggelt worden, zuerst nach Argentinien, später nach Wien. 1956 tauchten Teile bei Auktionen in London auf. Andere Exemplare, die von Polen über die Ostsee gebracht werden sollten, wurden vom schwedischen Zoll beschlagnahmt. Eine weitere Schmuggelroute habe über die Schweiz nach Amerika geführt. »Es gibt Erkenntnisse, dass diese Stücke im Diplomatengepäck aus Polen ausgeführt wurden.« Iris und Georg Kretschmann kamen zu dem ernüchternden Ergebnis: »Die wenigen genannten Beispiel vermitteln vielleicht eine Vorstellung davon, auf welche Weise Hunderte Objekte des Schwanenservice über die ganze Welt verstreut und Teil der Museumsbestände und des Kunsthandels wurden.«[151]

Um die 37 Teile des Service, die über Karl Berling dem Kunstgewerbemuseum Dresden übergeben worden waren, konnte sich die Familie während Krieg und Flucht erst recht nicht kümmern. Nur wenige Monate vor Kriegsende wurde die prächtige Stadt an der Elbe mit gezieltem Beschuss komplett zerstört. Die Tatsachen

Krieg und Flucht

dazu sind allgemein bekannt: Der erste Angriff erfolgte am 13. Februar 1945 abends um zehn Uhr. Er traf die Stadt vollkommen unvorbereitet. 243 Flieger warfen fünfzehn Minuten lang ihre schwere Munition ab. Wie ein Teppich aus tödlichen Geschossen sank sie flächendeckend auf die gesamte Altstadt. Dächer stürzten ein, Mauern brachen, alles brannte. Die nach dem Angriff, mit Kind im Arm, Gepäck auf dem Rücken oder Koffer in den Händen, versuchten, aus den Kellern zu fliehen, wurden vom Feuersturm ergriffen. Wie eine Windhose saugte er alles ein, was sich in seiner Nähe befand, riss Menschen, Tiere, Gegenstände, ganze Steinbrocken in seine alles verzehrende Glut.

Der zweite Angriff begann gegen halb zwei Uhr früh, diesmal ohne Vorwarnung, da die Sirenen ausgefallen waren. Wie aus dem Nichts kamen die Flugzeuge, plötzlich waren sie da, nur das Brummen der Motoren war zu hören. Die Zahl der Flieger hatte sich verdoppelt. Sie trafen die Fliehenden auf den Straßen und Elbauen, die Verletzten, Alten und Kinder, die sich aus den Kellern unter den eingestürzten Häusern gerettet und im Großen Garten versammelt hatten. Wieder fielen Brandbomben, Sprengbomben, Minen – insgesamt an die zweieinhalb Tonnen in einer Nacht.

Am Morgen des 14. Februar 1945 war das Zentrum von Dresden dem Erdboden gleichgemacht. Aus der Steinwüste ragten kaputte Gebäudeteile, einzelne Mauern, verkohlte Baumstrünke. Und das glänzende Turmkreuz der Frauenkirche. Trotzig hielt der hohe, schlanke Kuppelbau der Zerstörungswut stand. Erst einen Tag später brach auch er zusammen.

Der dritte Angriff kurz nach Mittag richtete sich gegen angrenzende Viertel und Bahnanlagen. Dreizehn

Minuten lang regneten erneut Bomben auf die Stadt: 770 Tonnen. Auch der vierte Angriff am 15. Februar, wieder um die Mittagszeit, dauert nur zehn Minuten. Die dreieinhalbtausend Sprengbomben richteten diesmal vergleichsweise geringe Schäden an.

Doch die Kunstexperten der Stadt hatten vorgesorgt. Sämtliches Museumsgut war rechtzeitig inventarisiert, sorgfältig verpackt und in umliegende Schlösser ausgelagert worden. Ähnlich war auch mit dem Brühlschen Schwanenservice verfahren worden. Schon im August 1943 verließ es die Stadt. Untergebracht wurde es in Schloss Reichstädt bei Dippoldiswalde, einem heute prächtig renovierten, ursprünglich kurfürstlichen Jagdschloss etwa dreißig Kilometer südlich von Dresden, das 1717 an die Herren von Schönberg übergegangen war. Das Porzellan befand sich in zwei Kisten – wie von Ehepaar Kretschmann sorgfältig recherchiert – mit den Bezeichnungen P 139 und P 140.

Doch auch dieses Schloss geriet zwischen die Fronten. Am 7. Mai 1945 erreichte die Rote Armee Dippoldiswalde, und das Anwesen wurde umgehend geplündert. Horst Wachs, ein Zeitzeuge, der sich per Fahrrad nach Reichstädt begeben hatte, hielt in einem ersten Bericht vom 11. Juni 1945 fest: »Am Dienstag d. 5. Juni Vm. wurde mir bekannt, dass im Schloss Reichstädt die dort lagernden Kisten der Porzellansammlung erbrochen und viel Sammelgut vernichtet bzw. gefährdet sei. Tatsächlich sind alle Porzellankisten erbrochen und vieles entnommen – desgl. vieles angeschlagen [...].«[152]

Auch hier soll es ein Offizier der Roten Armee gewesen sein, der sich an den Kunstschätzen bereichert habe, der Stadtkommandant von Dippoldiswalde, Major Kolesnikow. Die Plünderungen könnten jedoch auch durch die Bevölkerung oder durchziehende Flüchtlinge verübt worden sein, so Julia Weber, Direktorin der Porzellansammlung in Dresden. Zehn Objekte seien als Kriegsverlust dokumentiert.

Die Recherchen von Ehepaar Kretschmann legen die Vermutung nahe, der Raub sei durch Fachleute erfolgt, denn in den aufgebrochenen Kisten hätten sich »die besten und interessantesten Dinge« befunden. Sie kamen demnach auch hier zu dem Schluss: »Bedeutende Teile des Schwanenservice landeten folglich nicht in privaten Haushalten der Umgebung. Sie gelangten zunächst in Londoner Auktionshäuser, wo sie vielfach von amerikanischen Kunsthändlern ersteigert und an Museen und Privatleute in den USA weiter verkauft wurden. [...] Zum internationalen Versteigerungsgut gehörten aus dem Depot Reichstädt: eine Terrine mit zwei Putten und Delphin, eine runde Zuckerdose sowie eine Konfektschale auf vier Füßen.«[153]

Resilienz

Kalter Krieg und Suche
nach dem Familienporzellan

1950–1972

Ostpreußisches Landesmuseum Lüneburg

Tausende von Menschen mussten infolge des Zweiten Weltkrieges fliehen und verloren ihre Heimat. Viele kamen dabei ums Leben. Allein in Ostpreußen starben 511 000 Menschen, darunter 311 000 Zivilisten.[154] Viele gingen ins Exil und kehrten nie wieder zurück.

Eines der Länder, das damals die meisten Geflüchteten und Vertriebenen aufnahm, war Niedersachsen. Da viele Deutsche nicht in der Sowjetischen Besatzungszone bleiben wollten, war der Regierungsbezirk Lüneburg mit seiner 563 Kilometer langen Grenze einer nicht kontrollierbaren Einwanderung ausgesetzt. Auch bei der offiziellen Flüchtlingsverteilung wurde Niedersachsen besonders stark in Anspruch genommen. Im hier weitgehend ländlichen Raum gab es eine akzeptable Lebensmittelversorgung, und auch die Wohnraumsituation war aufgrund der intakt gebliebenen Infrastruktur weniger katastrophal als in den kriegszerstörten Städten. Von zwölf Millionen Vertriebenen aus dem Osten wurden hier bis 1949 etwa 1,8 Millionen aufgenommen. Das entsprach einem Viertel der bisherigen Bevölkerung.

Eindrücklich dokumentiert das Ostpreußische Landesmuseum Lüneburg, in dem, wie bereits erwähnt, auch Jagdgemälde des Künstlers und Direktors der Königsberger Akademie Alfred Brühl einen Platz gefunden hatten, das Schicksal dieser Menschen. Mithilfe von Bildern, Objekten, informativen Texten und Testimonials von Zeitzeugen widmet sich das Museum ausführlich ihrer Flucht und der weiteren Entwicklung in den

Resilienz

Nachkriegsjahren. Selbst diejenigen, die erst Jahrzehnte später aus anderen Ländern nach Deutschland fliehen mussten, kommen in der Ausstellung zu Wort. Die Aufnahme der Flüchtlingsmassen aus dem Osten war gerade anfänglich von Hilfsbereitschaft, aber auch von Ablehnung begleitet, heißt es dort. Das Zusammenwachsen bedurfte Jahrzehnte, doch, so wird konstatiert, schwanden die Unterschiede ab den 1970er Jahren allmählich und sind jetzt nicht mehr vorhanden.

Kaum ein Exponat versinnbildlicht eindrucksvoller den Heimatverlust, mit dem die Geflüchteten fortan leben mussten, als die ostpreußischen Kirchenglocken. Vier Stück an der Zahl, zwei kleinere und zwei große, hängen an schweren Balken herab. Mithilfe handlicher Klöppel kann man sie zum Klingen bringen. Der Raum, in dem sie gezeigt werden, ist hoch und hell, die Wände an drei Seiten aus Glas. Der Blick durch die Scheiben geht weit in den Himmel hinauf. Dieser Ausstellungsbereich scheint sich in luftiger Höhe zu befinden.

Die vier Glocken stammen vom Hamburger Glockenfriedhof. Im Deutschen Reich und in den besetzten Gebieten waren 1941/42 Kirchenglocken und Bronzedenkmäler als Metallreserven eingezogen und zu Rüstungszwecken eingeschmolzen worden. Über 90 000 Glocken landeten dadurch in Hamburg, gut 75 000 wurden verarbeitet. Bei Kriegsende standen dort noch rund 16 000 Glocken. Anfang der 1950er Jahre wurden sie auf westdeutsche Kirchen verteilt. Circa 120 Kirchenglocken aus Ostpreußen sind bis heute in Westdeutschland erhalten.

Die schwerste Kirchenglocke im Lüneburger Museum wiegt 860 Kilogramm. Eine Leihgabe der Evangelisch-Lutherischen Landeskirche Hannover, stammt sie ursprünglich aus Königsberg und wurde 1818 von Meister Ludwig Copinus gefertigt. Dunkel und anhaltend ist ihr Ton, lange hallt er im Raum nach. Wie muss sich ein Mensch beim Klang dieser Glocke fühlen, der in Königsberg geboren wurde, damals, als es noch nicht Kaliningrad hieß?

Die zweitschwerste Glocke ist eine Leihgabe des Erzbistums Freiburg und noch ein Jahrhundert älter. Sie wird auf 1716 datiert, gefertigt von Meister Michael Wittwerk in Danzig. Nach dem Krieg gelangte sie in die katholische Kirche St. Peter und Paul in Heilsberg. Ob ihr Klang an Ostpreußen erinnert? Ob er die Heimatgefühle vermittelt, die sich viele in Deutschland jahrzehntelang verbeten haben? Hier wird das Gefühl von Verlust übermächtig, auch für Besucher, die nicht von Flucht betroffen waren.

Meine Großeltern blieben lange Zeit in Vischering, wo sie nach der Flucht untergekommen waren. Es war eng in der mittelalterlichen Burg, die Räume waren dunkel und die Schlafzimmer kalt. Es mangelte nahezu an allem. In einem seiner Briefe schreibt mein Großvater, er müsse jetzt schließen, denn Großmutter wolle zu Bett gehen und benötige die Lampe. Wie viele andere in der Nachkriegszeit litten die beiden existenzielle Not. Überdies empfanden sie wohl eine dumpfe Trauer. Sie wussten nicht genau, wie es weitergehen sollte, und warteten gewissermaßen ab. Erleichtert, dass der Krieg vorüber war, wunderten sie sich angesichts der vielen Verstorbenen in ihrem Umfeld, dass ausgerechnet sie mit dem Leben davongekommen waren.

In dieser Zeit erreichte die Familie die Nachricht, dass ihr Zweitgeborener gefallen war. Clemens war wenige Wochen vor seinem Tod achtzehn Jahre alt geworden. Den Schmerz darüber hat die Familie nie verwunden. Mein Großvater, der über neunzig wurde, hat den Namen seines gefallenen Sohnes in meiner Anwesenheit nie erwähnt. Mein Vater empfand gegenüber seinem jüngeren Bruder ein schlechtes Gewissen.

Doch das Leben ging weiter. Mein Vater und seine Geschwister widmeten sich ihrer Ausbildung, Berta wurde Säuglings- und Kinderschwester, Alfred studierte Volkswirtschaft. Mein Vater erkrankte schwer an Tuberkulose, von der er sich nur langsam erholte. Eigentlich wollte er Gärtner werden, doch mein Großvater hielt ihn dazu an, Jura zu studieren. Zu diesem Zweck schrieb er sich an der Universität Münster ein und wechselte später nach Freiburg. Bei näheren und entfernten Verwandten fand er dort Trost und freundschaftliche Aufnahme. Drei Kommilitonen nahmen sich seiner besonders an und legten Geld zusammen, um ihm monatlich etwas zuzustecken, damit er abends, wenn sie gemeinsam ausgehen wollten, nicht jedes Mal aus finanziellen Nöten absagen musste. Erst nach Vaters Tod und weil ich ausdrücklich danach gefragt hatte, erzählte mir der Initiator dieser Idee davon.

Meine Großeltern fanden in Vischering eine ähnlich mentale Unterstützung wie ihr Sohn. Für Stimmung sorgte die Hausherrin, eine unverheiratete alte Tante, die sich durch ausgesprochene Originalität auszeichnete. Sie konnte ganze Melodien auf dem Kamm blasen, und wenn sie morgens auf dem Weg in die Messe keine passende Mütze fand, nutzte sie als Kopfbedeckung den Teekannenwärmer. Die Zeit vertrieb sie sich mit der Herstellung von Krippenfiguren und Puzzles. Die Köpfe und Hände der etwa zwanzig Zentimeter hohen Skulpturen formte sie aus Wachs, so zart und lebensecht, dass man glaubte, in ihren Gesichtern alte Bekannte wiederzuerkennen. Ihre Puzzles waren derart kompliziert, dass es Stunden dauerte, bis man damit fertig war. Meine Tante zerlegte mit Eifer die Menschen auf den Bildern, die sie aus der Zeitung ausgeschnitten und auf dünne Holzplatten aufgeklebt hatte, trennte die Haarpracht von den Gesichtern, die Hände von den Ärmeln oder die Schuhe von den Hosenbeinen. Doch die Puzzles waren ungeheuer beliebt. Kaum ein Haushalt in ihrer weit verzweigten Verwandtschaft, der nicht eins davon sein eigen nannte, kaum ein Liebhaber ihrer Werke, der sich zu Weihnachten nicht dringlich ein neues Exemplar wünschte. Um bei der Arbeit kein Sägemehl einzuatmen, klemmte sich die Tante das Rohr eines Staubsaugers unter den Arm, in dem alles verschwand, was in der Luft herumwirbelte. Das Patent erfüllte seinen Zweck: Die Lunge blieb rein, und die Tante wurde steinalt.

Mein Großvater ging täglich rund um die Wasserburg spazieren, brachte die Wünschelrute zum Einsatz, beobachtete den Baumbestand, studierte das Gelände und notierte akribisch seine Erkenntnisse. Gleichzeitig entwickelte er unglaublichen Fleiß bei jeglicher Form von Hilfestellungen für die anderen Geflüchtete in seinem weiten Verwandten- und Bekanntenkreis. Er erledigte für sie die dringendsten Formalitäten, stellte Anträge auf finanzielle Unterstützung, besorgte Meldebescheinigungen, Beglaubigungen, Bestätigungen. Seine Briefe belegen den Umfang seiner diesbezüglichen Tätigkeit. Mit Geduld und Anteilnahme widmete er sich jeder Anfrage, antwortete ausführlich und erklärte jedem Einzelnen, was zu tun sei. Hier konnte er seine Erfahrungen als einstiger Landrat einbringen. Auch wenn Deutschland völlig verändert aus dem Krieg hervorgegangen war, wusste er, wie die Bürokratie funktionierte. Jahre später wurde er für seine Hilfeleistungen ausgezeichnet.

1958 starb meine Großmutter. Sie hatte sich infolge ihres Gefängnisaufenthalts eine schwere Darmerkrankung zugezogen. Es fiel der Verwandtschaft schwer, diesen Verlust zu akzeptieren. Sie, die drei Jahre jünger war als ihr Mann, hatte immer als rüstig gegolten, vor allem im Gegensatz zu ihm, der von zarter Konstitution war und fortwährend kränkelte. Mein Großvater konnte nicht verstehen, warum er allein weiterleben sollte. Den unzähligen Trauerbekundungen vonseiten der näheren und ferneren Verwandtschaft begegnete er mit Irritation und Verwunderung.

Was ihm am Leben hielt, waren seine dendrologischen Studien. Daneben widmete er sich einem umfassenden Werk zur Erfassung und Kartographierung Ostpreußens, das er weder abschließen noch publizieren konnte. Seine Frau und auch er haben weder Allenstein noch Bansen oder Pförten jemals wiedergesehen.

Kurz vor dem Tod seiner Mutter hatte sich mein Vater verlobt. Sie hatte die Frau seines Herzens noch kennengelernt und war überglücklich über seine Entscheidung. Meine Mutter stammt aus fürstlichem Haus, ihre Familie lebt in Süddeutschland und hatte im Krieg nichts verloren. Meine Großeltern müssen es geradezu als Auszeichnung empfunden haben, dass sie an ihrem Sohn Gefallen gefunden hatte. Nach der Trauung wurde in der Lokalpresse geschrieben, sie habe »nur« einen Flüchtlingsgrafen geheiratet, aber sie machte sich nichts daraus.

Die Familie ihrer Mutter stammte selbst aus dem Osten, meine Großmutter mütterlicherseits hieß vor ihrer Heirat Schönburg, wuchs in Sachsen auf, die Familie musste ebenfalls fliehen und alle Besitztümer zurücklassen. In ihr, der gebürtigen Wechselburgerin, fand mein Vater eine verständnisvolle Zweitmutter. Sie und ihre Familie, besonders der älteste Bruder meiner Mutter sowie die übrigen vier Geschwister, nahmen ihren Schwager freundschaftlich auf und gaben ihm das tragende Gefühl, bei ihnen zu Hause zu sein.

Diplomat der Bundesrepublik

In Absprache mit seiner künftigen Frau hatte mein Vater inzwischen beschlossen, Diplomat zu werden. Einerseits wollte er sich wohl voll jugendlichem Elan am Aufbau der Bundesrepublik beteiligen, andererseits Deutschland entkommen, um keine Hoffnungen auf eine wie auch immer geartete neue Heimat zu setzen. Vor allem seine Kinder wollte er davor bewahren, denn der Schmerz, den der empfindet, der sein Zuhause verloren hat, ist unbezwingbar – das hatte er selbst bitter erfahren müssen.

Er bewarb sich 1956 beim Auswärtigen Amt, bestand am 1. April 1957 die Aufnahmeprüfungen und absolvierte fortan Stufe für Stufe auf der üblichen Karriereleiter: von Bonn ging es 1960 nach Marseille, Accra, London, zurück nach Bonn und dann nach Brüssel. Fast mit jedem neuen Aufenthalt ging die Geburt eines weiteren Kindes einher, in Afrika wurden sogar zwei Nachkommen geboren. Seine Frau begleitete ihn mit der allmählich wachsenden Schar von Töchtern und Söhnen in jedes weitere Land.

In Marseille konnte mein Vater seine Französischkenntnisse unter Beweis stellen, in Ghana einen ihm bislang fremden Kontinent kennenlernen. In »Swinging

London« erlebten meine Eltern Ende der sechziger Jahre eine unbeschwerte europäische Großstadt, die in fröhlicher Siegerlaune auf die Deutschen blickte, gleichzeitig keinen Zweifel an der Verbundenheit mit Kontinentaleuropa ließ. Schließlich hatte man gemeinsam die Schrecken des schlimmsten Krieges aller Zeiten bezwungen.

In Brüssel widmete sich mein Vater intensiv dem Aufbau der Europäischen Union, insbesondere der Integration Griechenlands. Da zwei meiner Geschwister inzwischen Abitur machten, verlängerten meine Eltern ihren Aufenthalt, blieben sechs statt nur vier Jahre in Belgien, und mein Vater konnte sein Interesse an der Vision EU weiter vertiefen. Sie wurde sein Ziel und sein Credo. Die Idee von einem Zusammenleben in Frieden und Merkantilismus, das den Menschen in den beteiligten Ländern zu Stabilität und Wohlstand verhalf, erschien ihm absolut überzeugend. Sein ganzes Leben lang setzte er sich emphatisch dafür ein. Auf der Basis dieser Überzeugung sollte der neue Länderverbund auch nach außen wirken, in verbindlichen Austausch mit Staaten aus Übersee treten, in Krisenregionen vermittelnd eingreifen. Vielleicht würde man in einer fernen Zukunft dank dieser Vision sogar die Mauern und Grenzen überwinden können, die mit dem Ende des Zweiten Weltkrieges in Europa entstanden waren.

Suche nach dem Schwanenservice

Nach 1945 erreichte die Familie meines Vaters erste Nachrichten, einzelne Stücke des Schwanenservice seien bei Auktionen im Ausland aufgetaucht und für hohe Summen versteigert worden. Der Hamburger Anwalt, der Friedrich-Joseph schon zwischen den Kriegen beraten hatte, wurde erneut um Hilfe gebeten, und er schickte umgehend ein Telegramm an den Londoner Antiquar, der die Teile zum Verkauf angeboten hatte. Gleichzeitig informierte er darüber Vertreter der britischen, deutschen und polnischen Regierung.

Der Händler antwortete im Eilverfahren: »This telegram set us at a complete loss.«[155] Er behauptete, es handele sich lediglich um 14 oder 15 Teller, Tassen und Saucieren, er habe sie aus den Händen eines seriösen Sammlers erhalten, in dessen Besitz sie sich seit vielen Jahren befunden hätten.

Da mein Großvater der inzwischen älteste männliche Nachkomme dieser Generation war – sein Bruder Friedrich-Joseph, letzter Standesherr auf Pförten, war 1949 verstorben –, nahmen er, mein Vater und dessen Vetter Friedrich-August als designiertes Familienoberhaupt sich der Sache an. Der Briefwechsel dazu ist nahezu vollständig erhalten, vergilbtes Papier, das leise knistert, wenn man es in die Hand nimmt, und so dünn ist, das man hindurchsehen kann. Oben rechts auf den mit der Schreibmaschine getippten Briefen vermerkte mein Vater stets säuberlich das Datum sowie seine jeweilige aktuelle Adresse. Er schrieb aus Bonn oder Speyer, aus Paris oder Ghana.

Die Schwestern meines Großvaters unterstützten ihre männlichen Verwandten bei ihrem Vorhaben. Auch die Pförtner Cousinen brachten ein, woran sie sich erinnern konnten. Obwohl sie in diesen Jahren ganz andere Sorgen hatten – sie lebten unter materiell schwierigen Bedingungen, in den Hilfeersuchen meines Großvaters für einzelne von ihnen fällt mehrfach der Begriff »Fürsorge«, hatten kleine Kinder, empfanden Heimweh oder diffuse Ängste, sorgten sich um ihre Gatten, Gattinnen oder ältere Familienmitglieder –, kümmerten sie sich in den folgenden Jahren alle gemeinsam um den Erhalt des Porzellans.

Der Versuch des Hamburger Anwalts, das Porzellan zurückzuholen, lief ins Leere. Die deutsche Seite beanstandete, er habe zu schnell alle beteiligten Parteien gleichzeitig informiert. Unter diesen Bedingungen könne man die Angelegenheit nicht mehr vertraulich behandeln. »Ich bedaure, Ihnen unter diesen Umständen mitteilen zu müssen, daß das Generalkonsulat sich von weiteren Bemühungen seinerseits keinen Erfolg versprechen kann.«[156]

Doch die Familie gab nicht auf. Inzwischen waren weitere Teile des Service bei Auktionen in der Schweiz und den USA aufgetaucht. Die Zeitungen berichteten zuverlässig über die immensen Summen, die auf dem Kunstmarkt erzielt wurden. Eine Schwester Friedrich-Augusts nahm Kontakt zu einem Museumsdirektor in Chicago auf, der sich als überaus hilfsbereit erwies. »Bei dem hiesigen Museum besteht durchaus Geneigtheit, den Verkauf rückgängig zu machen, wenn es sich erweist, dass das Porzellan gestohlenes Gut ist«, schrieb der Herr aus Chicago. Gerne sei er auch bereit, unter der Hand andere Museen und Händler zu informieren, um sie vor unseriösen Geschäften mit dem Schwanenservice zu warnen. »Mir hat übrigens ein anderer Händler in NY gesagt, dass er das Geschirr angeboten bekam, es aber nicht kaufte, weil er es für anrüchig hielt.«[157]

Eine Cousine, die für das amerikanische Konsulat in Hamburg arbeitete, meldete sich bei meinem Vater und stellte privat den Kontakt zu einem Händler her, der dank eines Kollegen von einzelnen Teilen des Service erfahren hatte, die via Stockholm aus Polen nach England gelangt waren. »Da es sich um Kollegen handelt, möchte ich natürlich nicht meinen Namen erwähnt haben«, schrieb er.[158]

Sogar Paula, Tochter des Jagdmalers Alfred und wohnhaft außerhalb von München, hatte von einem Händler gehört, der in der Innenstadt Brühlsches Schwanenservice zum Verkauf anbiete. Gemeinsam mit einem Freund radelte sie zu dem Laden, gab sich als interessierte Käuferin aus und fand heraus, dass es sich lediglich um Kopien handelte. Erbost schrieb sie meinem Vater: »Also alles ist eine Ente. [...] Eine Frechheit ist das schon, es auszustellen mit einem Zettel ›Brühlsches Porzellan‹.«[159]

Manch ein Händler verband in seinem Brief an meinen Vater seine Hinweise mit der prompten Anfrage, ob die Familie nicht noch mehr Wertgegenstände wie Silber oder Porzellan in ihrem Besitz habe, die sie in Kürze zu verkaufen gedenke: »We are extremely interested to know, that the service is still in existence and we would be pleased if we could come to some arrangements about the service with you.«[160] Ein anderer schrieb: »Bei dieser Gelegenheit erlaube ich mir die Anfrage, ob Sie evtl. noch einige interessante Antiquitäten wie antikes Silber, Porzellan und anderes haben, die Sie zu guten Preisen abgeben würden.«[161] Solche und andere Anfragen müssen wie Hohn in den Ohren der Familie geklungen haben. Offenbar konnte sich keiner vorstellen, dass sie ihren gesamten Besitz in Pförten zurückgelassen hatten.

Unbekannt war offenbar auch, dass es zu Zeiten der Nationalsozialisten ein Gesetz gab, das es Grundbesitzern bis Anfang 1945 untersagte, ihre Güter aufzugeben. »Man hätte vieles retten können«, sagte Friedrich-Josephs Schwiegertochter Marie Elisabeth in einem

Gespräch mit dem Ehepaar Kretschmann, »aber es war verboten und wurde von den Nazis mit strengsten Strafmaßnahmen geahndet.«[162]

Mitte Juni 1956 erhielt Friedrich-August erneut einen Hinweis, in London seien Teile des Schwanenservice aufgetaucht. Wie die *Times* am 27. Juni 1956 berichtete, seien sie für 20 000 Pfund verkauft worden. Er bat meinen Vater, sich darum zu kümmern. »Das Richtige wäre wohl, an die Deutsche Botschaft in London zu schreiben. Einige Unterlagen hast Du ja und ich wäre Dir sehr dankbar, wenn Du etwas unternehmen würdest.«[163] Der Brief meines Onkels klingt müde. Er hatte inzwischen Beschäftigung bei der Bundeswehr gefunden, war verantwortlich für die Versorgungskompanie und hatte nur einen freien Tag in der Woche. Seine Familie war auf acht Personen angewachsen, das jüngste Kind gerade anderthalb Jahre alt. Er sah sich außerstande, nebenbei noch harsche Briefe nach England zu schreiben.

Mein Vater steckte in seiner Ausbildung, war noch unverheiratet, jung und agil und absolvierte gerade die Verwaltungshochschule in Speyer. Sorgfältig tippte er ein Schreiben nach dem anderen. Wenn notwendig, wies er in seiner Korrespondenz darauf hin, dass er im Auftrag seiner Verwandten handele. »Ich schreibe nur aus familiärem Interesse. Irgendwelche Vorteile materieller Art werde ich aus der Erbschaft nicht haben.«[164]

Diesmal fand die Familie umgehend Gehör, über die Botschaft in London wurde ihr ein Anwalt des Vertrauens zugewiesen. Er zeigte sich interessiert, bat höflich um Zustellung der Erbscheine. Mit Einführung der Weimarer Verfassung war die Rechtsform des Fideikommisses aufgehoben worden und alle Nachkommen gleichermaßen erbberechtigt, also die Witwe Friedrich-

Josephs ebenso wie ihr Sohn und die fünf Töchter. Mein Vater bat also seinen Vetter, sämtliche Scheine zu besorgen nebst einer Vollmacht, die ihm ermöglichte, für dessen Schwestern mitzuentscheiden.

Da die Familie nicht genug Geld für einen Prozess hatte, ersuchte mein Vater den Anwalt, ob sie im Armenrecht klagen könne. Daraufhin mussten sie nachweisen, dass alle Erbberechtigten bedürftig waren. Zudem sollte eine detaillierte Liste aller Teile des Schwanenservice erstellt werden, um zu beweisen, dass sich genau die Einzelteile, die in London unter den Hammer gekommen waren, tatsächlich bis zum Krieg in Pförten befunden hatten.

Plötzlich tauchten Namen von Einzelpersonen auf, von denen behauptet wurde, sie seien schon vor dem Krieg im Besitz einzelner Teile des Schwanenservice gewesen, so ein sogenannter Dr. Santo Spirito – ein Name, der per se klingt, als habe ihn sich jemand ausgedacht – oder ein dubioser Adliger aus Warschau, der sich zu legitimieren suchte, indem er angab, seine Frau stamme aus der Familie Brühl, was nachweislich nicht der Fall war.

Entsprechend mühsam wurde es, den Rechtsstreit fortzusetzen. Brühls hatten auch keine schriftlichen Belege dafür, dass nie ein Stück Schwanenservice ihr Haus verlassen hatte, und Inventarlisten existierten keine, schließlich herrschte in der Familie jahrhundertelang der Konsens, das Service zusammenzuhalten. Erst als einzelne Exemplare ins Museum wanderten, wurde es einmal komplett durchgezählt. Zuständig dafür war Anna Berta (1877–1968), die älteste Schwester meines Großvaters: »Das Schwanenservice in Pförten bestand aus 1415 Stück. [...] ich weiß es, weil ich es im Jahr 1897 oder 1898 einmal zählen mußte! Professor Berling aus

Dresden schrieb damals ein Werk über sächsisches Porzellan.«[165]

Wer würde annehmen, dass es noch größere Gefahren für ein Geschirr aus Porzellan gibt als seine Zerbrechlichkeit? Plötzlich zählte die exakte Übereinstimmung der zahlreichen Teller und Kannen, Schüssel und Servierlöffel nichts mehr. Auf einmal galt es, die Existenz einer einzelnen Terrine zu beweisen, von der man genau wusste, dass exakt in derselben Form, Verzierung und Bemalung noch ein zweites, ein drittes und selbstredend auch ein viertes Exemplar im Besitz der Familie gewesen war. Angesichts dessen versagte einfach das menschliche Gedächtnis.

Brühls hatten ihr Porzellan immer als unteilbares Ganzes angesehen. Nur in seiner Vollständigkeit war es Ausdruck der Hofhaltung ihres Vorfahren, Beweis seiner Loyalität gegenüber dem König und – nicht zuletzt – Beleg für sein Bestreben, die landeseigene Industrie zu fördern. Die Sammler, die es jetzt in Auktionen zu erwerben suchten, waren bereit, sich mit Einzelteilen zufriedenzugeben. Darauf war die Familie nicht vorbereitet. Das prächtige Ensemble zerrann ihr zwischen den Fingern.

Gerade die Besonderheit des Service, das Außergewöhnliche jedes einzelnen Kerzenständers, die überragende künstlerische Begabung Kändlers, die er an jedem Salzspender, jeder Konfektschale bewiesen hatte, wurde zu seiner Schwachstelle. Sie weckte Begehrlichkeiten, alle wollten ein Stück davon besitzen. Zwischenhändler und Antiquare witterten ein Geschäft, imaginierten schwindelerregende Summen, die damit zu erzielen wären. Mit jedem Einzelstück, das auf dem Markt auftauchte, schien sein Wert weiter zu steigen.

Dazu die sagenhafte Vielzahl. Das Schwanenservice entwickelte sich zum Mythos.

Je weiter sich einzelne Stücke über den Globus verteilten, desto größer wurden die Zweifel der Familie, das Porzellan jemals wieder zusammenführen zu können. »Es wird ja auch sehr schwierig werden, mit all den Stücken, die jetzt nach Amerika gegangen sind, Verbindung zu halten«, schrieb mein Onkel im April 1957. »Wir werden also in einem Jahr nicht mehr feststellen können, wo die Sachen geblieben sind.«[166] Zufällig oder nicht benutzte er in dem handgeschriebenen Schreiben die Wendung »Verbindung halten«. Das Service hatte den Charakter einer weitläufigen Familie bekommen, zu deren Mitgliedern jeder seine spezifische Beziehung hatte und die sich dadurch bewies, dass man Verbindung hielt und sich bei jedem Wiedersehen aneinander freute.

Neben alldem gab es politische und finanzielle Probleme. Ein Prozess kostete viel Geld und hätte zu einer Auseinandersetzung von Deutschen mit dem Rest der Welt geführt. »Die Durchführung des dazu notwendigen Zivilprozesses in England [hätte] die damalige Finanzkraft unserer Familien weit überschritten«[167], schrieb mein Großvater später. Diese Einschätzung eines zwar betagten, aber bis an sein Lebensende glasklaren Juristen hatte durchaus auch moralische Motive. Der Krieg mit seinem entsetzlichen Geschehen lag nur wenige Jahre zurück. Längst waren die Verbrechen, die im Namen des nationalsozialistischen Regimes verübt worden waren, nicht aufgearbeitet. Mein Vater empfand sein ganzes Leben lang Schuld für diese Vergehen.

Den oben zitierten Brief hatte mein Großvater an Peter von Pückler geschrieben, Nachfahre der Bad Muskauer und Branitzer Familie Pückler, der Anfang der sechziger Jahre die Bereitschaft bekundet hatte, sich als Anwalt für die Sache einzusetzen. »Daß Sie sich überhaupt dieser unerfreulichen Angelegenheit angenommen haben, betrachte ich als einen rührenden Beweis freundnachbarschaftlichen Interesses, für den ich auch im Namen unserer Familie nicht dankbar genug sein kann.«[168]

Doch mein Vater wollte noch nicht aufgeben. Er fragte bei der Botschaft an, ob die Bundesrepublik seiner Familie einen Vorschuss auf die Prozesskosten gewähren könnte. Inzwischen lebte er in der Nähe von Paris, wohin er sich begeben hatte, um in dortigen Bibliotheken für seine Doktorarbeit zu recherchieren. »Wie mir nun heute auf der hiesigen Botschaft mitgeteilt wurde, übernimmt das Auswärtige Amt in bestimmten Fällen bei derartigen Prozessen vorläufig die Kosten«, schrieb er nach London.[169] Hätte das Ministerium die Prozesskosten übernommen, wäre die Familie bereit gewesen – so hatte er sich mit seinem Vetter geeinigt –, das Porzellan der Öffentlichkeit zur Verfügung zu stellen. »Man kann ja versprechen, es in einem deutschen öffentlichen Museum für immer auszustellen, während es weiter das Eigentum der Familie bleibt«, verständigte er sich mit ihnen im August 1956.

Auch dieser Versuch verlief im Sande. Die Familie fürchtete, dass sie sich im Zuge eines Prozesses auf einen Vergleich würde einlassen müssen, was bedeutet hätte, gegen eine bestimmte Summe für immer auf das Eigentum an einzelnen Stücken des Schwanenservice zu verzichten. Dazu konnte sie sich indes nicht entschließen. »Und das scheint mir doch nicht richtig zu sein«[170], schrieb mein Onkel.

Der letzte Brief in dieser Angelegenheit, der sich in den Unterlagen meines Vaters fand, stammt aus dem Jahr

1963. Aufgeregt schrieb er seinem Vetter, es sei höchste Zeit, etwas zu unternehmen. In wenigen Monaten laufe die Frist ab. Wenn die Familie jetzt nicht handele, sei es ein für alle Mal zu spät. Dabei bezog er sich auf die Ersitzungsvorschrift aus dem Bürgerlichen Gesetzbuch (BGB), die besagt, dass erstandenes Gut nach dreißig Jahren endgültig in den Besitz des neuen Eigentümers übergeht, selbst wenn es vor Erwerb gestohlen oder bösgläubig erworben worden war.

In dem Brief mit dem Absender Ghana schrieb mein Vater, es sei unerträglich heiß, die Familie jedoch wohlauf. Inzwischen befand er sich selbst in der Rushhour seines Lebens, hatte vier Kinder, einen verantwortungsvollen Job. Wie gerne hätte er sich noch einmal für das Familienporzellan eingesetzt. »Ich ärgere mich ganz wahnsinnig, daß ich so weit weg bin« (Brief vom 5. Juni 1963). Doch er wird geahnt haben, dass seine Verwandten die Hoffnung aufgegeben hatten. Zu viele Teile waren schon verkauft und bei neuen Besitzern in aller Welt verschwunden.

Zurück blieb ein winziger Hoffnungsschimmer. Bei einer Fahrt nach Ost-Berlin konnte mein Vater 1957 einen Bildband über Meissener Porzellan erwerben. Darin waren die in Dresden geretteten Stücke des Schwanenservice abgebildet. »Die sind also da!«, schrieb er seinem Vetter überglücklich im März 1957.[171]

Dresden war allerdings damals weit weg, die rechtlichen Voraussetzungen, das dort verwahrte Gut weiterhin sein eigen nennen zu können, waren zu dem Zeitpunkt nicht gegeben. Nur wenige adlige Familien wagten es, nach den Erfahrungen in der Ostzone, aber auch wegen der Geschichten, die inzwischen über das Lager auf Rügen im Umlauf waren, nach Ostdeutschland zu fahren. Ein entfernter Vetter lebte – um ein Beispiel zu nennen – seit Mitte der sechziger Jahre in West-Berlin, doch er betrat die DDR in seinem gesamten Leben kein einziges Mal. Wenn er nach Westdeutschland reiste, benutzte er jedes Mal das Flugzeug.

In meiner Familie wurde über die schlechten Erfahrungen nicht gesprochen, von denen ich selbst viele Jahre nichts wusste. Man kann es als Zeichen menschlicher Größe verstehen, dass bei uns keine Ängste vor dem Osten geschürt wurden, keine Szenarien geschildert wurden, die möglicherweise nicht auf Fakten basierten. Tatsache ist allerdings zugleich, dass überhaupt nicht über jenen Teil Europas gesprochen wurde. Die feierlich beschworene Europäische Union endete an der deutsch-deutschen Grenze.

Es mag möglicherweise so erscheinen, als hätten wir umso weniger von einem Menschen gewusst, je näher er uns stand, sogar von einem so offenen und redegewandten Mann wie meinem Vater, doch das ist alles nur natürlich. Als ich 1962 auf die Welt kam, lagen Krieg und Heimatverlust gerade so weit zurück, dass man sie nicht mehr täglich spürte. Die Städte im Westen waren wiederaufgebaut worden, es gab keine sichtbaren Kriegsschäden, die Menschen mussten nicht mehr hungern. Außerdem lebten wir damals in Afrika.

Mit heranwachsenden Kindern spricht wohl niemand bereitwillig über bedrückende Erlebnisse. Selbst zwanzig Jahre später hätte ich, inzwischen erwachsen geworden, gezielte Fragen stellen müssen, um herauszufinden, welche persönlichen Gefühle mein Vater gegenüber der DDR oder anderen Ostblock-Staaten hegte. Dazu fehlte mir das nötige Wissen.

Auch über das Schicksal des Schwanenservice wurde

bei uns zu Hause nicht gesprochen. Uns Heranwachsenden stellte sich in jenen Jahren eigentlich nur eine Frage: Warum wurde Vater regelmäßig derart wütend? Seine Zornanfälle gehörten zu meiner Kindheit wie die Schultüte und der erste verlorene Zahn. Viele Schulfreundinnen und -freunde müssen Ähnliches erlebt haben, doch wie verabredet sprachen wir nicht über diese uns verunsichernden furchteinflößenden Momente. Der cholerische Vater durfte keinesfalls erwähnt werden. Wie Kinder nun einmal sind, nahmen wir an, es sei allein unsere Schuld. Wir waren überzeugt, etwas falsch gemacht zu habe, wenn mein Vater wütend wurde, und warteten, bis der Sturm vorüber war. Den Grund aber kannten wir nicht.

Großvaters Tod

Mein Großvater war mit den Jahren schwächer geworden. Sein Gehör ließ nach, seine Haut war dünn und blass, die Hände wirkten durchsichtig wie Pergament. Häufig plagten ihn Ischiasbeschwerden. Wenn er Tomaten aß, bekam er eine dicke Backe. Aber er hielt sich tapfer, stellte sich seinen Malaisen und beklagte sich nie. Wir hingen unendlich an ihm. Jahr für Jahr kam er einige Wochen zu uns auf Besuch, wo immer mein Vater gerade auf Posten war. Dann ging er auch an diesen fremden Orten täglich spazieren, gleichgültig, ob es Bonn, Brüssel oder London war. Gerne fuhr ihn meine Mutter mit dem Auto in einen besonders hübschen Park oder einen Botanischen Garten. Dort betrachtete er die Pflanzen, bestimmte Gehölze und Bäume. Solange er die alten Riesen betrachten konnte, war er glücklich.

Jeden Tag kleidete er sich in Anzug und Krawatte, verließ das Haus nicht ohne Stock und Hut. Wenn wir ihn nach der Zeit fragten, griff er in seine Westentasche, zog eine goldene Taschenuhr hervor, ließ durch Betätigung eines Knopfes den Deckel aufspringen, studierte eingehend das Zifferblatt und gab uns dann die gewünschte Antwort. Nachdem wir gelernt hatten, die Uhr zu lesen, konnten wir die Zeit selbst bestimmen.

Zu Weihnachten schenkte er uns sorgfältig ausgewählte Kinderbücher, die gerade brandaktuell und neu in die Läden gekommen waren. Zu diesem Zweck ließ er sich in seiner Lieblingsbuchhandlung in Münster, wohin er nach dem Tod der Großmutter gezogen war, ausführlich beraten. Rechtzeitig vor den Feiertagen erreichte meine Eltern dann ein dickes Paket. Es enthielt für jeden von uns ein Buch, passend zu dem jeweiligen Alter, so *Eine Woche voller Samstage* (1973) von Paul Maar, worüber mein Bruder beim Lesen derart lachte, dass das ganze Sofa wackelte, oder *Momo* (1973) von Michael Ende, womit er mich für ein Leben lang glücklich machte.

Mein Großvater hatte eine Jahrtausendwende erlebt und zwei Kriege überstanden, was ihn freute, doch seine Frau um Jahrzehnte überlebt, was ihn schmerzte. Er wurde 93 Jahre alt. Die Erfahrungen, die er unter den Nationalsozialisten und in der Nachkriegszeit gemacht hatte, waren quälend. Nie sprach er mit seinen Enkeln darüber, erzählte mir nie von Ostpreußen. Die Sehnsucht nach seinem Zuhause hat ihn nie verlassen. In seinen Briefen finden sich davon mannigfaltige Spuren.

Als er 1976 starb, wurden wir von der Schule befreit und fuhren gemeinsam von Bonn nach Münster. Bei der Beerdigung weinte ich mit meinen Geschwistern derart hingebungsvoll, dass die vielen Verwandten, die gekommen waren, anfingen, sich Sorgen zu machen. So viele schluchzende Kinder auf einem Haufen hatten sie wohl noch nie gesehen. Dabei gab es gute Gründe, an diesem Tag rechtschaffen traurig zu sein.

Gesandter in Warschau

Im Frühjahr 1982 kam ich spätnachmittags aus der Schule. Draußen war es schon dunkel geworden, und ich ging hinauf in die Küche, um nachzusehen, was es zu essen gab. Wir wohnten damals wieder einmal in Bonn, ich besuchte das Clara-Schumann-Gymnasium und bereitete mich auf das Abitur vor. Mein Vater war überraschend früh nach Hause gekommen und lehnte freudestrahlend an der Spülmaschine. Es herrschte glänzende Stimmung. Obwohl noch keineswegs an der Zeit, hielt er ein Glas in seiner Rechten, das randvoll mit Schnaps gefüllt war. »Dein Vater hat heute erfahren, wohin er demnächst versetzt wird«, sagte meine Mutter. Sie stand mit dem Rücken zu uns am Herd und kochte. Auf meine Frage, wohin es denn diesmal gehen würde, nahm er einen tiefen Schluck aus seinem Glas, sah mich glücklich an und sagte: »Warschau.«

Kaum ein Auslandsposten hat meine Eltern derart erfüllt wie Polen. Als Vater Ende März 1982 dort ankam, herrschte Kriegsrecht im ganzen Land, Versammlungen waren untersagt, und abends durfte keiner das Haus verlassen. Dank ihres Diplomatenstatus waren meine Eltern von derlei Einschränkungen ausgenommen, doch selbstredend waren sie mit Menschen in Kontakt, die ihnen davon erzählten, dass bewaffnete Soldaten jeweils zu zweit oder zu dritt an den Straßenecken standen und alles überwachten. Sie spürten die Angst und die Bedrohung, die im ganzen Land herrschten. Der Unmut der Bevölkerung über Mangelwirtschaft und Reisebeschränkung, die Streiks auf der Danziger Werft und die Gründung der unabhängigen Gewerkschaft Solidarność erlebten sie hautnah mit. Obwohl sie nur vier Jahre in diesem Land verbrachten, bestehen die Memoiren meines Vaters zu zwei Dritteln aus Schilderungen jener Zeit.

Er berichtete von seinen Begegnungen mit polnischen Intellektuellen, immer auf der Hut, ihnen durch seine Kontaktaufnahme nicht zu schaden. Auf Schleichwegen fuhr er zu ihnen, um den polnischen Geheimdienst abzuhängen, und während ihrer Gespräche ließen sie Schallplatten laufen, damit sie nicht abgehört werden konnten. Vieles davon haben meine Geschwister und ich persönlich miterlebt, denn wir waren häufig in Warschau zu Besuch. Ich nutzte die Gelegenheit, nach dem Abitur Polnisch zu lernen und studierte ein Jahr lang in Lublin. Die Diplomaten befanden sich in dieser Zeit ununterbrochen unter Beobachtung, jedes Telefongespräch wurde aufgezeichnet, jede Begegnung festgehalten.

Mein Vater bekleidete den Posten des Gesandten, war also der Ständige Vertreter des deutschen Botschafters in Warschau. Gleich anfangs musste er zahlreiche offizielle Termine für die Bundesrepublik wahrnehmen, denn zu Beginn seines Aufenthaltes war der Botschafterposten vorübergehend vakant. Auch der Beerdigungsfeier für Jerzy Popiełuszko (1947–1984), den Geistlichen, der in seinen Predigten dazu aufgerufen hatte, Solidarność zu unterstützen, und von Mitarbeitern des polnischen Geheimdienstes entführt und umgebracht worden war, wohnte er in dieser Funktion bei. Er traf sich mit Stanisław Stomma (1908–2005) und Władysław Bartoszewski (1922–2015), Historikern und Publizisten, die sich wie kaum andere für die deutsch-polnische Versöhnung einsetzten. Häufig besuchte er Aleksander Gieysztor (1916–1999), der ab 1971 am Wiederaufbau des Warschauer Schlosses teilnahm und später dessen Direktor wurde.

Während ihres Aufenthaltes erfuhren meine Eltern von vielen Polen solch eine selbstverständliche Akzeptanz, dass sie das Gefühl hatte, diesem Land in einer schweren Krise beistehen zu können. Als Vater das erste Mal über die deutsch-polnische Grenze fuhr und der Beamte beim Anblick seines Passes feststellte, aus welcher Familie er stammte, ging ein freudiges Lachen über sein Gesicht, und ohne zu zögern schrieb er die Geburts- und Sterbedaten unseres Vorfahren Heinrich auf einen Zettel. Brühl war für ihn Teil der polnischen Geschichte.

Die Regierungen westlich des Eisernen Vorhangs unterstützten die freiheitlichen Bestrebungen in Polen. Auch wenn damals noch keiner ahnen konnte, welche Lawine damit losgetreten wurde, solidarisierte sich der Westen weitestgehend mit Solidarność. Die Weisungen aus Bonn, denen mein Vater verpflichtet war, brachten für ihn keinerlei Einschränkungen für sein Verhalten mit sich. Unvergessen bleibt die Tatsache, dass ab sofort Versorgungspakete aus der Bundesrepublik nach Polen geschickt werden konnten, ohne dass dafür Porto gezahlt werden musste. Ebenso beeindruckend war die Zahl der Sendungen und Transporte, mit denen viele Deutsche der Bevölkerung jenseits der Oder-Neiße-Linie hilfreich beistanden. Hier fand die Tradition der Ost-Pakete, die Jahr für Jahr in die DDR geschickt wurden, gewissermaßen ihre Fortsetzung.

In Konflikt geriet die Botschaft in Warschau nur, wenn sich in der Bundesrepublik die Vertriebenenverbände zu Wort meldeten und Forderungen hinsichtlich der ehemals deutschen Gebiete laut wurden. Dann musste der Botschafter eilig vermitteln, die polnische Regierung von der offiziellen Politik seines Landes überzeugen und dafür sorgen, dass diese Forderungen von der Regierung in Warschau nicht verwendet wurden, um unter Polen Ressentiments und Ängste zu schüren. Solche Situationen werden für meinen Vater auch aus persönlichen Gründen konflikthaft gewesen sein, doch er wollte nach vorn schauen, in der Gegenwart leben.

Das Streben meiner Eltern war Versöhnung. Sie waren durchdrungen von der Überzeugung, dass der Freiheitswillen der Polen berechtigt war, und solidarisierten sich voll und ganz mit dem Widerstand. Sonntags gingen sie regelmäßig in die Kirche, folgten der traditionellen katholischen Liturgie mit ihren über das Jahr verteilten Höhepunkten wie dem gemeinsamen Oblatenbrechen zu Weihnachten, den Marienandachten und Wallfahrten im Mai oder den feierlichen Fronleichnamsprozessionen im Juni. Dabei konnten sie beobachten, wie sich die Menschen durch die Lieder und Rituale gegenseitig bestärkten und die Kirchen den nötigen Raum gaben, um politischen Widerstand zu entwickeln.

Mein Vater sah in seinem Verhalten eine Chance, die Schuld zu bewältigen, die er seit Ende des Zweiten Weltkriegs gegenüber Opfern des Nationalsozialismus latent empfunden hatte. Er war erleichtert und glücklich, endlich eine gänzlich neue und andere Rolle in diesem Land spielen zu können, wusste er doch genau, was

Deutschland ab September 1939 mit dem Einmarsch in Polen angerichtet hatte. Glückhaft war für ihn und meine Mutter, und das versäumte er nicht zu wiederholen, an ein Versöhnungsangebot anknüpfen zu können, das Vertreter dieses Landes selbst, nämlich seine Bischöfe schon 1965 in ihrem Brief an die deutschen Bischöfe formuliert hatten. Ihr berühmtes »[Wir] gewähren Vergebung und bitten um Vergebung« wurde zu seiner ureigensten Sache.

In diesem Sinne war es keine bloße Pflichterfüllung, die mein Vater in diesen Jahren bewies, kein Dienst nach Vorschrift. Er identifizierte sich vollkommen mit seiner Aufgabe. Seine Briefe an uns Kinder oder an Freunde und Verwandte aus diesen Jahren lassen noch heute die starken Emotionen spüren, die ihn bei seiner Arbeit in Polen begleiteten. Gleichzeitig konnte er für sich privatpersönlich seine eigene schmerzliche Vergangenheit bewältigen.

Einige Wochen nach seinem Dienstantritt wagte er es zum ersten Mal, ins Ermland zurückzukehren. An einem freien Wochenende im April 1982 stieg er mutterseelenallein ins Auto – unsere Familie zog erst im Sommer nach Polen – und verließ Warschau Richtung Norden. Er fuhr nach Olsztyn (Allenstein), stellte den Wagen ab und lief über den pittoresken Marktplatz, hielt Ausschau nach dem Haus, in dem sein Vater gearbeitet und mit der Familie gewohnt hatte, sowie nach dem Gefängnis, in dem seine Mutter hatte einsitzen müssen.

Anschließend fuhr er weiter Richtung Bęsia (Bansen), folgte gespannt und aufgewühlt der Strecke, die er als Heranwachsender unzählige Male mit seinen Eltern zurückgelegt hatte, fand die gesuchte Ortschaft, das Gutshaus seiner Großmutter. Das Anwesen war inzwischen zu einem Versuchsgut der Hochschule für Landwirtschaft Olsztyn geworden und einigermaßen gut erhalten. Seine Erinnerungen spiegeln die starken Gefühle, die er auf dieser Reise empfand: »Ich fuhr langsam, weil der erste Blick auf das Haus auf dem Hügel über dem See immer ein besonderer Augenblick war. Da stand es plötzlich, ein funkelnder, gelber Edelstein im Grün der Wiese. Ich fuhr weiter, links die Kiesgrube, in der wir häufig Donnerkeile suchten, rechts der See, über dem ein Fischadler kreiste. Er hatte sich dort schon in den letzten Kriegsjahren einen Horst gebaut. […] Die Försterei auf dem Hügel über dem See stand nicht mehr, aber das Haus des Kutschers Stange befand sich noch am selben Ort, alles wie eh und je. In einem weiten Bogen ging es um den Park – der Zaun war verschwunden – bis hinauf zur Einfahrt. Die Chaussee war gepflastert, nichts hatte sich verändert, rechts breitete sich die große Weide aus, die Schmiede und die dahinterliegenden Häuser für die Gutsarbeiter. Ich bog links in die Zufahrt, erkannte alles sogleich wieder: das Haus, die Treppe zur Eingangstür, alles war wie noch zu unserer Zeit. Als ich dann wagte, ›den Blick‹ von der Gartenseite des Hauses aus zu suchen, stellte sich heraus, dass der See verdeckt war. Aber die kleine Steintreppe mit den Granitsteinen war noch da wie früher. Wie häufig hatte ich dort in der Mittagshitze gesessen und dem Summen der Fliegen zugehört.«

1986 wurde mein Vater erneut versetzt, tränenreich war der Abschied. Oft noch kehrten die Eltern nach Warschau zurück, fortan nur mehr als Besucher. Sie hielten jahrelang den Kontakt zu ihren polnischen Freunden und pflegten den Austausch mit ihnen. Wiederholt überlegten sie, wie sie es anstellen könnten, nach der Pensionierung nach Polen zurückzukehren.

Botschafter in Wien

Doch der neue Posten war von ähnlicher Aufregung begleitet wie die einstige Versetzung nach Polen. Es ging nach Wien, mein Vater wurde dort zum deutschen Botschafter ernannt, und diesmal war es meine Großmutter mütterlicherseits, die sich darüber besonders freute. Sie konnte ihr Glück kaum fassen. Ob sie eine unbewusste Ahnung davon hatte, was meine Eltern in Wien erwartete? Ahnte sie, dass die Wiedervereinigung kommen würde?

Als Frau mit familiären Wurzeln in Sachsen pflegte sie zeit ihres Lebens engen Kontakt zu Bewohnern ihrer Heimatstadt Wechselburg und Umgebung. Eine ihrer Schwestern war nach dem Krieg jenseits des Eisernen Vorhangs geblieben und arbeitete in der DDR als Fürsorgerin. Unzählige Briefe wechselten, soweit von der Staatssicherheit nicht abgefangen, über die deutsch-deutsche Grenze, Pakete mit den begehrten Westprodukten wurden Weihnachten und Ostern verschickt, und im Sommer lebte regelmäßig ein Rentnerpaar aus der DDR bei meiner Großmutter und ging ihr in Haus und Garten zur Hand.

Aus der Rückschau auf die zu Ende gehenden achtziger Jahre lassen sich die Anzeichen der kommenden Ereignisse erkennen. Wer kurz vor der Wende häufig zwischen West und Ost hin und her fuhr, wer engen Kontakt zu bestimmten Künstlerkreisen oder Mitgliedern des kirchlichen Widerstands in der DDR hatte, wusste um die spezifische Unruhe, die sich dort mit der Zeit herausbildete. Die Mehrzahl hingegen ahnte nicht, dass der Umbruch unmittelbar bevorsteht.

Meine Eltern trafen die Ereignisse in der DDR gänzlich überraschend. 1989 wurden sie mitten im Sommer aus dem Urlaub abberufen und mussten sofort nach Wien zurückkehren. Dringend wurden sie in die Botschaft bestellt. Zwar wussten sie, dass Ungarn Anfang Mai begonnen hatte, seine Überwachungsanlagen an der Grenze zu Österreich abzubauen. Auch hatten sie im Fernsehen mitverfolgen können, wie der österreichische Außenminister Alois Mock und sein ungarischer Amtskollege Gyula Horn am 27. Juni symbolisch den Signalzaun durchtrennt hatten, der der österreichisch-ungarischen Grenze vorgelagert war. Doch niemand hatte geahnt, welche Folgen das nach sich ziehen würden, keiner erwartet, dass eine zunehmend anwachsende Zahl von DDR-Bürgern die Situation nutzen würde, um ihrem Land zu entfliehen. Sie verließen es nicht vorwiegend aus wirtschaftlichen Gründen, sondern weil sie die Einschränkungen und Reglementierungen nicht mehr ertrugen.

Viele von ihnen meldeten sich, kaum hatten sie Wien erreicht, in der deutschen Botschaft. Anfangs war es nur eine Handvoll, doch täglich wurden es mehr. Mit zerkratzten Beinen und von Mücken zerstochenen Schultern und Armen standen sie vor dem mächtigen Bau im dritten Bezirk, trugen kurze Hosen oder ärmellose Kleider, die man gemeinhin im Sommer trägt, hatten kleine Kinder auf dem Arm, Rucksäcke auf dem Rücken und baten um Einlass. Sie waren per Autostopp von der ungarischen Grenze gekommen, Lastwagenfahrer hatten sie mitgenommen oder Busfahrer des öffentlichen Nahverkehrs. Manche hatten die Strecke zu Fuß bewältigt, andere waren auf der Flucht durch den Neusiedler See geschwommen. Sie hofften, in der Botschaft Unterstützung zu erhalten.

Mein Vater und seine Mitarbeiter taten, was sie nur konnten. Möglichst unbürokratisch und rasch nahmen sie die Personalien der Hilfesuchenden auf und händigten jedem eine Zugfahrkarte aus. Damit konnten die Flüchtlinge von Wien nach Gießen fahren, gelangten dort in das zentrale Notaufnahmelager und wurden mit dem Nötigen versorgt. Allerdings dauerte jeder Vorgang seine Zeit. Die Arbeit wurde händisch verrichtet, es gab dafür keine Computer.

Mein Vater versuchte, das Verfahren zu beschleunigen, heuerte kurzfristig Helfer aus dem Kollegenkreis an, mietete ein zusätzliches Gebäude in der Nachbarschaft, doch die Zahl der Hilfesuchenden ging nicht zurück. Meine Mutter, die gemeinsam mit meinem Vater in der Botschaft residierte – oben befanden sich die Privaträume der Familie, unten die Büros und Empfangsräume –, war bemüht, den Geflüchteten die Wartezeit zu erleichtern. Über die einschlägigen Hilfsorganisationen in Wien besorgte sie Decken, fuhr in den Großmarkt, kaufte riesige Mengen Lebensmittel ein, kochte gemeinsam mit zwei Helferinnen in der Botschaftsküche Suppe und teilte sie aus. Zu ihrem Kummer durfte sie mit niemandem darüber sprechen, daran erinnert sie sich bis heute. Noch musste alles im Verborgenen geschehen. Auch ihren Geburtstag habe sie in diesem Jahr nicht feiern können, erinnerte sie sich. »Mein Geburtstag ist in die Suppe gefallen«, sagte sie lachend.

Am 19. August organisierte das Ungarische Demokratische Forum (MDF) gemeinsam mit dem Europaabgeordneten Otto von Habsburg an der österreichisch-deutschen Grenze das »Paneuropäische Picknick«. Über einen Zeitraum von drei Stunden sollte, gewissermaßen probehalber, ein einzelner Durchlass geöffnet werden, quasi symbolisch, um die Einheit Europas, nicht zuletzt die geographische Nähe zwischen den EU-Ländern und den Comecon-Ländern, den wirtschaftlich zusammengeschlossenen Ostblockstaaten, zu demonstrieren. Der Durchlass befand sich an der alten Pressburger Landstraße zwischen Sankt Margarethen und Sopronkőhida. Er sollte die Eintracht zwischen den Bewohnern dieser Region unterstreichen.

Doch es kam zum Äußersten: Etliche DDR-Bürger nutzten die Grenzöffnung, überwanden den durchtrennten Stacheldraht, drückten das Tor dahinter auf und liefen auf die österreichische Seite. Weder sowjetische noch ungarische, geschweige denn österreichische Soldaten konnten sie daran hindern. Allein die Journalisten, die zu dem Picknick eingeladen worden waren, richteten ihre Kameras auf die Flüchtenden und filmten sie. Kurze Zeit später lief die Dokumentation über sämtliche Fernsehkanäle.

Dem spontanen Impuls folgend, fuhren viele mit ihren Autos so nahe wie möglich an den Übergang heran, ließen dort alles stehen und liegen und überquerten die Grenze. In den wenigen Stunden, die das Picknick dauerte, gelang es sechs- bis siebenhundert Deutschen, nach Österreich zu gelangen. Es war die größte Fluchtbewegung aus Ostdeutschland seit dem Bau der Berliner Mauer. Was für einen Mut diese Menschen aufbrachten, wie schnell sie reagieren und entschlossen sie handeln mussten, ist im Nachhinein kaum vorstellbar.

Held des Tages war der ungarische Grenzoffizier Árpád Bella. Er war zu diesem Zeitpunkt im Einsatz, reagierte besonnen und schritt nicht gegen die Flüchtenden ein. Man möchte sich nicht ausmalen, was passiert wäre, wenn seine Untergebenen ihre Schusswaffen zum Einsatz gebracht hätten.

Wenige Stunden später liefen die DDR-Bürger zu Hunderten vor der deutschen Botschaft in Wien auf. Sie belagerten das Grundstück, bildeten lange Schlangen. Mein Vater ließ die Tore öffnen, und die Menschen strömten auf das Gelände. Im Innenhof der weitläufigen Anlage mit Springbrunnen, Rasenflächen und einzelnen Blumenbeeten konnten die Wartenden vorübergehen unterkommen. Zusätzlich wurde ein Sichtschutz aufgezogen, damit sie von außen nicht beobachtet werden konnten. Einige von ihnen fürchteten, später auf Fotos wiedererkannt zu werden, die gegebenenfalls von der Straße aus aufgenommen würden.

Zum Glück hatten die Menschen dank des warmen Sommerwetters die Möglichkeit, sich im Freien aufzuhalten. Meine Mutter war wieder bemüht, Kleider und Decken zu verteilen und eine freundliche Atmosphäre zu verbreiten. Inzwischen hatte sich die Geschichte in Wien herumgesprochen und die Botschaft Spenden erhalten. Jeden Morgen wurden vor dem Gebäude Tüten und Taschen mit Spielzeug, Windelpaketen, Mänteln und Jacken abgestellt. All das galt es auszupacken, aufzuhängen, auszulegen und an die Flüchtlinge zu verteilen. Mein jüngerer Bruder hatte Abitur gemacht, er verbrachte den Sommer in Wien und half meinen Eltern, soweit er konnte. Noch jahrelang erzählten sie von der spontanen Hilfsbereitschaft der österreichischen Bevölkerung. »Es war überwältigend«, sagte mein Vater.

Währenddessen arbeiteten die Botschaftsmitarbeiter im Akkord. Sobald die Flüchtlinge ihre Fahrkarten erhalten hatten, machten sie sich auf den Weg zum Westbahnhof. Jeweils um die Mittagszeit fuhr von dort der Zug nach Deutschland und brachte sie in Sicherheit. Waren sie zu spät in der Botschaft angelangt, um diese Verbindung noch zu erreichen, wurden sie zusätzlich mit Hotelgutscheinen und etwas Geld zu ihrer persönlichen Versorgung ausgestattet. Und das war nur der Anfang. Was meine Eltern in den nächsten Wochen und Monaten erlebten, hätten sie sich nicht träumen lassen. In Scharen verließen DDR-Bürger die Republik. Die Botschaftsmitarbeiter waren erschüttert über das durchweg jugendliche Alter der Ankommenden. »Wenn die jungen Menschen ihr Land verlassen, dann hat die Regierung ausgedient«, sagte einer von ihnen Jahre später.

Zehntausende wählten den Weg über Ungarn. Am 11. September 1989 öffnete das österreichische Nachbarland seine Grenzen endgültig für sämtliche DDR-Bürger. In einer beispiellosen Aktion holte die Bundesrepublik mithilfe des Roten Kreuzes eine Gruppe von Republikflüchtlingen per Flugzeug direkt aus Budapest, die dort in der deutschen Botschaft ausgeharrt hatten. Mein Vater charterte drei Busse, holte sie mit meiner Mutter und meinem Bruder nachts vom Rollfeld in Wien-Schwechat ab, und sie gaben ihnen Geleitschutz über die Grenze Richtung Nürnberg. Nie werde er die Angst in den Augen der Menschen vergessen, erzählte mein Bruder, die aus dem Flugzeug und zu ihm in den Bus stiegen, nie ihre Freude und Erleichterung, als sie bei Passau die Brücke über die Donau passiert hatten und schließlich in Westdeutschland angekommen waren.

Ähnlich wie meinem Vater erging es Hermann Huber, der zur selben Zeit deutscher Botschafter in Prag war. Tausende von DDR-Bürgern hatten sich dort in den Monaten August und September 1989 auf dem Gelände der deutschen Vertretung versammelt, dem im

Zentrum der Stadt gelegenen herrschaftlichen Palais der Familie Lobkowitz mit seinem weiträumigen Park, und hofften auf ihre Ausreise. Dank erfolgreicher Verhandlungen mit den Vertretern der UdSSR, der ČSSR und der DDR am Rande der UN-Vollversammlung in New York konnte ihnen der damalige Außenminister der Bundesrepublik, Hans-Dietrich Genscher, diese Hoffnung erfüllen. In einer bewegenden Ansprache am Abend des 30. September vom Balkon des Botschaftsgebäudes kündigte er ihnen eine visumfreie Ausreise an.

Ab Oktober fuhren die ersten Züge über Dresden und Karl-Marx-Stadt nach Hof. Alle Deutschen, die Zuflucht in der Prager Botschaft gesucht hatten, erreichten wohlbehalten die Bundesrepublik. Ab November hob die DDR die Visumpflicht gegenüber der Tschechoslowakei auf. Noch immer verließen die Ostdeutschen in Scharen ihr Land. Am 9. November 1989 schließlich erfolgte die Öffnung der Berliner Mauer.

Mein Vater sah sich am Ziel seiner Träume. Endlich waren die Grenzen offen, die Wege von Berlin nach Warschau, von Dresden nach Prag, von Forst nach Brody, dem Pförten seiner Kindheit, wieder ungehindert passierbar. Alle Mühen hatten sich gelohnt. Das alte Europa, das er und seine Kollegen unendlich viele Male beschworen hatten, kam wieder zusammen. Fast war es so, als habe er seine Heimat zurückerhalten.

Wie nahezu weltweit war in Wien ein weiterer deutscher Botschafter stationiert gewesen. Er war von Berlin, der Hauptstadt der DDR, entsandt worden. Ihm und seiner Frau war jeder Kontakt zu meinen Eltern, der über rein berufliche Motive hinausging, streng untersagt. Kaum war die Mauer offen, nahm mein Vater Verbindung zu diesem Kollegen auf und lud ihn gemeinsam mit seiner Frau in die Botschaft ein. Sie schlossen Freundschaft.

Im Laufe der weiteren Ereignisse wurden sämtliche Botschafter der DDR 1990 von ihren Posten abberufen, und auch der Kollege meines Vaters musste Wien verlassen. Zu seinem Abschied gaben ihm meine Eltern in der Botschaft ein feierliches Diner.

Spurensuche und Identitätsfindung

Bürgerschaftliches Engagement in Seifersdorf, Nischwitz, Forst und Brody

1972–1998

Die Dresdner Porzellansammlung

Die Erzählung *Utz* (1988) von Bruce Chatwin (1940 bis 1989), mit Armin Müller-Stahl in der Hauptrolle verfilmt, handelt von einem tschechischen Baron, Kaspar Joachim von Utz, der hingerissen ist von Meissener Porzellan. In Kändlers Figurinen sah er die Vollendung menschlicher Anmut, nie mehr zu leugnen, da ewig gebannt in feste Form, und zugleich von tänzelnder, lebensfroher Statur. Er erbt einige Stücke von seinen Eltern, kauft neue hinzu, verwahrt sie gut und lebt mit ihnen in innigster Eintracht in seiner bescheidenen Prager Wohnung, die ihm nach Krieg und Bodenreform in der Tschechoslowakei geblieben war. Die kostbare Sammlung erinnert ihn an bessere Zeiten und macht sein Leben zu einer würdevollen Existenz. Alt geworden, fürchtete er, seine Sammlung könne aufgelöst werden, denn die Regierung seines Landes hat längst Kunde davon bekommen. Da er keine Nachkommen hat, muss er davon ausgehen, dass seine geliebten Figurinen in Staatsbesitz übergehen und nicht mehr gebührend respektiert werden. Um dem vorzugreifen, bittet er eine Person seines Vertrauens, die Frau, die ihm den Haushalt führt, die Figuren vor seinem Ableben zu zerschlagen. Kaum zu ertragen ist die Szene, in der die treue Angestellte zu Utz ans Bett tritt, in das er sich altersmüde zurückgezogen hat, ihm eine Statuette nach der anderen präsentiert, sein leises Nicken abwartet, um das Zimmer wieder zu verlassen und das zu tun, was sie tun muss. Die berühmten Teile zerspringen in tausend Stücke.

Spurensuche und Identitätsfindung

Ähnlich müssen sich die Brühls gefühlt haben, als ihnen klar wurde, dass die kostbare Sammlung ihres Vorfahren in alle Himmelsrichtungen zerstob. Sie hatten weder Mittel noch Kraft, diese Entwicklung aufzuhalten, und mussten die Verantwortung für ein Kulturgut aufgeben, für das sie fast zwei Jahrhunderte lang verlässlich eingestanden hatten. Wer nicht mit dem Schwanenservice aufgewachsen ist, kann nur schwer nachvollziehen, was das bedeutet. Als ich meine Mutter fragte, warum sie und mein Vater sich nachträglich keine Teile aus dem berühmten Brühlschen Porzellan zugelegt hätten, schaute sie mich erstaunt an: »Hätten wir etwa Diebesgut kaufen sollen?«

Doch die Familie fand andere Möglichkeiten, sich für das Gemeinwohl zu engagieren. Sie verlagerte ihr Engagement auf den sozialen Bereich, wie meine Tante, die Fürsorgerin wurde, oder übernahm Verantwortung im politischen Sinn, wie meine Eltern bei ihrer Versöhnungsarbeit in Polen oder ihrem Einsatz für die Flüchtlinge aus der DDR.

Eine letzte Hoffnung war schließlich geblieben. Sie beruhte auf den 37 Teilen des Schwanenservice, die Museumsdirektor Berling 1920 für die Dresdner Sammlungen entliehen hatte. »Die sind also da!«, hatte mein Vater in seinem Brief an den Vetter freudig-aufgeregt geschrieben, und in der Tat, sie waren, wie beschrieben, sorgfältig in zwei Kisten verpackt und 1943/44 nach Schloss Reichstädt gebracht worden. 27 Teile[172] überstanden die Plünderungen der Nachkriegszeit und kehrten 1946 in die Elbmetropole zurück. Der Dresdner Kunsthistoriker Wolfgang Balzer (1884–1968) nahm sich ihrer persönlich an. In seiner Funktion als Direktor des Kunstgewerbemuseums und der Porzellansammlung richtete er bis

1949 eine neue Museumsstätte in Schloss Moritzburg ein, wo die Öffentlichkeit das Schwanenservice erstmals nach dem Krieg wieder zu sehen bekam.[173] Wenn schon nicht in einem Brühlschen Palais, konnte es wenigstens an dem Ort gezeigt werden, an dem Heinrich und Marianne 1734 geheiratet hatten.

Unermüdlich engagierte sich Balzer für die Wiedereinrichtung der Dresdner Museen und Sammlungen. 1923 zum Direktor des Kunstgewerbemuseums ernannt, hatten ihn die Nationalsozialisten 1933 zunächst in Schutzhaft genommen und ihn dann endgültig in den Ruhestand versetzt. Bei der Zerstörung Dresdens wurde der Verfemte ausgebombt und verlor sein gesamtes wissenschaftliches Material sowie seine private Kunstsammlung. Nach Kriegsende wurde er in aller Form rehabilitiert und nahm nicht nur die Porzellansammlung unter seine Obhut, sondern wurde 1950 auch zum Generaldirektor der Staatlichen Kunstsammlungen berufen.

Zwei Jahre danach gelang es, die Porzellansammlung zurück nach Dresden zu holen und sie dauerhaft im Lustgarten Zwinger unterzubringen. Sie wurde im südwestlichen Flügel der Anlage ausgestellt, der sogenannten Langgalerie – in der sie sich bis heute befindet – und am 23. September 1962[174] offiziell eröffnet. Kaum passendere Räume sind für die einzigartigen Exponate denkbar. Licht strömt von rechts und links durch bodentiefe Fenster. Eine Bogengalerie schaffte freie Wandflächen für Arrangements nach dem Vorbild der alten Pläne, die einst für das Japanische Palais galten. Schon in den sechziger Jahren war mit der Ehrung dieser einmaligen Kunstwerke die Hoffnung verbunden, solche fragilen Werke, deren Fertigung 250 Jahre zuvor in Sachsen ihren Anfang genommen hatte, mögen nie wieder durch

Spurensuche und Identitätsfindung

Krieg und Vertreibung in Gefahr geraten, zerstört oder auseinandergerissen werden.

Auch andernorts in Dresden wurde des Lebens und Wirkens des einstigen Premierministers gedacht. Die auf seine Intention hin gestaltete Terrasse prägte trotz der Bombardierung im Februar 1945 wieder die Stadtkulisse. 1814 hatte sie der russische Gouverneur Nikolai Grigorjewitsch Repnin-Wolkonski (1778–1845) durch eine breite Freitreppe zur Hofkirche hin ergänzen lassen und so der Öffentlichkeit zugänglich gemacht. 1843 und 1890 wurden weitere Auf- und Abgänge hinzugefügt. Seitdem bildet die Anlage mit ihren schattigen Baumreihen und der weiten Aussicht über die Elbe eine der schönsten Promenaden der Stadt und macht ihrem einstigen Titel »Balkon Europas« alle Ehre.

Die »Brühlschen Herrlichkeiten« hingegen, die umfassende Bebauung der Terrasse, existierten nicht mehr. Das Belvedere auf der Spitze der Anlage hatten schon die Truppen Friedrichs II. vernichtet. Auch das Brühlsche Palais am Eingang der Terrasse war abgerissen worden. 1887–1894 entstand an der Stelle der Brühlschen Galerie die Kunstakademie, erbaut von Constantin Lipsius. Der verschachtelte Bau birgt heute die Hochschule der Bildenden Künste. Die Studenten, die dort ein und aus gehen, sagen allerdings, sie studieren »auf dem Brühl«. Einige Ateliers gehen direkt auf die Terrasse.

Wo sich die Brühlsche Bibliothek einst befand, entstand 1897 die Sekundogenitur, ein Gebäude, das heute als Kaffeehaus genutzt wird, und 1900 errichtete Paul Wallot neben der Freitreppe ein neues Ständehaus. Den Abschluss in Richtung Süden bildet das Museum Albertinum. Das originale Geländer, das sich im Brühlschen Palais befunden hatte, fand in dem Gebäudeteil der Hochschule Verwendung, das sich elbaufwärts am Güntzplatz befindet, und schmückt den dortigen Treppenaufgang. Auch wurde im Hof dieses Hauses der einstige Festsaal aus dem Palais aufgestellt. Im Garten stehen schwere Sandsteinskulpturen aus den Brühlschen Anwesen. Ihre Oberflächen verwittern langsam und verleihen dem Ganzen ein romantisches Aussehen.

Die Thal-Freunde

Selbst vor den Toren der Stadt, im Seifersdorfer Tal, besann man sich des Brühlschen Wirkens. 1972 entdeckte Kathrin Franz, Studentin der Landschaftsarchitektur in Dresden, die Parkanlage Christinas und machte sie zum Thema ihrer Diplomarbeit. Sie forschte, machte alte Quellen ausfindig und stimmte ihre Entdeckungen mit dem ab, was an der Röder noch zu finden war. Und damit nicht genug: Die engagierte Frau mobilisierte Freunde und Kollegen, organisierte Arbeitseinsatze an den Wochenenden und stürzte sich mit Feuereifer in die Renaturierung der Anlage. Der Park nahm wieder Gestalt an, einzelne Skulpturen wurden erneuert, Wege gezogen, Sichtachsen freigelegt. Beeindruckend an dem Einsatz war, dass er allein dem Gemeinwesen, der Allgemeinheit galt, denn Kathrin Franz hatte keineswegs die Möglichkeit oder die Absicht, das Areal persönlich zu erwerben. Das enorme bürgerschaftliche Engagement, das sie und ihre Mitstreiter an den Tag legten, scheint ihnen die Gelegenheit gegeben zu haben, die eigene Person zu verorten und gezielt Gegenkräfte und Selbstbestimmtheit aus ihrer Initiative zu gewinnen. Gartenpflege statt sozialistischer Linientreue? Vertikale

Spurensuche und Identitätsfindung

Verwurzelung statt horizontaler Vereinnahmung? Selbst nachdem sie nach Leipzig gezogen und sich als Landschaftsarchitektin selbständig gemacht hatte, kümmerte sie sich weiter um den romantischen Garten. Sie veranstaltete Seminare, bot geführte Spaziergänge an, organisierte Laienaufführungen und Konzerte. Ihre Leidenschaft war unerschöpflich.

Nach der Wende gründete sie den Verein *Seifersdorfer Thal*, akquirierte Gelder und konnte fehlende Parkdenkmäler ersetzen lassen. Die Umweltstiftung der Allianz leistete finanzielle Unterstützung, die Stiftung für Denkmalschutz zeichnete den Park aus. Bis heute ist ein reges Engagement um das Vorhaben zu spüren. Jede Neuerwerbung wird freudig gefeiert und gemeinsam mit den Thal-Freunden eingeweiht. Regelmäßig lädt der Verein zu Festen und Konzerten ein. Ohne den rückhaltlosen Einsatz von Kathrin Franz und ihren Mitstreitern wäre der historische Garten längst in Vergessenheit geraten.

Pfingstmontag 2010 tobte urplötzlich ein Tornado durch Ostsachsen. Der Sturm dauerte etwa eine Viertelstunde und entlud sich punktgenau über dem Seifersdorfer Tal und seiner Umgebung. Bäume knickten um wie Streichhölzer, riesige Äste brachen herunter, verwüsteten Wege und Parkdenkmäler, fielen krachend in den Fluss und zerschlugen an mehreren Stellen das Ufer. Der herrliche Ort bot ein Bild der Zerstörung.

An diesem Tag offenbarte sich unerbittlich der Sisyphos-Charakter der zahlreichen Garteneinsätze. Trotz bester Absicht ist der Mensch mit seinen Werken keineswegs gegen Katastrophen gefeit. Doch die Thal-Freunde ließen sich nicht unterkriegen. Sie klagten laut – und fingen noch einmal von vorn an. Kathrin Franz bat erneut um Spenden, alle halfen, wo sie nur konnten. Was zuvor angelegt worden war, wurde jetzt von denselben Menschen aufgeräumt und repariert. Inzwischen ist aus dem Park wieder das Kleinod geworden, das er einst war.

Das Interesse ist geblieben, die Einsatzfreude nicht versiegt. Als der Pachtvertrag für die Marienmühle – das schmucke Gasthaus am Eingang zum Tina-Tal – Anfang der 2000er Jahre auslief, setzte sich der Verein dafür ein, dass das Haus in gute Hände kam. 2018 sorgte er dafür, dass die baufälligen Schuppen am Eingang des Tals abgerissen wurden und an ihrer Stelle ein praktisches Gärtnerhaus entstand. 2019 konnte es feierlich eingeweiht werden.

Das Seifersdorfer Tal besticht durch seinen Mangel an Großartigkeit. Es kommt im wahrsten Sinn des Wortes unprätentiös daher, die Baudenkmäler und gravierten Stelen und Steintafeln wirken verspielt und natürlich. So wartet auf jeden, der hierherkommt, zu welcher Jahreszeit auch immer, eine ganz persönliche Erkundung. Man muss die Sehenswürdigkeiten suchen, gibt fast schon auf, findet sie dann gewiss, doch bleibt die Besichtigung bis zum Schluss ein Versteckspiel, eine Suche nach Schönheiten im Wald. Bis man alles gefunden hat, ist viel Zeit vergangen, das Vergnügen daran unendlich.

Schloss Nischwitz

Auch andernorts besann man sich auf das Erbe Brühls. Schloss Nischwitz bei Leipzig, das bis zur Wende als Krankenhaus und Altersheim gedient hatte, wurde aufwändig restauriert und zeigt sich heute wieder im alten

Spurensuche und Identitätsfindung

Gewand. Sowohl das Treppenhaus als auch den prächtigen Gartensaal schmücken historische Wandmalereien. Die spätbarocken Jagdimpressionen und mythologischen Szenen an Decke und Wänden werden, ähnlich wie die in Schloss Martinskirchen, dem italienischen Maler Torelli zugeschrieben.

Hinter dem Anwesen erstreckt sich der weitläufige Landschaftspark mit seinen hohen alten Bäumen, grasbewachsenen Fluren und Blumenrabatten. Die verschlungenen Pfade führen zu einem erhöhten Ufer, von dem man hinaus ins flache Land und hinüber bis zum Mulde-Fluss sehen kann.

Bisweilen mieten Studenten der Leipziger Universität das Schloss für ihren jährlichen Maskenball. Dann beleuchten Fackeln die dunklen Parkwege, und die Wipfel der Bäume zaubern wilde Schatten auf die Mauern. Die bodentiefen Fenster im ebenerdigen Gartensaal sind weit geöffnet, und junge Leute mit ihren bunten Masken und den höfischen Gewändern strömen übermütig kichernd zur Polonaise ins Freie. Man könnte meinen, die Zeit sei stehengeblieben.

Forst

In Forst und Brody war es wesentlich schwieriger, das Brühlsche Erbe zu erhalten, befand sich doch zwischen den beiden Orten eine streng bewachte Grenze. Umso beeindruckender ist das bürgerschaftliche Engagement, das sich gerade hier zeigte und zeigt. Kurz nach der Wende lud die Stadt Forst zu einem Lausitzer Begegnungsfest ein. Auch meine Eltern und ich waren gebeten worden, doch ahnten wir nicht im Geringsten, was uns erwartete. Das Fest fand in einer Örtlichkeit statt, die von außen kaum als Veranstaltungsort erkennbar war. Das Wetter war zudem trübe, der Himmel grau, und wir irrten lange suchend durch die eintönigen Straßen der einst stolzen Tuchmacherstadt.

Unschlüssig, ob die Adresse stimmt, betraten wir schließlich ein schmuckloses Gebäude und öffneten eine der zahlreichen Türen. Ohrenbetäubender Lärm schallte uns entgegen. Verunsichert blieben wir am Eingang stehen. Gedeckte Tische standen in langen Reihen eng nebeneinander, jeder verziert mit einem Fähnchen, auf dem polnische oder deutsche Ortsnamen zu lesen waren. In den schmalen Gängen drängten sich die Menschen, schoben sich aufgeregt aneinander vorbei, schrien sich ihre Nachnamen und Geburtsorte quer durch den Saal zu, begrüßten einander, fielen sich weinend um den Hals. Aus einer Luke unweit der Eingangstür quoll warmer Essensgeruch. Kaum dass es Mittag geschlagen hatte, wurden Teller, reichlich gefüllt mit Kartoffeln und Braten in dunkler Soße, ausgegeben, gleich nebenan gab es Bier und Schnaps. Von der Bühne dröhnte lautstarke Blasmusik. Wohin waren wir geraten?

Ein schwitzender Herr in knappem Anzug arbeitete sich auf uns zu, begrüßte meinen Vater und führte ihn auf die Bühne. Er sollte einige Grußworte sprechen. Mein Vater wurde plötzlich ungeheuer emotional. Ich sah, dass seine Hände zitterten. Zum Glück hatte er sich vorab ein paar Notizen gemacht.

Meine Mutter und ich stellten uns möglichst unauffällig an die Seite, die Blaskapelle spielte einen Tusch, und der schwitzende Herr kündigte seinen Gast an, doch die Menge nahm davon keine Notiz. Niemand unterbrach sein Gespräch, alle unterhielten sich brüllend

Spurensuche und Identitätsfindung

weiter. Mein Vater redete und redete, doch man sah nur, wie sich seine Lippen bewegten. Was er sagte, war nicht zu verstehen, die Wiedersehensfreude unter den Menschen im Saal überwog alles andere.

Hier waren Männer und Frauen aus Ost und West zusammengekommen, die nach dem Krieg nicht nur durch die Oder-Neiße-Linie von ihrer Heimat, sondern auch durch Mauer und deutsch-deutsche Grenze von ihren Verwandten, Nachbarn, Mitschülern, Freunden getrennt worden waren. Die Fähnchen auf den Tischen standen für die Lausitzer Orte, aus denen sie stammten. Auf Deutsch waren die Namen verzeichnet, die diese Orte trugen, als die Menschen sie verlassen hatten, auf Polnisch die späteren Bezeichnungen. Einer der Tische war für die Bewohner Pförtens gedeckt.

Im Unterschied zu Westdeutschland hatte die Sowjetische Militäradministration nach dem Krieg kein Konzept zur Lösung der Flüchtlingsfrage aufzuweisen. Angelangt in der SBZ, wurden Ostpreußen oder Schlesier »Umsiedler« genannt, eine Bezeichnung, die nahelegte, dass ihr Aufenthalt am neuen Ort nicht vorübergehend und der Grund keine – wie im Potsdamer Abkommen formuliert – völkerrechtswidrige Vertreibung, sondern eine ordnungsgemäße Umsiedlung sei: »Damit begann eine vierzig Jahre während öffentliche Tabuisierung ihrer Vergangenheit, die vielen Vertriebenen in der DDR die Trauerarbeit erschwert hat. Nicht einmal ihre kulturelle Identität konnten sie in der Aufnahmegesellschaft pflegen. Als ›Umsiedler‹ wurden über vier Millionen Vertriebene in der SBZ und späteren DDR aus der öffentlichen Wahrnehmung verdrängt und ihr Schicksal totgeschwiegen«, erläutert der Historiker Andreas Kossert.[175]

Schmerz und Trauer über diesen Umgang brachen sich bei den einstigen Flüchtlingen nach der Wende Bahn, begleitet von Freude und Erleichterung. Endlich durften sie offen über ihr Schicksal sprechen, durften sich gegenseitig erzählen, was im Einzelnen passiert war. Die Wiedersehensfreude mit den einstigen Nachbarn aus Pförten, Beitzsch (Biecz) oder Sorau (Żary) muss viele von ihnen überwältigt haben. Zum ersten Mal waren sie nach all den Jahren offiziell eingeladen, sich zu versammeln und mit Freunden auszutauschen, die nach dem Krieg weiter in Richtung Westen geflohen waren. Öffentliches Erinnern, die Pflege von Brauchtum und Traditionen der schlesischen oder ostpreußischen Heimat waren in der DDR verboten gewesen und wurden als »Revanchismus« verunglimpft. Nach der physischen sei das die geistige Vertreibung gewesen, so Kossert.[176]

Für Brühls blieb es nicht bei diesem Besuch in Forst. Die Stadt widmet sich intensiv dem Andenken Heinrichs. Anlässlich seines 250. Todestages wurde die Gruft in der Stadtkirche St. Nikolai, in der er beigesetzt worden war, renoviert und der Öffentlichkeit zugänglich gemacht. Am 28. Oktober 2013 wurde die Gedenkstätte eingeweiht. Durch eine Glasscheibe ist der Sarg des Ministers zu sehen. Einige Treppenstufen innerhalb der Kirche führen hinunter. Bei Festlichkeiten im Forster Rosengarten und anlässlich von Stadtjubiläen werden die Nachkommen Heinrichs regelmäßig mit einbezogen.

Spurensuche und Identitätsfindung

Brody (Pförten)

Das Engagement der Forster Bürger für die Geschichte ihrer Region macht keineswegs vor den Toren der Stadt halt. Zu Brody bestehen enge Verbindungen, die sich in regelmäßigem Austausch der Bürgermeister beider Ortschaften manifestieren. Zu sämtlichen kulturellen Höhepunkten, die aus dieser Partnerschaft resultieren, werden Mitglieder der Familie Brühl eingeladen. Die Fahrt über die Neiße ist wieder ganz kurz geworden. Seitdem Polen der Europäischen Union beigetreten ist, werden an der neuen Brücke nicht einmal mehr die Pässe kontrolliert.

Hilfreich ist hierbei auch das Internet, das einen schnellen direkten Austausch über alle Grenzen hinweg ermöglicht. Freunde aus der Region diesseits und jenseits der Neiße haben eine deutsch-polnische Plattform gegründet, das »Virtual Museum Brody/Pförten«, auf der sie Fotos publizieren und über Ereignisse berichten, die mit der Geschichte der Gegend und der Brühl-Familie zu tun haben. Alte Fotos werden mit aktuellen Bildern der jeweils gleichen Stadt- oder Landansicht kombiniert und so ein unmittelbar sichtbarer Bezug zwischen dem Gestern und dem Heute hergestellt. Der Forster Stadtarchivar Jan Klussmann begründet das außergewöhnliche Engagement der Bewohner mit der jahrhundertealten Verbundenheit zwischen Forst und Pförten: »Mit dem von Brühl testamentarisch errichteten Majorat (Fideikommiss) für die Standesherrschaft blieben seine Nachfahren nicht nur Pförten, sondern über die Aufhebung der Stadtherrschaft 1858 hinweg auch der Stadt Forst bis Kriegsende 1945 eng verbunden. Die Erinnerung daran hat, verknüpft mit der Identitätssuche einer durch die Umbrüche des 20. Jahrhunderts besonders betroffenen Kommune, in den letzten Jahren eine Renaissance erfahren.«[177]

Brody selbst war bemüht, das Andenken Heinrichs und seiner Familie gleich in den Nachkriegsjahren zu bewahren. Anfang der sechziger Jahre wurden am Schloss Gerüste hochgezogen, Mauern, Wände und Böden stabilisiert. Auf einem Foto aus der Sammlung Frank Owczarek ist zu sehen, dass ein neues Dach aufgesetzt, Fenster und Gauben wiederhergerichtet wurden. Der Brand, den die nicht sachgerechte Nutzung des Hauses in den Nachkriegsmonaten verursacht hatte – man nimmt eine Überheizung der Öfen als Ursache an –, hatte Innenräume und Dachgeschoss größtenteils zerstört. Russische und polnische Soldaten hatten Brody und Umgebung als Quartier, das Brühlsche Schloss als Unterkunft benutzt. Die Seitenflügel waren ständig bewohnt und nahmen zum Glück keinen vergleichbaren Schaden. Die architektonische Verbindung zwischen Haupt- und Nebengebäuden konnte jedoch nicht bewahrt werden.

Ende der achtziger Jahre erwarben wechselnde Eigentümer aus Polen und Kanada das Anwesen, erhielten Unterstützung vom polnischen Denkmalschutz und setzten die Renovierungsarbeiten fort. Einer der beiden Seitenflügel wurde zum Hotel und Restaurant ausgebaut, die familieneigene Kapelle im gegenüberliegenden Flügel machte einem Festsaal Platz.

Gleichzeitig hatte Brody, ähnlich wie die gesamte Region, erhebliche Schwierigkeiten, die Bedeutung ihres kulturellen Erbes hervorzuheben, waren Schloss, Park und Wald, auch alte Kirchen und Anwesen anderer herrschaftlicher Familien in der Umgebung dauerhaft vom

Braunkohletageabbau bedroht. Hätte die Regierung in Warschau beschlossen, ihn zu erweitern, wären ihm alle Städte und Dörfer in der Lausitz zum Opfer gefallen – ein Schicksal, das Brody mit den Bewohnern von Forst teilte.

Vielleicht ist das wiederum der Grund, warum einige Teile der Schloss- und Parkanlage nicht erhalten blieben. Der See ist verlandet, die Orangerie eine Ruine, und durch die einst gepflegte Rasenanlage zieht sich so mancher Trampelpfad. Das erinnerte an Anton Tschechows Stück *Der Kirschgarten* (1903), in dem die Tatsache, dass Dorfbewohner unbekümmert durch den herrschaftlichen Park der Familie spazieren, das Ende der Feudalherrschaft ankündigt.

Grenzübergreifendes bürgerschaftliches Aufbegehren gebot dieser Entwicklung ab 2009 Einhalt. In einer beispielhaften Aktion rief Landschaftsarchitekt Claudius Wecke zusammen mit den Bürgermeistern und zahlreichen Helfern von Brody und Forst zu gemeinsamen Garteneinsätzen auf. In Zeitungen und sozialen Medien diesseits und jenseits der Grenze wurde dazu eingeladen. Im Rahmen des »Internationalen polnisch-deutschen Parkseminars«, das seither wiederholt stattfand, stellten Bewohner von Brody und Forst zusammen mit Bürgern aus ganz Polen und Deutschland unter fachkundiger Leitung die Anlagen wieder her. Wiesenflächen wurden modelliert, die Auffahrt zum Schloss begehbar gemacht, die Blickachse von der Langen Allee im Nordboskett zum See geöffnet und die 1860 gepflanzten Linden frisch beschnitten. Auch an diesen Aktionen hatten jedes Mal Mitglieder der Familie die Möglichkeit teilzunehmen.

2010 gründete Forst den Europäischen Parkverbund Lausitz, der den Schlosspark Brody, die Fürst-Pückler-

Parks Bad Muskau und Branitz sowie den Ostdeutschen Rosengarten Forst vereinigt. 2017 wurde der Verbund um die Parkanlagen Zatonie (Günthersdorf), Żagań (Sagan), Kromlau, Altdöbern und Neschwitz erweitert. Mit seiner Liebe zu den Bäumen hätte mein Großvater seine helle Freude an dieser Entwicklung gehabt.

Grund für die Erweiterung des Parkverbundes war der Ehrgeiz, sowohl drei brandenburgische als auch drei sächsische und drei polnische historische Gartenanlagen unter seinem Dach zu vereinen. Auch hier ließ sich zeigen, wie eng diese Regionen seit jeher miteinander verwoben waren. 2013 wurde das Kooperationsprojekt sowohl von polnischer als auch von deutscher Seite offiziell gewürdigt und ausgezeichnet.

In diesem Zusammenhang sei hervorgehoben, dass die Hermann Reemstma Stiftung die Instandsetzung und Wiedererrichtung des Sarkophags im Park von Brody finanziell unterstützte, jenes Baudenkmals, das mein Vorfahre Alois Ende des 18. Jahrhunderts initiiert

2019 wurde im Schlosspark von Brody feierlich der frisch renovierte Sarkophag enthüllt

hatte. Auch dieses Projekt konnte dank der Fachleute aus Polen und Deutschland grenzübergreifend realisiert werden.

Brody präsentiert sich heute als kulturell-historisch bemerkenswertes Projekt und reizvolles Ausflugsziel. Fassaden, Straßen und das letzte noch vorhandene Eingangstor wurden saniert, in der Nähe der Sehenswürdigkeiten Schautafeln mit informativen Hinweisen auf die Bedeutung der Gebäude und Anlagen angebracht. Geplant ist der Bau eines touristischen Informationszentrums.

Sämtliche Texte werden jeweils in deutscher und polnischer Sprache verfasst, jedes Treffen und Fest begleiten bilinguale Dolmetscher, die alles Gesagte anschließend in die jeweils andere Sprache übersetzen – auch das ein Zeichen dafür, wie aufmerksam und wertschätzend in dieser Region die geographische Nähe von Polen und Deutschen gewürdigt wird. Keine Begegnung soll an mangelhafter Verständigung scheitern.

Dank des einstigen Brühlschen Ensembles von Schloss und Park in Pförten sowie der gleichzeitigen Nähe zur Stadt Forst, des Zusammenspiels zwischen den beiden Ländern diesseits und jenseits der Grenze und einzelner überragender Initiatoren, die die Projekte anstießen, die Wege dazu bereiteten, ist es gelungen, identitätsstiftend für die Region zu wirken und zu beweisen, dass die Welt an der Neiße nicht zu Ende ist, sondern weitergeht, Ost und West eine Einheit bilden und die Lausitz eine zusammenhängende Region ist. Brody ist heute nicht mehr lediglich königlicher Zwischenhalt, sondern allgemein nutzbare Begegnungsstätte, die Furt durch die Neiße für alle Welt passierbar geworden.

Schwanenservice 2000

Ohne Wiedervereinigung ein Ding der Unmöglichkeit

1998 bis heute

1998 bis heute

Porzellan-Stiftung Meissen

Die Straße nach Meißen schlängelt sich flussabwärts die Elbe entlang, führt durch alte Weinorte und kleine Städte. Einmal ist der Hang dem Weg sehr nah, ragen Felsen und Befestigungsmauern steil empor, ein anderes Mal zieht er sich weit vom Weg zurück, gibt Raum für Häuser und Kirchen, Plätze und Menschen. Allein die Elbe fließt breit, großmächtig und zuverlässig dahin, bildet malerische Flussauen, fruchtbare Weiden, liefert das notwendige Wasser für hoch aufgeschossene Pappeln, die Stamm an Stamm eine Allee bilden.

Plötzlich macht die Straße eine Biegung, und Meißen zeigt sich unverhofft in seiner ganzen Pracht. Einer lebhaft sich unterhaltenden Menschenmenge gleich ziehen sich die Häuser den Burgberg hinan. Fast jede Gasse führt steil empor auf eine neue Ebene, jede zweite Stufe öffnet sich zu einem weiteren Platz, bietet Einblick in eine neue Enge, eine weitere Gebäudeflucht, und schließlich münden alle Wege in die schmale Zufahrt, die durch einen Torbogen auf den kleinteilig gepflasterten Schlosshof führt, der sich friedlich zwischen pittoresken Altstadtfassaden ausdehnt und wo es oft so leer ist, als sei es Mittag und alle Anwohner hätten sich zu einer Ruhepause zurückgezogen.

Hier oben ist der Ort, an dem alles begann, wo Apothekersohn Böttger festgehalten wurde und fiebernd seinen Versuchsabläufen folgte, wo das erste europäische Porzellan entwickelt wurde und das Brühlsche Schwanenservice entstand. 1863 ist die traditionsreiche Manufaktur ins Tal gezogen. Ihre Produktionsstätten tief unten, jenseits all der Dächer und Giebel, sind nur zu erahnen. Eindrucksvoller ist es, wenn man sich ihnen auf der Flussebene nähert. Eng stehen auch hier die Häuser, die Straße windet sich um den Burgberg, und plötzlich ragt aus der Fülle der Wohnstätten vor den Besuchern die jahrhundertealte Institution auf, von allen, die hier werktags ein und aus gehen, liebevoll »Manu« genannt. Die Verbundenheit unter den Mitarbeitern ist groß, ihr Ansehen in Meißen und Umgebung gehörig.

1806 als Königlich-Sächsische Porzellan-Manufaktur in den Besitz des sächsischen Fiskus übergegangen, nannte sich das Unternehmen ab 1918 Staatliche Porzellan-Manufaktur Meissen und wurde in der DDR Volkseigener Betrieb. Nach der Wende entschloss sich der Freistaat Sachsen zu einem beispiellosen Kraftakt, wurde hundertprozentiger Gesellschafter der Manufaktur, und nach einigem dramatischen Auf und Ab pendelte sich die neu gegründete GmbH bei einer Belegschaft von rund 400 Mitarbeiterinnen und Mitarbeitern ein. Nach wie vor ist sie größter Arbeitgeber der Stadt.

In der Manufaktur wird Tradition großgeschrieben. Einige Familien arbeiten hier schon in der fünften Generation. Die Mitarbeiter sind stolz, aufgrund ihres Könnens zu den Meistern dieser Werkstätte zu gehören. Sie wissen, dass all die Fertigkeiten schwer zu erwerben sind, und haben den Ehrgeiz, es zur Perfektion zu bringen.

Tatkräftig bemühten sich Landesregierung und Management, die künstlerischen und handwerklichen Leistungen, die hier seit Jahrhunderten vollbracht wurden, zu würdigen und die außergewöhnlichen Produkte auf dem internationalen Markt durchzusetzen. Das ist keine leichte Aufgabe, denn viele Menschen können sich dieses

Porzellan nicht leisten. Es ist reiner Luxus, sein kultureller Wert übersteigt um ein Vielfaches seinen Nutzen, und das macht gerade seine Bedeutung aus. Doch Meissen erfreut sich weltweiter Bekanntheit, insbesondere in Japan, China, Taiwan und Russland, und ist weiterhin stark gefragt. Ende 2014 rief der Freistaat die Meissen Porzellan-Stiftung ins Leben. Sie geht zurück auf die Geschichte der Schauhalle, die, 1916 eröffnet, anhand der zahlreichen Modelle, die sich in den vergangenen Jahrhunderten angesammelt hatten, umfassenden Einblick in das künstlerische Schaffen der Manufaktur ermöglichte. Zuvor hatten die Manufakturisten ihre Modelle am Arbeitsplatz oder auf dem Dachboden gelagert. Ziel der Stiftung ist es, das kulturelle Erbe Meissener Porzellan zu bewahren, zu erforschen und auszustellen. Sie ist Eigentümerin der umfangreichen historischen Sammlung der Staatlichen Porzellan-Manufaktur Meissen von rund 33 000 Porzellanen und betreut das Museum des Hauses.

Obwohl ursprünglich als Anschauungsmaterial für Porzelliner und potenzielle Kunden gedacht, wurde diese Sammlung von den Offizieren der sowjetischen Besatzungsmacht für ähnlich wertvoll erachtet wie anderes Kulturgut in der SBZ und 1945 in die Sowjetunion gebracht. 1959 kehrte sie zurück in die DDR, und 1960 konnte erstmals nach dem Krieg die Meissener Schauhalle wiedereröffnet und aus Anlass der Feierlichkeiten zum 250-jährigen Jubiläum der Manufaktur zusätzlich eine Schauwerkstatt eingerichtet werden.[178] Bis heute dienen die historischen Porzellane Mitarbeitern der Manufaktur als Modellvorlage.

Die Entscheidung, dieses Kulturgut in eine Stiftung zu überführen, ist nicht hoch genug einzuschätzen. Sie zeugt davon, dass man in Sachsen erkannt hat, was die Kunst der Porzellanherstellung wert ist und wie intensiv sie mit Geschichte und Identität der Region verknüpft ist. Zudem ist sie Ausdruck des Respekts und der Anerkennung für alle, die sich dieser Tätigkeit seit Jahrhunderten widmen. Bestätigung erwuchs dem Freistaat aus der Tatsache, dass das Handwerk Porzellanmalerei 2016 in das bundesweite Verzeichnis immateriellen Kulturerbes der UNESCO aufgenommen wurde.

Ein moderner Funktionsbau im Eingangsbereich der Manufaktur lädt in die Präsentationsräume ein. In Schaukästen und Regalen stehen all die Gefäße, Objekte und Skulpturen, die in der Manufaktur aktuell gefertigt und zum Verkauf angeboten werden. In den oberen Stockwerken befindet sich das Museum mit dem Sammlungsbestand der Stiftung. 180 000 Gäste kommen jährlich hierher.

Obwohl meist eine Porzellanmalerin oder ein Porzellanmaler in den unteren Empfangsräumen am Werke sind und auf Fragen geduldig Antwort geben, wirken die Arbeitstische und Werkbänke, an denen die eigentliche Kunst entsteht, meilenweit entfernt. Hier glänzt und gleißt alles, spiegelt sich hundertfach und kündet leuchtend von der Schönheit des Weißen Goldes.

Bei den vielen unterschiedlichen Gewerken im Zentrum der Manufaktur herrscht hingegen sachliche Geschäftigkeit. Die Meisterinnen und Meister arbeiten in lichten Räumen, sie tragen weiße Kittel, Schürzen, Arbeitskleidung. Hier entsteht die eigentliche Kunst, werden die einzelnen Stücke plastisch erstellt und von Bossierern für den Brand zusammengesetzt. Alle Meissener Porzellane entstehen nach einer von drei Techniken: Drehen, Gießen oder Formen. Teller und Tassen werden von Hand auf Drehscheiben geformt. Als Rohling gedreht, erhalten sie ihre Konturen durch eine Gipsform, in die sie gedreht werden. Eine Schablone sorgt für die nötige Stärke.

Für das Gießverfahren wird die verflüssigte Porzellanmasse in eine mehrteilige Gipsform gegossen. Hier verdichtet sie sich nach ausreichender Trockenzeit zum Scherben. Die überschüssige Gießmasse wird ausgegossen. Damit das Einzelstück unbeschädigt entnommen werden kann, kommen Keilstücke zum Einsatz, die nach dem Trocknen eins nach dem anderen wieder entfernt werden. Die bis zu hundert Einzelteile einer Plastik werden ähnlich mithilfe von Gipsformen gefertigt. Hierfür wird die Porzellanmasse von Hand in Formhälften eingedrückt. Anschließend werden beide Hälften aufeinandergepresst. Nach der Trockenzeit können die Teile vorsichtig entnommen und montiert werden. Der fertig gebrannte Teller, die Kanne oder eine feingliedrige Skulptur werden mit Glasur überzogen, ein weiteres Mal gebrannt und endlich mit zarten Pinselstrichen verziert und weiterbearbeitet. Porträts entstehen auf Porzellan oder ganze Landschaften, zarte Blumenranken oder Tiere, Menschen, Gestalten. Selbst ein feiner Rand aus Gold ist durch seine Ebenmäßigkeit eine Herausforderung. Bis ein Porzellanmaler das Dekor eines einzigen Service verinnerlicht hat und verlässlich reproduzieren kann, vergehen Monate, wenn nicht Jahre.

Der eigentliche Schatz der Manufaktur befindet sich jedoch weder im Museum noch in den Arbeitsräumen, sondern in den Formenhäusern, dem Archiv. Hier stehen sie allesamt im Halbdunkel aufgereiht, gut 700 000 Formen, eine neben der anderen, gelagert auf grob gezimmerten Holzregalen, gesammelt im Laufe dreier

Jahrhunderte, von jeder Form je ein Exemplar für die Arbeit und ein zweites zwecks Erhalt für die Ewigkeit. Die Regale füllen lang gestreckte Zimmerfluchten, die Räume erstrecken sich über mehrere Stockwerke bis hoch unters Dach.

Gelagert wird nach dem Prinzip der chaotischen Lagerhaltung: was neu hinzukommt, vorn hingestellt. Ältere Exemplare rücken dadurch in den Hintergrund. Wenn ein Haus voll war, wurde ein nächstes hinzugebaut. Gleichzeitig sind alle Formen durchnummeriert, hat jede ihre präzise Zuordnung und kann auf Wunsch und Bestellung geordert werden. Wer sich im Formenarchiv gut auskennt, weiß schon anhand der jeweiligen Nummer, ob sich dahinter eine Figur oder ein Teller, ein Objekt aus dem 19. oder aus dem 20. Jahrhundert verbirgt.

In den Werkstätten der Porzellanmanufaktur Meissen fühlt sich der Betrachter, als sei die Zeit stehen geblieben. Noch heute werden dort Farben und Techniken verwendet, mit denen schon im 18. Jahrhundert gearbeitet wurde. Gleichzeitig erfüllt ihn eine Ahnung, als sei er zu den innersten Geheimnissen menschlichen Wissens vorgedrungen und schaue verbotenerweise dabei zu, wie sie sich ihm offenbaren. In aberwitziger Geschwindigkeit formen die Porzelliner aus winzigen Mengen eine feinblättrige Rose, ein einzelnes Blatt oder einen Blumenstängel. Unheimlich schnell müssen sie arbeiten, damit das Material nicht trocknet und brüchig wird. Geschickt müssen sie sein, damit die Form am Ende der Natur gleichkommt, die Blüte auf Anhieb zu erkennen ist. Der Besucher schaut ihnen neugierig über die Schulter, sieht genau hin und versteht dennoch nicht, was hier vor seinen Augen geschieht. Kein Mensch kann eine solche Fertigkeit auf einen Blick erfassen. Es wirkt wie Zauberei.

Wie schon vor dreihundert Jahren empfinden die Meister der Manufaktur Respekt vor jedem Kollegen einer anderen Abteilung des Hauses, mit dem sie kooperieren. Diese Kunst gelingt nur in Zusammenarbeit mit allen Gewerken. »Als Porzelliner müssen Sie immer vom Ende her denken, denn zu einem Entwurf gehört stets der technologische Aspekt«, sagt Jörg Danielczyk, bildender Künstler, Diplomdesigner und jahrzehntelang Chefplastiker der Manufaktur. Der Werkstoff sei unberechenbar. Erst wenn sich die Ofentür öffnet, wisse man, was letztlich daraus geworden ist.

Danielczyk weiß, wovon er spricht, er ist schließlich einer der Künstler des Hauses, der jahrelang für die spektakulären Tierplastiken verantwortlich gezeichnet hat, die hier bis heute gefertigt werden. Sie ähneln den monumentalen Nachbildungen, die August II. einst für sein Japanisches Palais in Auftrag gab. Doch nicht jede Bestellung läuft heute auf eine Skulptur von dieser Größenordnung hinaus. Was die Kunden wünschen, sind vielfach Nachbildungen ihres Lieblingstieres, eines Hundes oder Pferdes. Sie sollen einmal den Kaminsims oder das Fensterbrett schmücken. Herausforderung ist jetzt die größtmögliche Ähnlichkeit zum Original.

In ähnlicher Weise wird bis heute in Meißen das Brühlsche Schwanenservice gefertigt. Kändlers Formen sind schließlich erhalten geblieben. Schon Mitte des 19. Jahrhunderts erreichten erste Anfragen die Manufaktur. Laut Archiv ging 1853 die Bestellung einer Neugestaltung des Service mit farbiger Reliefbemalung und dem Allianzwappen Sachsen-Wasa ein. Es sollte die Hochzeitsfeierlichkeiten von Carola Wasa-Holstein-

Gottorp (1833–1907) mit dem sächsischen Kronprinzen Albert (1828–1902) aus dem Haus Wettin schmücken. Auch das ein Zeichen, dass die alten Feindseligkeiten des sächsischen Herrschaftshauses gegenüber den Brühls vorbei waren.

Weitere Teile des Schwanenservice wurden im späten 19. Jahrhundert als exklusive Auftragsarbeiten gefertigt. Spätestens seit 1913, dem Jahr der Einführung der vierstelligen Geschirrnummern, so Archivar Peter Braun, habe das Schwanendesign zum regulären Angebot von Speise-, Kaffee- und Teeservicen der Manufaktur gehört. Und das ist auch weiterhin der Fall. Neuanfertigungen des Brühlschen Service werden generell im Handel angeboten. Die Teller mit dem bekannten Schwanenrelief oder der wegen seines flachen Bodens beliebte Wermutbecher, wie gemacht für alltägliche Bürotassenbedürfnisse, die Platten und Terrinen mit dem Brühlschen Allianzwappen in Rot, Blau und Weiß, gehalten von zwei goldenen Löwen, finden sich in Design- und Einrichtungsgeschäften wie Franzen auf der Düsseldorfer Königsallee, bestimmte Werke allerdings nur in limitierter Auflage. Den ausliegenden Listen lassen sich die entsprechenden Preise entnehmen.[179]

Der Tafelaufsatz

Aktuell präsentiert die Manufaktur den zentralen Tafelaufsatz des Schwanenservice für Vor- und Hauptspeisen. Die Geschichte der Rekonstruktion dieses monumentalen Werkes, das sowohl Zierde als auch Gebrauchsgegenstand bei den gemeinsam eingenommenen Mahlzeiten war und gleichzeitig alle Blicke auf sich lenkte, von allen Seiten gleichermaßen prachtvoll und anmutig anzusehen war, erzählt eine ganz eigene Geschichte. Die Recherchen zu dem verschollenen Kunstwerk begannen Anfang der 2000er Jahre, ausgehend von der mittelmäßigen Farbkopie einer unvollständigen, weil einseitigen Abbildung, die Berling wahrscheinlich nach seinem ersten Besuch in Pförten selbst angefertigt und in einer seiner Publikationen um 1900 veröffentlicht hatte. Sie hing jahrelang an der Schranktür eines Mitarbeiters der Manufaktur und nährte die Hoffnung, das Management von der Bedeutung dieses Zentralwerks überzeugen zu können. Denn wie alles kostete die Rekonstruktion viel Geld, band Arbeitskräfte und Spezialisten, die anderweitig gebraucht wurden, nahm Zeit, auch Reisezeit, und Material in Anspruch.

Nun ist es vollbracht, sieben Jahre hat es gedauert, dreihundert Arbeitsformen verlangt die Rekonstruktion des Tafelaufsatzes, siebzig Kilogramm wiegt die ganze Pracht, zwölf Monate dauert es, bis ein weiteres Exemplar fertiggestellt ist. Über einem massiven achtteiligen Sockel, der auf einem Metallfuß ruht, erhebt sich eine weit geschwungene Fruchtschale, beidseitig ergänzt durch eigens hinzumodellierte Nachbildungen je eines Schwanes samt Nymphe im Muschelbecken. Aus dieser Schale wiederum wächst ein Sockel empor, der von einem in Gold gefassten durchbrochenen Zitronenkorb gekrönt wird. Den Sockel schmücken Triton und Nereide in anmutiger Bewegtheit, als wären sie nur kurz aus den Wasserfluten aufgetaucht, die Haare nass und strähnig. Die beiden Meeresgötter halten den Schild mit dem Brühlschen Wappen so, dass jeder Gast darauf blickt, der an der Tafel unmittelbar gegenüber dem Aufsatz seinen Platz hat. Durch diese ehrenvolle Platzierung wurde der Besuch diskret darauf hingewiesen, wer der eigentliche Gastgeber ist und welches Land sich hier mit seinen Künstlern präsentiert.

Auf dem Sockel stehen eigens gefertigte Öl- und Senfkännchen, auf die von beiden Seiten zugegriffen werden kann. Ähnlich versetzen die Muskatreiben in Entzücken. Sie waren immer schon fester Bestandteil des Service und schmückten, über die ganze Tafel verteilt, das Ensemble. Ein Original davon ist in der Dresdner Porzellansammlung zu sehen, doch selbstredend hielte es keiner echten Muskatnuss stand. Die Exemplare für den neuen Tafelaufsatz hingegen wurden modernisiert und können ohne Gefahr verwendet werden.

Der Schwanenaufsatz, wie das Gesamtkunstwerk in der »Manu« genannt wird, ist nun fertiggestellt und wird 2020 in die Öffentlichkeit entlassen. Seine aufwändige Rekonstruktion wurde filmisch dokumentiert und steht für die gute Zusammenarbeit unter den Meistern dieses Hauses. Aufs Neue wird er mit seiner Pracht auf Sammler und Porzellanliebhaber wirken, und auch in den Werkstätten seine identitätsstiftende und verbindende Kraft entfalten, schließlich kam Unterstützung zur Fertigstellung dieses vielteiligen Wunderwerks aus sämtlichen Abteilungen.

Wie sehr den Mitarbeitern der »Manu« das Schwanenservice am Herzen liegt, zeigt auch der Umgang mit Originalen. Hin und wieder sprechen Privatpersonen diskret in Meißen vor. Sie besitzen einzelne Exemplare davon und möchten sie von einem Spezialisten prüfen lassen, wollen wissen, ob sie echt sind. Vorsichtig wickeln sie ihr Porzellan aus, stellen es auf den Tisch, präsentieren stolz einen einzelnen Teller oder Kerzenständer, ein Salzgefäß oder Dessertbesteck mit dem bekannten Relief, der alten Höroldtschen Bemalung. Sie wollen herausfinden, was es heute wert ist.

Meist erkennen die Meissener gleich, dass es sich um echtes Schwanenservice handelt. Sie betrachten es lange, drehen es vorsichtig auf den Kopf, suchen auf dem Boden der Gefäße nach den berühmten blauen Schwertern, halten das kostbare Gut andächtig in ihren Händen. Sobald sie mit einem Nicken seine Echtheit bestätigt haben, nehmen die Besucher ihre Gegenstände wieder an sich, packen sie schnell ein und ziehen mit ihnen von dannen, bringen sie zurück in ihre persönlichen Räume, in ihre Privathäuser. Nicht wenige Mitarbeiter der Manufaktur beschleicht dann der Gedanke, dass hier Unrecht geschehe. Das können Sie alles gleich hierlassen, möchten sie ausrufen, das gehört ins Museum. Es ist nicht Ihr Eigentum.

Das Schwanenservice wird ausgestellt

Im Jahr 2000 geriet das Schwanenservice ein weiteres Mal ins Zentrum der Aufmerksamkeit. Mit Unterstützung des Staatsministeriums für Wissenschaft und Kunst realisierten die Staatlichen Kunstsammlungen Dresden eine umfangreiche Ausstellung, die unter dem Titel »Schwanenservice. Meissener Porzellan für Heinrich Graf von Brühl« im Mai dieses Jahres im Dresdner Schloss eröffnet wurde. Federführend war Ulrich Pietsch, der damalige Direktor der Dresdner Porzellansammlung. Sein Anliegen war es, durch die Rekonstruktion einer Speisetafel mit 22 Gedecken das Service in seiner einstigen Pracht und Ausstrahlung wiederauferstehen zu lassen. Er wollte die Entwicklung des Schwanenservice als Bestandteil des Geschirrprogramms der Porzellanmanufaktur bis in die Gegenwart nachzeichnen.

Mit Akribie und Ausdauer konsultierte er Sammlungsleiter, Museumsdirektoren und Porzellanexperten weltweit, und es gelang ihm, die Dresdner Bestände für die Dauer der Ausstellung durch eine Vielzahl von Teilen zu ergänzen. Erstmals seit Kriegsende konnten so rund 120 Stücke des Service geschlossen präsentiert werden.

Die Ausstellung war ein Fest, ihre Eröffnung ein Glockenklang, der Gläser und Tassen in den sorgfältig ausgeleuchteten Vitrinen gleichsam zum Schwingen brachte. Endlich konnten es alle sehen und betrachten: das Brühlsche Schwanenservice, präsentiert im einst kurfürstlich-königlichen Residenzschloss und in direktem Bezug zu Meissen. Alle Künstler und Experten, alle Auftraggeber und Unterstützer, die diese Leistung zustande gebracht hatten, schienen noch einmal aufzuerstehen und die Geschichte Revue passieren zu lassen. Er habe diese Ausstellung für Kändler gemacht, schrieb Pietsch in einem seiner Briefe an meinen Vater, als Zeichen der Verehrung für dessen künstlerische Leistung. Gleichzeitig sparte er nicht an Anerkennung gegenüber der Familie: »Allein durch die Tatsache, dass das Schwanenservice zum unveräußerlichen Familienbesitz erklärt wurde, konnte es 200 Jahre lang überdauern.«[180]

Viele Gäste waren zur Ausstellungseröffnung eingeladen worden und eigens nach Dresden gekommen, darunter zahlreiche Mitglieder der Familie. Meinem Vater, inzwischen an Lebensjahren der Älteste im Hause Brühl, war seine Bewegtheit deutlich anzumerken. Die Ansprache hielt sein Neffe Friedrich-Leopold, ältester Enkel des letzten Majoratsherrn auf Pförten und neues Oberhaupt der Familie. Friedrich-August war am 15. November 1981 im Alter von 68 Jahren gestorben. Als mein Vater seinen Verwandten im Sommer 1945 bei der Flucht aus Gangloffsömmern half, war Friedrich-Leopold noch ein Säugling gewesen.

Nach der Eröffnung und einer ersten Besichtigung der Schau ging es gemeinsam zum Festessen an weiß gedeckten Tischen mit eigens arrangiertem Placement und gedruckten Menukarten. Man speiste wie zu Kurfürst und König Augusts Zeiten. Ein prächtiges Fest, eine vollkommene Schau. Da glänzten und leuchteten die kostbaren Werke in den Vitrinen, poliert und aufgearbeitet, ausgeleuchtet und beschriftet, gezählt und nummeriert. Endlich kam das Service wieder voll und ganz zur Geltung.

Dabei ging es nicht zuerst um die Familie. Die Ausstellung leistete wesentlich mehr: Die Kunst der Porzellanherstellung wurde ins Zentrum der Aufmerksamkeit gerückt und international bekannt gemacht, das Service in dem kulturwissenschaftlichen Kontext präsentiert, der ihm gebührte. Nicht mehr und nicht weniger hatten die Brühls ihrem Porzellan gewünscht, dafür hatten sie es verwahrt.

Krönung der Ausstellung war ein umfangreicher Katalog, der neben Beiträgen über die Geschichte und das Schicksal des Service, seine Idee und seine Ikonographie auch das »Inventar über das sämtliche Porcellain« der Konditorei Heinrich Graf von Brühls von 1753 enthielt, einen Auszug aus dem Brühlschen Nachlassverzeichnis, der sich explizit auf dieses Porzellan bezog. Er dokumentierte anschaulich, wie umfangreich die Sammlung des Premierministers einst war.

Der Katalog enthält ferner ein Verzeichnis der bis heute erhaltenen Stücke des Schwanenservice, die sich laut Pietschs Recherchen in privatem und öffentlichem Besitz des In- und Auslandes befinden. Insbesondere hierbei sowie bei der Erarbeitung der wissenschaftlichen Dokumentation über den Verbleib des Service war der Museumsdirektor auf die Unterstützung zahlreicher Spezialisten angewiesen, die alle namentlich genannt werden.[181]

Dadurch, dass Pietsch bei seinen Nachforschungen nicht nur Kunsthistoriker, Porzellanspezialisten und die Familie, sondern auch die Kunsthändler und Sammler miteinbezogen hatte, die das Porzellan nach dem Krieg in alle Welt trugen und dem Land gewissermaßen entwendeten, war dem Projekt ein durchweg vermittelnder und versöhnender Impuls eingeschrieben. In dem neuen Kontext konnte Pietsch ebendiese Kräfte miteinbeziehen, denn wer Schwanenservice erwirbt oder damit handelt, trägt am Ende auch zu seinem Erhalt bei. So dienten letztlich alle Beteiligten der Sache und trugen zur Aufklärung noch offener Fragen bei.

Dank dieses Perspektivwechsels war das Gesamtkunstwerk am Ende überhaupt nur zustande gekommen. Kunst und Kultur, auch das zeigte die Ausstellung, sind eben nie die Leistung eines Einzelnen, sondern können nur dort gedeihen, wo verschiedene Kräfte zusammenwirken. Was sie eint, ist die Übereinkunft, dass die Kunstwerke, für die sie sich verwenden, kostbar, die Kultur, die dazugehört, erhaltenswert ist.

Die Ausstellung ließ die Besucherzahlen der Dresdner Porzellansammlung um ein Vielfaches ansteigen. Nach wie vor untergebracht im Südflügel des Zwingers, erreicht man die Räumlichkeiten inzwischen über eine

Treppe, die sich im Glockenpavillon befindet. Die Ausstellungsfläche umfasst drei Galerien und zwei Säle, 2007 erweitert durch die Gestaltung des New Yorker Innenarchitekten Peter Marino. 2000 Stück aus der rund 20 000 Teile umfassenden Sammlung können so ständig gezeigt werden. In festlicher Umgebung präsentieren sich die Vasen, Tiergroßplastiken und Skulpturen.

Ein Besuch in der Sammlung wirkt heute wie der Gang durch einen lichten Garten. Helligkeit strahlt von beiden Seiten durch die hohen Fenster und bringt die Kunstwerke zum Leuchten. Hier kann das Weiße Gold jetzt seine ganze Wirkungskraft entfalten. Scheint draußen die Sonne, gleißt und glänzt es wie frisch poliertes Edelmetall. An trüben Tagen spiegelt es wohlwollend das gedämpfte Licht in seiner matten Oberfläche, zeigt fragile Anmut und schlichte Eleganz.

Ein kleiner, etwas abgelegener Raum ist den Kändlerschen Figurinen vorbehalten. Ihre stummen Tänze setzen die wunderbar leichte und anmutige Architektur des Hauses fort. Oft ist der Besucher dort ganz allein, und dann ist es, als höre er ein leises Wispern, derart lebendig sehen die Gestalten und Tiere aus. Man dreht sich um, doch nichts ist zu sehen. Lächelnd schauen die Figurinen aus den Vitrinen. Haben sie sich nicht gerade noch bewegt? War nicht das Kichern der Columbine zu hören, die ihrem Pierrot die Augenmaske herunterzieht, das Rascheln der Krinoline, während Charmeur und Hofdame sich sanft zueinanderneigen? Bewegen sich nicht dort am Baum hinter dem Vogelhändler die Blätter?

Man betrachte nur die Affenkapelle: Lebhafter als diese Tiere in Kleidern könnte sich kaum ein Mensch verhalten. Allesamt aus hartem, festem Porzellan, die Formen gebrannt, die Farben aus Kobalt und Purpur,

Schwanenservice 2000

gewonnen aus Erz und Steinen, ist es, als seien sie lebendig, könnten sprechen, musizieren und sich bewegen.

Das Schwanenservice wird zentral inmitten der langen Galerie präsentiert. Auf einer pyramidenartig ansteigenden Etagere, arrangiert wie zu einem festlichen Dinner, zeugen dreißig Exponate von der barocken Tafelkultur des augusteischen Zeitalters in Dresden. 1997 hat die Familie den Leihvertrag, den sie 1920 mit Karl Berling abgeschlossen hatte, neu aufgesetzt. Die Teile, die dank der Fürsorge Dresdner Museumsleute erhalten geblieben sind, wurden durch Stücke aus der Sammlung Spitzner ergänzt.

Der Blick geht von diesem Teil der Ausstellung durch die Fenster direkt in den Zwingergarten, in dem der Kurfürst seine höfischen Feste inszenierte. Man sieht die Skulpturen, die Permoser schuf, die kleinteiligen Fassaden und geschwungenen Dächer der Pavillons sowie die Vasen, die die Balustraden zieren. In Eintracht mit Kändlers Terrinen und Tellern, der Komposition aus Schwänen in Weiß, Schwarz und Gold, Putten und Nereiden ersteht das Goldene Zeitalter sinnbildhaft vor dem Auge des Betrachters. Architektur und Sammlung bilden ein harmonisches Ganzes.

2011 lud Ulrich Pietsch Journalisten und Kunstkenner in die Dresdner Porzellansammlung ein. Dem Museum war es gelungen, eine Skulptur aus dem Schwanenservice zu restituieren. Sie stellt eine Nereide dar, eine Meerjungfrau mit geschwungenem Fischschwanz. Über den Kopf hält sie eine Muschelschale, blickt dabei anmutig zur Seite. Zwei Putti setzen die Bewegung am Fuße der Gestalt fort, scheinen sie spielend zu begleiten. Einer der beiden präsentiert den Schild mit dem Brühlschen Allianzwappen. Die Nereide ist 273 Jahre alt. Sie diente als Tischschmuck oder Konfektschale und gehört zum Brühlschen Schwanenservice.

Pietsch hatte sie auf Recherchereisen durch Amerika im Toledo Museum of Art in Ohio entdeckt und konnte sie für die Dresdner Porzellansammlung restituieren. Mittels Röntgen- und Infrarotaufnahmen ließ sich belegen, dass die Plastik zu dem Teil der Sammlung gehörte, den die Familie einst nach Dresden ausgeliehen hatte. Über den Kunsthandel war sie nach New York gelangt, wo sie das Museum in Ohio von der Galerie Rosenberg & Stiebel erwarb. Nachdem Pietsch sie identifiziert und sich mit seinen Kollegen in Ohio darüber verständigt hatte, ermöglichte unter anderem die amerikanische Polizei- und Zollbehörde des US-Heimatschutzministeriums (United States Immigration and Customs Enforcement) die Rückführung des Kunstwerks.

Die feierliche Übergabe in Dresden am 24. März 2011 in Anwesenheit geladener Journalisten gestaltete sich nahezu wie ein Familienfest. Ulrich Pietsch als Museumsdirektor trug die Nereide in einem Korb herein, Wissenschaftsministerin Sabine von Schorlemmer betrachtete sie interessiert, und US-Botschafter Philip D. Murphy sprach warmherzige Worte. Auch Familienoberhaupt Friedrich-Leopold zeigte sich bewegt und dankbar. Erneut hatten Museumsleute geholfen, den Familienschatz um ein kostbares Stück zu ergänzen. Im Zuge des Restitutionsfalls verlängerte mein Vetter den Leihvertrag mit der Porzellansammlung um weitere zwanzig Jahre.

Mein Vater hat die Nereide nicht mehr gesehen. Er ist im November 2010 in Wien gestorben, wenige Wochen vor seinem 85. Geburtstag. Beerdigt wurde er in Tirol, am Fuße der Alpen, einem Ort, in dem er im Ruhestand

Mit Vater Dietrich Graf von Brühl zu Gast im Seifersdorfer Tal, 1997

übergangsweise ein Zuhause gefunden hatte. An seinem Flüchtlingsschicksal hat sich zeit seines Lebens nichts geändert. Umso mehr hätte er sich über diese Rückgabe gefreut.

Der letzte Schritt führt zurück ins Museum, zu den Kunsthistorikern und Sammlungsleitern, die Sachsen halfen, den Brühlschen Schatz zu bewahren, zu Menschen wie Karl Berling, Wolfgang Balzer, Ulrich Pietsch und Julia Weber nebst ihren kundigen Mitarbeiterinnen und Mitarbeitern. Ihnen und dem Selbstverständnis dieses Landes ist es zu verdanken, dass das von Kändler gefertigte Service in seiner Urform bis heute in Dresden erhalten blieb und zu besichtigen ist. Kein Krieg und keine politischen Grenzen konnten das dauerhaft verhindern.

Nicht zuletzt hat die Wiedervereinigung es ermöglicht, die Beteiligten miteinander zu versöhnen und eine Präsentationsform zu entwickeln, wie sie der Zwinger heute aufzuweisen hat. Ähnliches gilt für die grenzüberschreitende Zusammenarbeit zwischen Forst und Brody oder das bürgerschaftliche Engagement in Seifersdorf. Die Welt hat sich mehrfach gedreht, und vieles hat sich grundsätzlich verändert, einiges zum Guten, ja eigentlich zum Allerbesten.

Nachwort

Chronik einer Familie

2015 hat Deutschland eine Million Geflüchtete aus Syrien aufgenommen. Eine Freundin von mir wurde in diesem Jahr an die deutsche Botschaft in Madrid versetzt. Wann und wo immer sie in Spanien in ihrer Funktion als Vertreterin ihres Landes auftrat, weckte sie mit dieser Zahl Bewunderung und Respekt. Eine ganze Million Menschen, murmelten die Leute beeindruckt. Wie habt ihr das geschafft?

Ich war stolz auf diese Reaktion. Wann immer ich davon hörte, dass einem Geflüchteten geholfen, eine Fliehende sicher aufgenommen wurde, empfand ich Dankbarkeit und Freude. Am liebsten würde ich mehr Menschen in dieser Lage helfen, möchte sie direkt an der Küste ihres Landes mit einem Schiff abholen und nach Deutschland bringen, damit sie unterwegs nicht ertrinken. Obwohl ich weder materiell noch körperlich dazu in der Lage bin und auch genug Verstand habe, um zu begreifen, dass das unmöglich ist, möchte ich ihnen allen hierzulande ein Dach über dem Kopf und sinnvolle Beschäftigung geben, ein Leben in Sicherheit.

Woher kommen diese starken Gefühle? Sie sind überwältigend und irritierend. Mit vielen Freunden und Bekannten, aber auch fremden Personen teile ich diese Ansicht. Wir lesen von den Flüchtlingsströmen in der Zeitung, hören Reportagen im Radio, sehen die Bilder im Fernsehen und fühlen uns verbunden in der Ver-

Nachwort

pflichtung, Hilfsbereitschaft gegenüber Geflüchteten aufzubringen, was für uns eine Selbstverständlichkeit zu sein scheint.

Die Ursache dafür muss auch in unserer gemeinsamen Vergangenheit liegen, die Gründe historischer Natur sein. Über Jahrhunderte hinweg zogen Menschen in unser Land, um sich hier dauerhaft anzusiedeln, wie etwa ab dem 6. Jahrhundert Menschen slawischer Herkunft. Wiederholt nahmen deutsche Herrscher Geflüchtete auf und gaben ihnen Raum, Arbeit und Religionsfreiheit. Man denke nur an die protestantischen Christen, die in mehreren Wellen – unter dem Großen Kurfürsten im 17. und Friedrich II. im 18. Jahrhundert – in Preußen aufgenommen wurden und blieben. Einer ihrer Nachfahren war der Schriftsteller Theodor Fontane, die Hauptfigur meines letzten Buches.

Deutsche flohen schließlich selbst hierher. Sie kamen aus Ostpreußen oder Schlesien, waren Sudetendeutsche, Donauschwaben, Banater Schwaben oder Siebenbürger Sachsen, wollten untergebracht, integriert und versorgt werden. Kaum eine Familie in diesem Land, die nicht von Geflüchteten abstammt, kaum einer in Deutschland, der nicht mit Menschen aus anderen Teilen Europas bekannt oder befreundet ist, die hier ein Zuhause gefunden haben. Mein Vater stammte aus Ostpreußen und ist in Königsberg geboren, seine Familie väterlicherseits kommt aus der Niederlausitz. Er wurde nach Krieg und Flucht respektvoll von der schwäbischen Familie seiner späteren Ehefrau aufgenommen. Die Eltern meiner Großmutter mütterlicherseits waren ihrerseits aus Sachsen geflohen.

Als ich mit meinen Recherchen zu dieser Familienchronik begann, wusste ich nicht, wie eng sie mit dem jüngsten Zeitgeschehen verwoben ist. Mein Vater hatte

Nachwort

mir nach seinem Tod dreihundert Seiten Erinnerungen hinterlassen, die zur Grundlage dieses Buches wurden. 1990, kurz nach seiner Pensionierung, hatte er mit der Niederschrift begonnen. Tag für Tag, Woche für Woche saß er daran, fast zwanzig Jahre lang. Unendlich viele Seiten, Briefe, Anekdoten und Berichte hat er uns hinterlassen. Ständig wurde etwas hinzugefügt oder verändert. Noch wenige Monate vor seinem Tod verfasste er einen neuen Einstieg, um seinen Enkeln den Zugang zu der von ihm beschriebenen Zeit zu erleichtern: »Heute, am 16. Juni 2010 beginne ich, diese ›Erinnerungen‹ zu überarbeiten. Ich füge vielleicht einiges ein, was mir inzwischen eingefallen ist. Anlass für die Überarbeitung sind die Fragen meiner geliebten Enkelinnen in Amerika […]. Ich wollte ihnen eigentlich die ersten 70 Seiten ausdrucken, aber dann wurde mir klar, dass sie gar nicht wissen können, was beispielsweise ein Landrat ist. Daher ergänze ich meine bisherige Arbeit durch kurz gefasste Erklärungen für ›technische‹ Ausdrücke, von denen ich glaube, dass sie für meine Enkelgeneration unverständlich sind. Was sie im Lexikon oder Geschichtsbüchern nachsehen können, erkläre ich nicht.«

Nun war die Beziehung zu meinem Vater nicht immer harmonisch, mein Leben von Auslandsaufenthalten bestimmt. In Afrika geboren, ging es für mich weiter durch Europa bis nach Asien, ein Dasein, geprägt sowohl von langjährigen Aufenthalten im westlichen Deutschland als auch im sozialistischen Polen. Auch wenn ich mich bemüht habe, meine Chronik sachlich und historisch korrekt zu schildern, fehlten mir möglicherweise Informationen, die nirgendwo aufgeschrieben worden sind und mangels räumlicher Nähe zu einzelnen Betroffenen nicht in den Text einfließen konnten.

Nachwort

Es wäre ein Leichtes, zu behaupten, Grund dafür wäre die Tatsache gewesen, dass mein Vater, mein Großvater oder andere Vertreter ihrer Generation nichts aus dem Krieg erzählt hätten. Aber das war in meiner Familie nicht der Fall. Es mangelte auch keineswegs an Fragen vonseiten meiner Generation, an Gesprächsbereitschaft oder Neugier. Mein Vater liebte Fragen und beantwortete sie ausführlich. Er erzählte nach seiner Pensionierung häufig vom Zweiten Weltkrieg, es war eines seiner bevorzugten Themen. Auch war er, wenn man so sagen will, ein redseliger Mensch, sprach ausnehmend gerne und viel, hielt seinen Kindern lange Vorträge.

Gleichzeitig ist meine Chronik in Freiheit geschrieben worden. Ihr liegen keine unmittelbaren Fluchterfahrungen zugrunde, kein Heimatverlust, auch keine politische Manipulation oder männliche Dominanz. Sie ist in einem freien Land entstanden, aufgezeichnet von einer unabhängigen Frau, in Zusammenarbeit mit einem ausgezeichneten Verlag. Es ging darum, sich die siebenhundertjährige Geschichte der eigenen Familie anzueignen und sie für jedermann verständlich nachzuerzählen. Viele Informationen kamen erst nach der Wiedervereinigung ans Licht. Ohne Mauerfall und ohne Ende des Kalten Krieges wäre diese Chronik nicht entstanden, die Wiederauffindung des Schwanenservice in dem Umfang, wie sie ab den 2000er Jahren insbesondere in Dresden geleistet wurde, nicht möglich gewesen.

Im Wesentlichen geht es in der Chronik jedoch um Fluchterfahrungen, um ein verzweifeltes Gefühl von Kontrollverlust. Diese Familie musste erfahren, wie sich fast alles, was über viele Jahrhunderte hinweg zu ihrem Selbstverständnis gehört hatte, in Scherben ging. Nicht einmal den Schatz des Hauses, ein kostbares Porzellanservice aus dem 18. Jahrhundert, gefertigt in der weltberühmten Manufaktur, in der das Arkanum zur Herstellung des europäischen Weißen Goldes entdeckt worden war, konnte sie für die Nachwelt vollständig bewahren.

Mit solchen Erfahrungen ist sie nicht allein. Erinnerungen an Verlust und Auflösung wird so manche Familie in diesem Land noch über Generationen begleiten. Ein friedliches Miteinander mit Geflüchteten, die Bereitschaft, spontan zu schützen und zu helfen, altes Kulturgut zu bewahren, sind hierzulande Teil unserer Geschichte. Schließlich ist es am Ende wider Erwarten gelungen, einzelne Stücke des Brühlschen Schwanenservice zu retten, über alle Kriege und Besatzungszeiten hinweg. Ausgerechnet Porzellan, das so leicht zerbricht.

Anmerkungen

1 Boroviczény 1930, S. 6.
2 Fellmann 2000, S. 8.
3 Vogel 2003, S. 139.
4 Koch; Ruggero 2017, S. 24.
5 Ebenda, S. 26.
6 Ebenda, S. 47.
7 Ebenda, S. 35.
8 Vogel 2003, S. 9.
9 Vgl. ebenda, S. 15.
10 Ebenda, S. 37f.
11 »Brühls Vertrauensposition […] bewog seinen ältesten Bruder Hans Moritz vom bayreuther in den sächsischen Dienst zu wechseln. […] [Er] trat am 1. Mai 1730 als Oberstleutnant in das Prinz-Friedrich-Kürassierregiment ein, rückte noch im gleichen Monat ins Lager und nahm an allen Manöverübungen teil.« Vogel 2003, S. 140.
12 Waal 2016, S. 190f.
13 Ebenda, S. 26.
14 Vgl. ebenda, S. 214.
15 Ebenda, S. 221.
16 Ebenda, S. 222.
17 Vogel 2003, S. 78.
18 Eftimova Bellinger 2015, S. 14.
19 Pöllnitz 1734, S. 60f.
20 Vogel 2003, S. 99f.
21 Ebenda, S. 149.
22 Ebenda, S. 143.
23 Luh 2013, Absatz 23.
24 Vogel 2003, S. 143.
25 Fellmann 2000, S. 337f.
26 Vgl. Vogel 2003, S. 157.
27 Ebenda, S. 193.
28 Ebenda, S. 281.
29 Ebenda, S. 300.
30 Vgl. Staszewski 1996, S. 104.
31 Vgl. Vogel 2003, S. 289.

Anmerkungen

32 Vgl. ebenda, S. 306.
33 Staszewski 1996, S. 7.
34 Ebenda.
35 Vogel 2003, S. 289.
36 Koch; Ruggero 2017, S. 27f.
37 Ebenda, S. 24.
38 Ebenda, S. 46.
39 Vgl. Krosigk 1910, S. 8.
40 Vgl. ebenda, S. 39.
41 Ebenda, S. 11.
42 Ebenda, S. 23.
43 Ebenda, S. 34.
44 Ebenda, S. 12.
45 Ebenda, S. 35.
46 Ebenda.
47 Im Unterschied zur Stadt »Meißen« schreibt sich der Markenname der Manufaktur »Meissen«.
48 Waal 2016, S. 74.
49 Ebenda, S. 33.
50 Vgl. Torbus 2014, S. 237.
51 Ebenda, S. 240.
52 Pietsch 2000, S. 67.
53 Ebenda.
54 Koch; Ruggero 2017, S. 88.
55 Ebenda.
56 Staszewski 1996, S. 108.
57 Vgl. Koch; Ruggero 2017, S. 90.
58 Torbus 2014, S. 244.
59 Vgl. Koch; Ruggero, S. 89.
60 Torbus 2014, S. 11.
61 Ebenda, S. 11f.
62 Ebenda.
63 Ebenda, S. 73.
64 Ebenda, S. 13.
65 Ebenda, S. 74ff.
66 Ebenda, S. 131.
67 Ein »Aha« ist ein Gestaltungselement aus der Gartenkunst. Dabei handelt es sich um einen Graben mit steiler Böschung, der die Grenze des Parks markierte, ohne dass der Blick in die nahe Umgebung durch beispielsweise eine Mauer verstellt wurde.
68 Ebenda, S. 59.
69 Koch; Ruggero 2017, S. 485.
70 Ebenda, S. 98.
71 Ebenda, S. 194.

72 Ebenda, S. 67.
73 Ebenda, S. 56.
74 Torbus 2014, S. 69f.
75 Vgl. ebenda, S. 70.
76 Vgl. Vogel 2003, S. 344, und Fellmann 2000, S. 377.
77 Fellmann 2000, S. 386.
78 Ebenda, S. 387.
79 Ebenda, S. 348.
80 Ebenda, S. 347f.
81 Ebenda, S. 349.
82 Ebenda, S. 350.
83 Ebenda.
84 Krosigk, 1910, S. 17.
85 Vgl. Brühl, Die preußische Madonna. Auf den Spuren der Königin Luise, Berlin 2010, S. 14.
86 Vgl. Fellmann 2000, S. 342.
87 Ebenda.
88 Ebenda, S. 345.
89 Ebenda.
90 Vgl. ebenda, S. 346.
91 Staszewski 1996, S. 262.
92 Koch; Ruggero 2017, S. 45f.
93 Krosigk 1910, S. 41.
94 Stasiuk 1997, S. 31.
95 Ebenda, S. 139.
96 Krosigk 1910, S. 13f.
97 Ebenda, S. 42.
98 Ebenda, S. 43.
99 Brühl 1960, S. 6.
100 Vgl. Brühl 1785–1790.
101 Vgl. Krosigk 1910, S. 188.
102 Vgl. Eftimova Bellinger 2015.
103 de Bruyn 2006, S. 267.
104 Ebenda, S. 270.
105 Heuschele 1935, S. 33.
106 Ebenda, S. 34.
107 Ebenda, S. 35.
108 Ebenda.
109 Eftimova Bellinger 2015, S. 11.
110 Clausewitz 2005, S. 5.
111 Krosigk 1910, S. 45f.
112 Ebenda, S. 22.
113 Ebenda, S. 128, Brief vom 24. Juni 1785.
114 Ebenda, S. 130.

Anmerkungen

115 Ebenda, S. 98.
116 Ebenda, S. 106.
117 Ebenda, S. 199.
118 Ebenda, S. 201 f.
119 Ebenda, S. 291.
120 Ebenda, S. 323.
121 Ebenda, S. 331.
122 Ebenda.
123 Ebenda, S. 326.
124 Privatarchiv.
125 Griek 2018, S. 8.
126 Wecke 2011, S. 22.
127 Brühl 1960, S. 10.
128 Heilmeyer 2015, S. 21.
129 Brühl 1960, S. 10.
130 Heilmeyer, 2015. S. 28.
131 Brühl 1970, S. 7 f.
132 Brühl 1960, S. 5.
133 Pietsch 2000, S. 92.
134 Staatliche Kunstsammlungen Dresden 1982, S. 6.
135 Pietsch 2000, S. 94.
136 Vgl. ebenda.
137 Griek 2018, S. 57.
138 Griek 2018, S. 63.
139 Griek 2018, S. 63 f.
140 Bundesarchiv Berlin-Lichtenberg, Personalakte R 1501/205 360.
141 In der Sowjetischen Besatzungszone (SBZ) wurde nach dem Zweiten Weltkrieg eine Bodenreform durchgeführt, durch die Eigentümer von mehr als hundert Hektar Fläche Land entschädigungslos enteignet wurden. Eine erhebliche Zahl dieser Landbesitzer wurde von der Militäradministration in Lagern interniert, unabhängig von ihrem politischen Vorleben.
142 Richter; Schmeitzner 1999, S. 111.
143 Gemeindeverwaltung Wachau (Hg.), Seifersdorfer Chronik 2018, S. 89.
144 Ebenda, S. 91.
145 Ebenda, S. 92.
146 Vgl. ebenda, S. 98.
147 Richter; Schmeitzner 1999, S. 111 f.
148 Gemeindeverwaltung Wachau (Hg.), Seifersdorfer Chronik 2018, S. 110.
149 Pietsch 2000, S. 97.
150 Vgl. ebenda, S. 98.
151 Ebenda, S. 99.

152 Ebenda.
153 Ebenda, S. 110.
154 Vgl. Kossert 2005, S. 330.
155 Privatarchiv, Brief vom 25. oder 26. Dezember 1950.
156 Privatarchiv, Brief vom 29. Mai 1951.
157 Privatarchiv, Brief vom 29. Oktober 1952.
158 Privatarchiv, Brief vom 14. März 1957.
159 Privatarchiv, Karte von 28. Oktober 1958.
160 Privatarchiv, Brief vom 25. Dezember 1950.
161 Privatarchiv, Brief vom 14. März 1957.
162 Pietsch 2000, S. 97.
163 Privatarchiv, Brief vom 9. Juli 1956.
164 Privatarchiv, Brief vom 2. Februar 1959 an Hans Huth.
165 Pietsch 2000, S. 93.
166 Privatarchiv, Brief vom 4. April 1957.
167 Privatarchiv, Brief vom 15. Mai 1963.
168 Ebenda.
169 Privatarchiv, Brief vom 27. August 1956.
170 Privatarchiv, Brief vom 20. April 1957.
171 Privatarchiv, Brief vom 9. März 1957.
172 Vgl. Pietsch 2000, S. 101 f.
173 Vgl. Staatliche Kunstsammlungen Dresden 2019, S. 77.
174 Vgl. Staatliche Kunstsammlungen Dresden 1982, S. 7.
175 Kossert 2005, S. 380.
176 Vgl. ebenda, S. 381.
177 Friedrich der Große und Graf Brühl 2012, S. 60.
178 Vgl. Die Schauhalle. Königliche Porzellanmanufaktur Meissen, 1916.
179 Laut Listenpreis vom März 2019 kostet eine Kaffeetasse 749 €, der Speiseteller 549 €, die ovale Platte 2190 €.
180 Pietsch 2000, S. 7 f.
181 Ebenda, S. 8.

Bibliographie

Boroviczény, Aladár von: Graf von Brühl, Wien 1930.
Braun, Christina von: Stille Post. Eine andere Familiengeschichte, Berlin 2008.
Brühl, Aloys Friedrich: Den ganzen Kram Und Das Mädchen Dazu ..., Wien 1787.
Brühl, Alois Friedrich: Theatralische Belustigungen, 1785–1790.
Brühl, Georg Graf von: Ein Ausflug nach Pförten N./L., Sorauer Heimatblatt, VIII. Jahrgang, März 1960.
Brühl, Georg Graf von: Was mir die Haselrute erzählte, Münster 1970 (Privatarchiv).
Bruyn, Günter de: Als Poesie gut. Schicksale aus Berlins Kunstepoche 1786 bis 1807, Frankfurt 2006.
Burg, Paul: Die Brühlsche Terrasse. Roman von drei Königen und einem Grafen auf dem Balkon von Europa, München 1928.

Clausewitz, Carl von: Vom Kriege (1832), Reinbek bei Hamburg 2005.

Eftimova Bellinger, Vanya: Marie von Clausewitz. The Woman Behind the Making of On War, Oxford 2015.

Fellmann, Walter: Heinrich Graf Brühl. Ein Lebens- und Zeitbild, München 2000.
Friedrich der Große und Graf Brühl. Geschichte einer Feindschaft. Europäischer Parkverbund Lausitz. Begleitband zur ersten gemeinsamen Verbundausstellung 2012.
Führling, Günter G.: Der Endkampf an der Oder, München 1996.

Gemeindeverwaltung Wachau (Hg.): Seifersdorf bei Radeberg. Chronik und Heimatbuch. AutorInnen: Dietmar Fi-

Bibliographie

scher, Steffi Hantsche, Ulrike Hantsche, Jörg Rosenkranz, Erich Schicht, Bernd Sickert, Lothar Simon und Thomas Slesazeck, Wachau 2018.
Ginzburg, Natalia: Familienlexikon, Berlin 2007.
Griek, Christine: Ein Ahornblatt. Eine Lebensgeschichte, Norderstedt 2018.

Heilmeyer, Marina / Bach, Hans (Fotos): Grenzenlose Gartenträume. Brody Forst Muskau Branitz, Berlin 2015.
Heuschele, Otto (Hg.): Carl und Marie von Clausewitz. Ein Leben im Kampf für Freiheit und Reich, Leipzig 1935.
Hoffmann, Josef (Federführender Autor) mit Autorenkollektiv: Technologie der Feinkeramik, Leipzig 1974.

Koch, Ute C. / Ruggero, Cristina (Hg.): Heinrich Graf von Brühl. Ein sächsischer Mäzen seiner Zeit. Akten der internationalen Tagung zum 250. Todesjahr, Dresden 2017.
Köhler, Marcus (Hg.): Historische Gärten um Neubrandenburg, Berlin 2002.
Kossert, Andreas: Masuren. Ostpreußens vergessener Süden, München 2001.
Kossert, Andreas: Ostpreußen. Geschichte und Mythos, München 2005.
Kraszewski, Jozef Ignacy: Brühl, Rudolstadt 1952 (1874).
Kraszewski, Jozef Ignacy: Der Gouverneur von Warschau. Historischer Roman, Berlin 2003 (1885).
Krosigk, Hans von: Karl Graf von Brühl und seine Eltern. Lebensbilder auf Grund der Handschriften des Archivs zu Seifersdorf, Berlin 1910.
Kunisch, Johannes: Friedrich der Große. Der König und seine Zeit, München 2004.

Landesamt für Denkmalpflege Sachsen (Hg.): Heinrich Graf von Brühl (1700–1763). Bauherr und Mäzen. Arbeitsheft 29, Altenburg 2020.
Kunze-Köllensperger, Melitta: Neues zum Schwanenservice: Relief – Probeteller – Wappen. In: Keramos, Heft 241/242, Jahrgang 2018, März 2020.

Bibliographie

Loest, Erich: Zwiebelmuster, Hamburg 1985.
Luh, Jürgen: Feinde fürs Leben. Friedrich der Große und Heinrich von Brühl, 2013, Friedrich300 – Studien und Vorträge, Bd. 5, www.perspektiva.net

Neuhäuser, Simone (Hg.): Herrschaftszeiten! Adel in der Niederlausitz. Begleitpublikation zur Ausstellung, hg. im Auftrag der Stiftung Fürst-Pückler-Museum Park und Schloss Branitz 2014.

Petrick, Romy (Hg.): Seifersdorf in Dichtung und Poesie, Niederjahna 2019.
Pietsch, Ulrich (Hg.): Schwanenservice. Meissener Porzellan für Heinrich Graf von Brühl, Leipzig 2000.
Pöllnitz, Karl Ludwig von: État abrégé de la cour de Saxe sous la reigne d'August III, Frankfurt 1734.

Richter, Michael und Mike Schmeitzner: »Einer von beiden muß so bald wie möglich entfernt werden«. Der Tod des sächsischen Ministerpräsidenten Rudolf Friedrichs vor dem Hintergrund des Konflikts mit Innenminister Kurt Fischer 1947. Eine Expertise des Hannah-Arendt-Instituts im Auftrag der Sächsischen Staatskanzlei, Leipzig 1999.

Schmidt, Otto Eduard: Minister Graf Brühl und Karl Heinrich von Heinecken, Wiesbaden 1921.
Schröder, Rudolf und Claudius Wecke: Das Parkseminar. Gartenpflege und Naturschutz durch bürgerschaftliches Engagement am Beispiel der Parkseminare im Schlosspark Brody/Pförten (Polen), Cottbus 2013.
Staatliche Kunstsammlungen Dresden (Hg.): Porzellansammlung im Zwinger. Dresden 1982.
Staatliche Kunstsammlungen Dresden, Porzellansammlung, Anette Loesch (Hg.): Das Porzellankabinett im Hausmannsturm des Dresdner Residenzschlosses, Dresden 2019.
Stasiuk, Andrzej: Die Welt hinter Dukla, Frankfurt a. M. 1997.
Staszewski, Jacek: August III. Kurfürst von Sachsen und König von Polen. Eine Biographie, Berlin 1996.

Bibliographie

Torbus, Tomasz (Hg.) unter Mitarbeit von Markus Hörsch: Architektur und Kunst in der Ära des sächsischen Ministers Heinrich Graf von Brühl (1738–1763), Ostfildern 2014.

Vogel, Dagmar: Heinrich Graf von Brühl. Eine Biografie. Band 1: 1700–1738. Hamburg 2003.

Waal, Edmund de: Die weiße Straße, München 2016.

Wecke, Claudius und Sven Zuber: Schloss und Park Pförten/Brody. Schlösser und Gärten der Neumark, hg. von Sibylle Badstübner-Gröger und Markus Jager, Heft 8, Berlin 2011.

Wiedebach-Nostitz, Ernst von (Hg): Herrn Georgs Nachkommen, II. Teil, II. Abschnitt, Herr Friedrich Gottlob von Wiedebach (1744–1800), Korrespondenz mit den Söhnen des Grafen Brühl, Konstanz 1905.

Wittwer, Samuel: Das Porzellankabinett. Europäischer Herrschaftsanspruch im asiatischen Porzellanrausch. In: Museums-Journal 4/2000.

Wittwer, Samuel: Die Galerie der Meißener Tiere. Die Menagerie Augusts des Starken für das Japanische Palais in Dresden, München 2004.

Bildnachweis

Mitlaufende Abbildungen

Claudius Wecke S. 183, 307
G_Hanke / imageBROKER / Alamy Stock Foto S. 243
Gemäldegalerie, Alte Meister, Dresden / akg-images S. 155
Privatbesitz S. 16, 137, 177, 197, 202, 211, 215, 328
SLUB / Deutsche Fotothek, Foto: Walter Möbius S. 171
Staatliche Kunstsammlungen Dresden / Bridgeman Images S. 73
Unbekannt; aus: Beschreibende Darstellung der älteren Bau- und Kunstdenkmäler des Königreichs Sachsen, Sächsisches Ministerium des Inneren, Königlich Sächsischer Alterthumsverein, bearbeitet von Richard Steche und Cornelius Gurlitt, Meinhold Verlag, Dresden 1904 S. 147

Der Abdruck der Fotos vom Brühlschen Schwanenservice (Bildteil) erfolgt mit freundlicher Genehmigung von

Porzellansammlung, Staatliche Kunstsammlungen Dresden Abb. 1, 2, 3, 4, 5, 6, 7, 8, 9, 10, 11, 13 (Foto: Jürgen Karpinski), 12 (Foto: Adrian Sauer), 14 (Foto: Werner Lieberknecht)
Porzellanmanufaktur Meissen Abb. 15, 16

Dank

Am Anfang stand die Kunst der Porzellangestaltung, der Zauber von Meissen. Auf Anhieb schlug er mich in Bann. Ich danke ausdrücklich Dr. Barbara Beaucamp, die mir die Bedeutung dieser Manufaktur versinnbildlichte, ferner Jörg Danielczyk, Uwe Marschner, Liane Werner, Anja Hell, Johanna Schade, Bianca Herbst und Jean Polster, die mir Gelegenheit gaben, hinter die Kulissen zu schauen. Künstler wie Matthias Dotschko führten mich in die Porzellanmalerei ein, Professor Klaus Donat und Wolfgang Becker beschrieben mir die Gründe für ihre Sammelleidenschaft, Dr. Samuel Wittwer und Dr. Marcus Köhler erläuterten mir Details zu Könnerschaft und Historie, Dr. Julia Weber veranschaulichte mir die Bedeutung des Brühlschen Schwanenservice für die Dresdner Porzellansammlung. Auch ihnen sei allen herzlich gedankt.

Unterstützung und Aufklärung erhielt ich ferner von Kolleg*innen wie Renate Marsch, Andreas Kossert, Felicitas Hoppe, Manfred Flügge, Haug von Kuenheim, Christian Bommarius, von Freunden und Bekannten wie Dr. Klaus Burkhardt, Silvia Schoner-Burkhardt, Hans Henning Blomeyer-Bartenstein, Dr. Hubertus von Morr, von zahlreichen Vettern und Cousinen, Tanten und Onkeln, Neffen und Nichten und nicht zuletzt von meinen Geschwistern und meiner Mutter. Ich danke allen Genannten ausdrücklich für die hilfreichen Informationen.

Dank

Ähnlich geht mein Dank an engagierte Bürger*innen rund um Forst, Brody, Branitz und Seifersdorf wie Sven Zuber, Stefan Buss, Frank Henschel, Ryszard Kowalczyk, Claudius Wecke, Kathrin Franz, Ulrike Hantsche und viele andere mehr. Erwähnen möchte ich in dieser Reihe ausdrücklich das Team des Ostpreußischen Landesmuseums in Lüneburg mit Agata Kern, Dr. Joachim Mähnert, Dr. Jörn Barfod und anderen, die mir dank ihrer hervorragenden Arbeit halfen, mich dem Themenbereich Flucht und Vertreibung anzunähern, ferner Kornelia Kurowska und ihren Mitstreiter*innen der Fundacja Borussia Olsztyn, die sich in beispiellosem Engagement trotz politischer Widerstände der geschichtlichen Aufarbeitung ihrer Region widmen. Ohne die vielen Begegnungen und intensiven Gespräche mit ihnen hätte ich dieses Buch nicht schreiben können. Ich danke ihnen ausdrücklich dafür.

Am Ende danke ich Rebekka Göpfert sowie dem Aufbau Verlag, bei denen meine Familienchronik sofort auf Interesse stieß, insbesondere Franziska Günther, die das Projekt initiierte, und Nele Holdack, die es professionell begleitete. Ich danke außerdem Andrea Doberenz, die meine Bücher gewandt in Presse und Öffentlichkeit vertritt, und Ute Henkel, die seit Jahren unermüdlich dafür sorgt, dass dieser Verlag um seinen Ruf, nicht nur kluge, sondern auch schöne Bücher herauszugeben, nicht bangen muss.